新时代高校思政课教学体系创新的理论与实践

唐 莉 余京华 陈 群 ◎ 主编

时代出版传媒股份有限公司
安徽教育出版社

图书在版编目（CIP）数据

新时代高校思政课教学体系创新的理论与实践 / 唐莉，余京华，陈群主编. ——合肥：安徽教育出版社，2023.12

ISBN 978-7-5748-0132-5

Ⅰ.①新⋯　Ⅱ.①唐⋯　②余⋯　③陈⋯　Ⅲ.①高等学校—思想政治教育—教学研究—中国　Ⅳ.①G641

中国国家版本馆 CIP 数据核字（2023）第 227210 号

新时代高校思政课教学体系创新的理论与实践
XINSHIDAI GAOXIAO SIZHENG KE JIAOXUE TIXI CHUANGXIN DE LILUN YU SHIJIAN

出　版　人：费世平
责任编辑：魏飞建
装帧设计：许海波
责任印制：李松伦

出版发行：安徽教育出版社
地　　　址：合肥市经开区繁华大道西路 398 号　邮编：230601
网　　　址：http://www.ahep.com.cn
营销电话：(0551)63683012,63683013
排　　版：安徽时代华印出版服务有限责任公司
印　　刷：安徽联众印刷有限公司

开　本：710 毫米×1010 毫米　1/16
印　张：15.25
字　数：240 千字
版　次：2023 年 12 月第 1 版　2023 年 12 月第 1 次印刷
定　价：50.00 元

（如发现印装质量问题，影响阅读，请与本社营销部联系调换）

本书由安徽省大中小学一体化思政理论课教材建设重点研究基地、教育部高校示范马克思主义学院和优秀教学科研团队建设项目重点选题"思想政治理论课教学体系创新引导大学生做到'四个正确认识'研究"（编号：2017JDSZK017）、安徽省高校人文社会科学重点研究基地——安徽新华学院文化素质中心研究基地共同资助出版。

前　言

　　思想政治工作是一切工作的生命线。党的二十大报告对思想政治工作作出了新部署，强调要"用社会主义核心价值观铸魂育人，完善思想政治工作体系，推进大中小学思想政治教育一体化建设。坚持依法治国和以德治国相结合，把社会主义核心价值观融入法治建设、融入社会发展、融入日常生活"。习近平总书记在全国高校思想政治工作会议上明确指出："高校思想政治工作关系高校培养什么样的人、如何培养人以及为谁培养人这个根本问题"，"要教育引导学生正确认识世界和中国发展大势"，"正确认识中国特色和国际比较"，"正确认识时代责任和历史使命"，"正确认识远大抱负和脚踏实地"。① 习近平总书记还强调："当前形势下，办好思政课，要放在世界百年未有之大变局、党和国家事业发展全局中来看待，要从坚持和发展中国特色社会主义、建设社会主义现代化强国、实现中华民族伟大复兴的高度来对待。"② "四个正确认识"紧紧围绕"立德树人"根本任务，扎根中国特色社会主义，放眼全球视域，从中华民族伟大复兴和"世界百年未有之大变局"的历史坐标中把握新时代高校思政课改革创新。"四个正确认识"内涵深刻、方法科学、逻辑缜密、体系完整，聚焦新时代高校思政课改革创新，从宏观到微观、从普遍到具体，层层递进，为思政课改革创新提出了根本目标和战略要求，明确了目标指向、时代要求和价值旨归，彰显出党和国家要求拓展青年学生的知识视野、历史视野和国际视野，加强对青年学生的知识传授、价值引领与实践引导的教育理念。

　　习近平总书记在党的十九大报告中作出了"中国特色社会主义进入了新时代"的科学判断，而"四个正确认识"正是高校思政课改革创新进入新时代的

---

① 把思想政治工作贯穿教育教学全过程　开创我国高等教育事业发展新局面 [N]. 人民日报，2016-12-09（01）.
② 习近平. 思政课是落实立德树人根本任务的关键课程 [J]. 求是，2020（17）.

着力点、切入点和落脚点，为思政课改革创新指明了前进方向，提出了具体要求。当前，高校要紧扣新时代脉搏和大学生思想脉搏，切实贯彻习近平总书记为思政课改革创新提出的指导思想，以提升大学生"四个正确认识"为根本目标和价值旨归，切实加强大学生思想政治教育工作，不断加强对思政课程、马克思主义理论学科和马克思主义学院的统一领导和建设规划。高校马克思主义学院要结合自身的发展背景、学科特征、师资力量和基础设施等综合因素，深入探赜思想政治工作规律、教书育人规律和学生成长规律，积极探索思政课改革创新的有效路径；要注重将"四个正确认识"贯穿于思政课理论教学与实践教学的全过程，倾力拓展并深化思政课程的目标体系、内容体系和方法体系，着力强化思政课程内涵建设、师资队伍建设、实践教学体系建设和教学评价体系建设等；要力求使思政课改革创新与时代接轨，与学生同行，做到守正创新、破中有立，旨在引领大学生提升"四个正确认识"，谱写出新时代高校思政课改革创新的新篇章。

本书立足于新时代，聚焦高校思政课改革创新，综合运用理论研究、调研分析和实践研究等研究方法，对新时代高校如何推进思政课改革创新以提升大学生"四个正确认识"进行了多维度、立体化的探赜与研究。具体而言，首先，基于"理论逻辑—历史逻辑—现实逻辑—实践逻辑"这一主线，对思政课改革创新引领大学生提升"四个正确认识"的理论遵循与理论依据、历史沿革与历史必然、现实背景、现实成效与现实困境、实践反思等方面进行了较为深入的学理分析与理论研究；其次，采用自编调研问卷和访谈提纲的方式，对部分普通院校、"211"高校和"985"高校的"00后"大学生进行了问卷调查和深度访谈，据此对"00后"大学生"四个正确认识"的认知水平、存在问题及其原因进行了调研分析，并在此基础上对如何提升大学生"四个正确认识"进行了一定程度的教育策略思考，提出了相关引导策略。最后，对合肥工业大学本科生五门思政课程改革创新的实践举措、实践经验、实践思考及高校思政课社会实践改革创新的三重维度——理论维度、历史维度和实践维度进行了较为系统的实践研究。教学团队通过上述系列研究,力求为新时代高校思政课改革创新引领大学生提升"四个正确认识"提供些微资鉴,并期待由此引发理论界、教育界及思政课教师对于上述问题进行更为深入而深刻的思考、更为广泛而持久的探赜。

目录

新时代高校思政课
教学体系创新的理论与实践

第一章　新时代高校思政课改革创新提升大学生"四个正确认识"之四重逻辑 /001

第一节　新时代高校思政课改革创新提升大学生"四个正确认识"之理论逻辑 /002

第二节　新时代高校思政课改革创新提升大学生"四个正确认识"之历史逻辑 /009

第三节　新时代高校思政课改革创新提升大学生"四个正确认识"之现实逻辑 /015

第四节　新时代高校思政课改革创新提升大学生"四个正确认识"之实践逻辑 /028

第二章　大学生"四个正确认识"认知水平调查与教育策略研究 /055

第一节　调查方法及抽样 /056

第二节　高校思政课"四个正确认识"的教育现状分析 /057

第三节　思政课改革创新提升大学生"四个正确认识"有效性的教育策略思考 /081

第三章 "马克思主义基本原理"课程改革提升大学生"四个正确认识"之三重维度 /096

第一节 "原理"课程改革提升大学生"四个正确认识"之内容设计 /097
第二节 "原理"课程改革提升大学生"四个正确认识"之方法创新 /106
第三节 "原理"课程改革提升大学生"四个正确认识"之路径探赜 /113

第四章 "毛泽东思想和中国特色社会主义理论体系概论"课程改革提升大学生"四个正确认识"之内在逻辑 /121

第一节 "概论"课程模块化教学改革提升大学生"四个正确认识"之主要形式 /122
第二节 "概论"课程模块化教学改革提升大学生"四个正确认识"之深刻内涵 /129
第三节 "概论"课程模块化教学改革提升大学生"四个正确认识"之路径探赜 /137

第五章 "中国近现代史纲要"课程改革提升大学生"四个正确认识"之模块化教学体系构建 /147

第一节 "纲要"课程模块化教学改革之内容设计 /148
第二节 "纲要"课程模块化教学改革之方法探索 /150
第三节 "纲要"课程模块化教学改革之路径探赜 /164

第六章 "思想道德与法治"课程改革提升大学生"四个正确认识"的思考/168

第一节 以"四个正确认识"推动高校"德法"课程改革/168
第二节 "德法"课程改革提升大学生"四个正确认识"之内容设计/170
第三节 "德法"课程改革提升大学生"四个正确认识"之路径探赜/172

第七章 "形势与政策"课程改革提升大学生"四个正确认识"之目标、内容、路径研究/178

第一节 "形势与政策"课程目标要求/178
第二节 "形势与政策"课程改革提升大学生"四个正确认识"之内容设计/182
第三节 "形势与政策"课程改革提升大学生"四个正确认识"之路径探赜/189
第四节 以"四个正确认识"为本优化"形势与政策"教学的思考/200

第八章 思政课社会实践改革创新提升大学生"四个正确认识"之三重维度/205

第一节 理论维度：思政课社会实践改革创新是提升大学生"四个正确认识"之必要路径/205
第二节 历史维度：思政课社会实践改革创新之历史演进/212
第三节 实践维度：思政课社会实践改革创新之主要形式和实践成效/219

后 记/230

■ 第一章

新时代高校思政课改革创新提升大学生"四个正确认识"之四重逻辑

习近平总书记在 2016 年 12 月召开的全国高校思想政治工作会议上明确指出:"高校思想政治工作关系高校培养什么样的人、如何培养人以及为谁培养人这个根本问题",并强调"要教育引导学生正确认识世界和中国发展大势","正确认识中国特色和国际比较","正确认识时代责任和历史使命","正确认识远大抱负和脚踏实地"。①"四个正确认识"立足新时代的党情、国情、世情、社情、民情和舆情,追溯历史、透视现实、瞻仰未来,是习近平总书记对高校思想政治工作提出的总目标、总原则和总要求,亦是为其指明的根本目标。

在新时代高校思政课改革创新引领大学生提升"四个正确认识"的过程中,我们需厘清下述重要问题:"四个正确认识"的理论内涵是什么?思政课改革创新引领大学生提升"四个正确认识"的理论依据是什么?思政课改革创新提升大学生"四个正确认识"有何历史必然性?"四个正确认识"是在什么现实背景下提出的?思政课改革创新提升大学生"四个正确认识"的过程面临哪些现实困境?产生这些困境的原因是什么?思政课如何推进改革创新?又如何在改革创新中切实提升大学生"四个正确认识"?本章遵循"理论逻辑—历史逻辑—现实逻辑—实践逻辑"这一主线,对上述问题进行深入的探索与反思,以期充分发挥思政课改革创新对于提升大学生"四个正确认识"的引导和引领的作用,倾心增强师生"教""学"获得感,不断强化思政课在"四个正确认识"教育教学中的核心影响力。

---

① 把思想政治工作贯穿教育教学全过程 开创我国高等教育事业发展新局面[N].人民日报,2016-12-09(01).

▶第一节
新时代高校思政课改革创新提升大学生"四个正确认识"之理论逻辑

当前,我们要深刻把握思政课改革创新引领大学生提升"四个正确认识"的理论逻辑,在更高的历史站位和更深的理论视域中推进思政课改革创新,切实提升大学生"四个正确认识"。

一、"四个正确认识"之深刻理论内涵

"四个正确认识"内蕴客观世界与主观世界之双重维度。其一,"四个正确认识"紧扣客观世界的脉搏,内蕴新时代大学生需要辩证认识客观世界的内在要求,即要求大学生正确认识客观视域下的"世界和中国发展大势",正确认识现实场域下的"中国特色"和"国际比较"。其二,"四个正确认识"聚焦主观世界,内蕴新时代大学生需要理性认识主观世界的内在要求,即要求大学生正确认识时代赋予自身的、基于主观视域的"时代责任"和"历史使命";正确认识自身需要确立并践行的"远大抱负",自觉将"远大抱负"付诸"脚踏实地"。基于此,"四个正确认识"统摄客观世界与主观世界之双重维度,并彰显出历史与现实、合目的性与合规律性、国内与国际、个人与社会、应然与实然、认识与实践之多位一体的历史辩证法思维特征。其双重维度和历史辩证法思维特征同向同行,共同构建起"四个正确认识"的立体化、辩证性的认知与践行体系。

"四个正确认识"内蕴的客观世界与主观世界之双重维度及其历史辩证法思维特征映现于其深刻的理论内涵,赋予其理论内涵以深邃的辩证法特质。首先,"四个正确认识"要求新时代高校思政课引领大学生"正确认识世界和中国发展大势",即引导大学生准确把握中国和世界关系的横向坐标及中国今昔关系的纵向坐标,既要求大学生全面了解世界历史发展规律和风云变幻的世界发展趋势,亦要求大学生准确把握中国历史发展规律、中国历史发展脉络及新时代中国的党情、国情、世情、社情和民情,自觉抵制历史虚无主义和"马克

思主义过时论""共产主义渺茫论""历史终结论"等错误论调，开拓历史视野和国际视野，培养中国情怀，由此实现历史与现实、合目的性与合规律性之辩证统一。其次，"四个正确认识"要求新时代高校思政课引领大学生"正确认识中国特色和国际比较"，即引导大学生正确认识中国特色社会主义的制度优势和文化优势、中国特色社会主义建设的实践进程及其伟大成就，正确认识中国特色社会主义市场经济与资本主义市场经济有何重大不同、社会主义核心价值观与西方社会"普世价值"有何实质区别、中国共产党坚持的"人民至上"和"生命至上"与西方资本主义国家奉行的"资本至上"有何本质相异等，使大学生深刻感悟"马克思主义为什么行、中国特色社会主义为什么好、中国共产党为什么能"，坚定"四个自信"，坚定"跟着党走、强国有我"的信心和决心，内生强烈的主流意识形态心理认同；使大学生对"构建人类命运共同体"理念及中国方案、中国智慧、中国力量对于世界和平与发展的深远意义产生深刻的理论认同和深切的情感共鸣，涵养世界情怀，由此实现国内与国际之辩证统一。再次，"四个正确认识"要求新时代高校思政课引领大学生"正确认识时代责任和历史使命"，即引导大学生既要了解中国所处的新时代历史方位，也要知晓自己在新时代中国成长发展的历史方位，进行精准的自我定位；引导大学生以报效祖国、奉献社会为己任，倾力成长为中国特色社会主义建设、中国式现代化和中华民族伟大复兴的见证者、奋进者和开拓者，由此实现小我与大我、个人与社会之辩证统一。最后，"四个正确认识"要求新时代高校思政课引领大学生"正确认识远大抱负和脚踏实地"，即引导大学生正确认识实践在实然通往应然、现实通往理想中的决定性作用，培养强国有我、实干兴邦的责任担当；启示大学生坚持问题导向，秉持"问题意识"与"解决问题的意识"相统一的"视界融合法"，准确把握"真学、真懂"与"真信、真用"的关系；激励大学生敢于、善于并乐于将远大抱负付诸脚踏实地，构建起对共产主义远大理想和中国特色社会主义共同理想的理论认同、情感共鸣与实践自觉，由此实现认识与实践之辩证统一。"四个正确认识"的深刻理论内涵亦表征出其对新时代高校思政课改革创新的时代要求。

"四个正确认识"内涵深刻、逻辑缜密、体系完整、层层递进。就其内在逻辑关系而言,"正确认识世界和中国发展大势"是"四个正确认识"的前提与基础,"正确认识中国特色和国际比较"是"四个正确认识"的核心与重点,"正确认识时代责任和历史使命"是"四个正确认识"的目标诉求,"正确认识远大抱负和脚踏实地"是"四个正确认识"的价值旨归。只有把握社会发展历史逻辑,才能认识当代中国大局和未来发展大势;只有厘清中国同世界的关系,才能更好地坚持走中国特色社会主义道路。基于上述两个"正确认识",思想政治教育才有可能引领大学生意识到"时代责任和历史使命"并将这种思想意识内化为自觉行动,即把远大抱负落实到实践活动中。① 思政课教师在理论教学和实践教学过程中,要依据"四个正确认识"的内在逻辑关系,首先引导大学生"正确认识世界和中国发展大势""正确认识中国特色和国际比较",使大学生准确把握人类社会发展规律、中国特色社会主义发展前景及世界发展趋势,然后引导大学生在正确认识中国特色和国际比较的基础上深刻领悟中国特色社会主义的制度优势,进而激励其将外在认识"内化于心",即转化为为实现中华民族伟大复兴而奋进奉献的"时代责任和历史使命";再"外化于行",即把远大抱负转化为脚踏实地的实践自觉。

二、思政课改革创新提升大学生"四个正确认识"之根本理论遵循

中华人民共和国成立 70 多年来,高校思想政治工作始终受到党和国家的高度重视。我们党的历代领导人对高校思想政治教育工作的系列论述,中共中央、中宣部和教育部在不同历史时期关于思政课改革创新的系列指导意见和要求,以及我们党的历次代表大会和历届全会关于思想政治教育工作的精神,既是新时代高校思想政治教育改革的国家顶层设计,亦是新时代高校思政课改革创新引领大学生提升"四个正确认识"之根本理论遵循。

我们党在不同历史时期,都会基于当时的历史形势与社会现状,对思政课改革发展提出宏观的指导意见和具体的目标要求,及时传递党中央的教育精

---

① 杨晓慧.信仰·理论·教育:思想政治教育的三种力量[J].东北师大学报(哲学社会科学版),2018(1):15-20.

神。改革开放迄今,党中央召开了多次全国教育工作会议,对于教育体制改革、全面推进素质教育、振兴教育事业、实施科教兴国战略、加强和改进大学生思想政治教育工作、进一步落实教育优先发展的战略地位、加快推进教育现代化、深化教育改革创新和建设教育强国等作出明确规定。党的历次代表大会和历届全会,也多次关注高校思想政治教育工作和思政课改革创新,强调高校思想政治教育工作要坚持社会主义办学方向,走在教育改革前列,紧紧围绕"立德树人"根本任务,当好教育改革排头兵。党的十八大以来,以习近平同志为核心的党中央全面加强党对高校思想政治工作的领导,狠抓思想政治教育不放松。2016年12月,习近平总书记在深刻把握新时代新形势新任务的基础上,从全面加强高校思想政治教育、创建中国特色世界一流大学及建设教育强国的历史高度出发,提出了"四个正确认识"。由此,提升大学生"四个正确认识"被纳入思政课改革创新的目标体系、内容体系和方法体系,亦成为新时代高校思政课改革创新之根本目标。2018年5月,习近平总书记在北京大学考察时强调,高校马克思主义学院要为巩固马克思主义在意识形态领域的指导地位发挥应有作用。2019年3月,习近平总书记在学校思想政治理论课教师座谈会上发表重要讲话,强调要用新时代中国特色社会主义思想铸魂育人,贯彻党的教育方针,落实立德树人根本任务,并对思政课的目标、任务、意义、地位、职责使命及思政课教师的工作要求、师资队伍建设等作出系统阐述,为新时代高校思政课改革创新指明了方向。自中华人民共和国成立迄今,我国还先后颁布并实施了《对高等学校政治教育工作的几点意见》(1958年)、《中华人民共和国教育部直属高等学校暂行工作条例(草案)》(1961年)、《关于加强高等学校政治工作和建设政治工作机构试点问题的报告》(1964年)、《关于加强高等学校马列主义理论教育的意见》(1978年)、《关于加强高等学校学生思想政治工作的意见》(1980年)、《关于高等学校开设共产主义思想品德课的若干规定》(1984年)、《中共中央关于改革学校思想品德和政治理论课程教学的通知》(1985年)、《国家教委关于加强高等学校思想政治工作的决定》(1986年)、《中共中央关于改进和加强高等学校思想政治工作的决定》(1987年)、《关于新形势下加强和改进高等学校党的建设和思想政治工作的若干意见》

(1993年)、《中共中央关于进一步加强和改进学校德育工作的若干意见》(1994年)、《关于普通高等学校"两课"课程设置的规定及其实施工作的意见》(1998年)、《关于进一步加强和改进大学生思想政治教育的意见》(2004年)、《关于加强和改进新形势下高校思想政治工作的意见》(2017年)、《关于深化新时代学校思想政治理论课改革创新的若干意见》(2019年)、《高等学校课程思政建设指导纲要》(2020年)及《新时代学校思想政治理论课改革创新实施方案》(2020年)等系列指导意见,科学定位高校思想政治教育目标,致力推进高校思政课改革创新。

我们党在不同时期关于高校思想政治教育改革的国家顶层设计,提出了符合当时国际国内形势的指导意见和具体要求,及时传递了党中央的教育精神,为高校思政课改革创新指明了前进方向。当前,高校在思政课改革创新引领大学生提升"四个正确认识"的过程中,要以党中央的指导意见、要求和精神为根本的指导思想和理论遵循,致力推进思政课的教学内容、教学方法、教学手段和教学模式等方面的综合改革,加强思政课程内涵建设和师资队伍建设,推进教育基础设施建设,强化人才培养力度。面对新时代新形势新要求,思政课不能弱化只能强化,要在改革创新中不断强化"四史"教育和军史教育,不断强化"四个自信"教育,不断强化共产主义理想信念教育,不断强化"四个正确认识"教育,从历史到现实、从国内到国际、从个人到社会、从理想到实践,环环相扣,倾力培育大学生的思想素养、道德情操和家国情怀,倾情拓展大学生的知识视野、历史视野和国际视野,倾心提升大学生运用马克思主义的立场、观点和方法观察、分析和解决现实问题的认知与践行能力。

三、思政课改革创新提升大学生"四个正确认识"之重要理论依据

新时代高校思政课要在改革创新中提升大学生"四个正确认识",而提升大学生"四个正确认识"也必然引发思政课改革创新。

(一)提升大学生"四个正确认识"是思政课改革创新之根本目标

"四个正确认识"的提出,是我们党立足于新时代新形势新任务,基于世

界发展大势和国际比较把握新时代高校思想政治工作，以更高远的历史站位、更宽广的国际视野和更深邃的战略眼光，对高校思政课改革创新而作出的目标指引和总体要求。这就要求我们把提升大学生"四个正确认识"，拓宽大学生的知识视野、历史视野和国际视野，作为思政课改革创新的根本目标和价值旨归，以期使思政课同党和国家教育事业发展要求相适应、同人民群众期待相契合、同我国综合国力和国际地位相匹配。基于此，我们要致力把"正确认识世界和中国发展大势""正确认识中国特色和国际比较""正确认识时代责任和历史使命""正确认识远大抱负和脚踏实地"融入思政课教学过程，这也使思政课传统的教学目标、教学内容和教学方法等不再适应新形势的需要。因此，我们需要对思政课的课程内涵、教学内容、教学方法和师资队伍建设等提出新要求，进行新变革，积极推进思政课改革创新。

提升大学生"四个正确认识"是新时代高校思政课改革创新的根本目标。新时代大学生获得"四个正确认识"有诸多途径和方式，但主渠道依然是高校思政课教学。思政课只有通过改革创新，方能将"四个正确认识"更好地融入理论教学和实践教学，切实提升教学实效。以提升大学生"四个正确认识"为根本目标，能够拓展并深化思政课传统的目标体系、内容体系和方法体系，必然引领思政课在教学内容、教学方法、教学模式、实践教学和师资队伍建设等方面的改革创新。而思政课改革创新又有助于推动教学质量提升，也必然能在提升大学生"四个正确认识"过程中发挥作用、释放能量，促进"四个正确认识"教育教学取得实质性效果，达到新的历史高度，从而更好地实现人才培养目标。

（二）思政课改革创新与提升大学生"四个正确认识"具有内生共性

合目的性与合规律性之辩证统一，是思政课改革创新与提升大学生"四个正确认识"之内生共性。这一共性构成了思政课改革创新提升大学生"四个正确认识"之重要理论依据。

习近平总书记强调："思想政治工作从根本上说是做人的工作。"① 思政课

---

① 把思想政治工作贯穿教育教学全过程　开创我国高等教育事业发展新局面[N].人民日报,2016-12-09(01).

教学与"四个正确认识"教育都是新时代高校思想政治工作的重要组成与核心内容，两者都需要聚焦"人"来开展教育教学工作，遵循了马克思主义"人的全面发展"学说。就合目的性而言，新时代思政课改革创新与提升大学生"四个正确认识"有着共同目的，即强化思政课教学效果，提升思想政治教育"话语权"，尊重学生主体地位，培养担当民族复兴大任的时代新人，实现人才培养目标。就合规律性而言，两者都需要符合思想政治工作规律、教书育人规律、学生成长规律及人的思维发展规律、人才发展规律等，都需引导大学生以全新视野深化对共产党执政规律、社会主义建设规律和人类社会发展规律的科学认识。不难理解，两者在目的层面都是聚焦"人"，紧紧围绕"为谁培养人，培养怎样的人、如何培养人"这一根本问题，遵循"以人为本"的价值诉求，力求在人才培养上有所作为；两者在规律层面既遵循并践行"人的规律"来"培养人"，亦倾力引导作为教育对象的"人"来把握科学的"社会规律"。基于此，合目的性与合规律性之辩证统一是思政课改革创新与提升大学生"四个正确认识"之内生共性。这一内生共性表征出思政课改革创新必然引领大学生"四个正确认识"的提升，而提升大学生"四个正确认识"也必然内在地要求思政课进行相应的改革创新。两者同向同行，形成协同效应，共同构建起双元联动、同频共振的思想政治教育良性循环格局。

（三）思政课改革创新与提升大学生"四个正确认识"具有高度契合性

思政课改革创新与提升大学生"四个正确认识"具有高度契合性，两者在教学目标、教学内容、教学方法形式和教学特征上存在诸多契合点。

在教学目标上，两者都需要"培养担当民族复兴大任的时代新人"；都需要澄清大学生的价值误区和思想困惑，实现知识传授、价值引领和实践引导之三位一体的统一；都需要引导大学生树立科学的历史观、党史观、世界观、价值观、人生观和实践观；都需要引导大学生确立对中国特色社会主义主流意识形态的情感认同、心理认同和实践认同。在教学内容上，思政课需注重从国际国内形势、中国特色、"世界的中国"与"中国的世界"及大学生的思想实际、历史使命、理想抱负和践行能力等方面对大学生进行思想政治教育，这与"四个正确认识"在教学内容上有诸多契合点。在教学方法形式上，两者都需要综合运用课堂讲授法、问题导入法、案例分析法、情境代入法和专题讨论法等强化教学效果、提升教学质量；都需要运用理论教学与实践教学二位一体的教学形式充分发挥教师主导作用和学生主体作用。在教学特征上，都需要凸显"思想优先"、"理论为主"、"内容为王"和"时代引领"；都需要彰显对学生的"知识传授"、"价值引领"和"实践引导"。基于这种高度契合性，思政课在教学目标、教学内容、教学方法形式及教学特征上的改革创新，必然会助力大学生提升"四个正确认识"。

▶第二节
新时代高校思政课改革创新提升大学生"四个正确认识"之历史逻辑

"四个正确认识"为新时代高校思政课改革创新和整个社会思政教育工作指明了方向，明确了教育目标，规范了具体要求，是对新时代高校"培养什么样的人"、"怎样培养人"以及"为谁培养人"这一根本问题的科学回答，引领了高校思政课改革创新。

思政课改革创新提升大学生"四个正确认识"的提出过程和践行过程不是一蹴而就的，而是历经了一个较长的历史发展过程，有其内在的历史逻辑，内蕴深邃的历史必然性。

一、高校思政课改革创新之历史沿革

中华人民共和国成立前后，我们党就高度重视思想政治教育工作，根据社会发展需要先后颁布并实施了系列指导意见和通知，以指导思想政治教育工作和思政课改革发展。1949年9月，中国人民政治协商会议第一届全体会议通过的《中国人民政治协商会议共同纲领》规定："中华人民共和国的文化教育为新民主主义的，即民族的、科学的、大众的文化教育。人民政府的文化教育工作，应以提高人民文化水平，培养国家建设人才，肃清封建的、买办的、法西斯主义的思想，发展为人民服务的思想为主要任务。"中华人民共和国成立后

不久，基于改造旧社会、建设新社会的需要，1950年，教育部根据党中央精神制定了《高等学校暂行规程》，明确指出要在"肃清封建的、买办的、法西斯主义的思想"基础上，坚决树立"为人民服务的思想"，并强调我们所进行的教育是"革命的政治及思想教育"。这是中华人民共和国成立后我国第一次指明思想政治教育目标，有效配合了我国社会主义改造和建设的进行。1961年9月，中共中央发布并试行的《中华人民共和国教育部直属高等学校暂行工作条例（草案）》总结了1958年以来高等教育工作的经验和教训，针对当时学校教学质量降低，忽视知识分子作用以及劳动过多等主要问题，规定了高等学校必须以教学为主，努力提高教学质量，指出："高等学校各专业都必须加强政治理论课程的教学，指导学生认真学习马克思列宁主义、毛泽东著作，学习国内外形势和党的方针政策，进行共产主义道德品质的教育。"20世纪60年代，中国与苏美两国交恶，客观上要求对思想政治教育的内容和形式作出顺应形势发展的变革。基于此，中共中央宣传部于1964年9月发表了《改进高等学校、中等学校政治理论课的意见》，着重强调各级学校思想政治教育是反对修正主义和资产阶级、培养革命接班人的主要阵地。对此，要坚决做好"无产阶级的阶级教育"，时刻注重"用马克思列宁主义、毛泽东思想武装青年"。这是我国当时思想政治教育工作的主要目标和任务。

进入改革开放新时期，思政课继续发挥着引导青年学生树立社会主义觉悟和无产阶级世界观的重要作用，并强调培养"四有"新人。1985年3月，邓小平在全国科技工作会议上作即席讲话时指出，要"教育全国人民做到有理想、有道德、有文化、有纪律"。1985年8月，《中共中央关于改革学校思想品德和政治理论课程教学的通知》提出："我国现行的以马克思主义为指导的思想品德和政治理论课的课程设置、教学内容和教学方法也必须进行认真的改革，这已成为培养一代有理想、有道德、有文化、有纪律的建设人才的迫切任务之一。"1987年，中共中央《关于改进和加强高等学校思想政治工作的决定》进一步阐述了培育"四有"新人的目标："高等学校培养出来的大学生、研究生，应当有坚定正确的政治方向，爱祖国、爱社会主义，拥护共产党的领导，努力学习马克思主义……还要从他们中间培养出一批具有共产主义觉悟的先进分子。"1993 年，中共中央、国务院转发的《中国教育改革和发展纲要》明确提出"把坚定正确政治方向摆在首位，培养有理想、有道德、有文化、有纪律的社会主义新人"。1994 年，中共中央《关于进一步加强和改进学校德育工作的若干意见》指出，要"全面贯彻党的教育方针，坚持社会主义办学方向"，"努力培养有理想、有道德、有文化、有纪律的献身有中国特色社会主义事业的建设者和接班人"。1998 年 6 月，中宣部、教育部印发《关于普通高等学校"两课"课程设置的规定及其实施工作的意见》，将马克思主义理论课中的马克思主义哲学、马克思主义政治经济学和包括毛泽东思想和邓小平理论在内的科学社会主义的内容分开进行。1999 年 6 月，中共中央、国务院作出《关于深化教育改革全面推进素质教育的决定》，提出"全面贯彻党的教育方针，以提高国民素质为根本宗旨，以培养学生的创新能力和实践能力为重点，造就'有理想、有道德、有文化、有纪律'的、德智体美等全面发展的社会主义事业建设者和接班人"。根据党中央精神，教育部和国家教委多次发布教学办法和通知，一方面，明确指出高校思政课主要是对学生开展"马列主义、毛泽东思想的基本理论教育"，引导学生逐步成长为"具有马列主义立场、观点和方法分析实际问题能力"[1] 的革命青年，确立社会主义觉悟，建设社会主义现代化中国。另一方面，针对改革开放后我国社会主义现代化建设的实际需要，要求培养能够建设社会主义现代化中国的有志青年，即"有理想、有道德、有文化、有纪律"的"四有"新人。这为新时期思政课改革创新提出了新的具体要求，推动了其改革和发展。

进入 21 世纪，面对新世纪新形势下青年学生成长问题，2001 年 9 月，中共中央印发的《公民道德建设实施纲要》指出"学校是进行系统道德教育的重要阵地，各级各类学校必须认真贯彻党的教育方针，全面推进素质教育，把教书和育人紧密结合起来"。党中央还强调，青年学生要逐步成长为"理想远大、德才兼备、视野开阔"的杰出青年，不仅要学习理论知识，更要注重社会实践，提升综合素养，努力做到"实现自身价值与服务祖国人民的统一"。这一思想赋予了新世纪高校思政课教学以新的意义和任务。2004 年 8 月，结合 21

---

[1] 中华人民共和国重要教育文献(1976—1990)[M]. 北京：人民出版社，1999：2302.

世纪初国内国际新形势新任务，中共中央、国务院印发《关于进一步加强和改进大学生思想政治教育的意见》，强调加强和改进大学生思想政治教育是一项重大而紧迫的战略任务，提出要"以大学生全面发展为目标，深入进行素质教育"，"培养德智体美全面发展的社会主义合格建设者和可靠接班人"。该《意见》从国家、社会到个人层面对高校思想政治教育工作作出了具体明确的政策规定，要求高校思想政治教育工作一如既往地巩固共产主义理想信念教育；要求在社会层面要做好学生的基本道德教育，让大学生群体明确做遵纪守法模范道德公民的重要性；要求在个人层面上加强大学生群体的综合素养，提升其自学和创新能力，引导他们自觉奉献社会。该《意见》是新中国成立以来最为全面的高校思想政治教育工作要求，为高校思政课的改革发展指明了方向，极大地推动了思想政治教育工作的发展。2010年《国家中长期教育改革和发展规划纲要（2010—2020年）》颁布实施，指出"坚持以人为本、全面实施素质教育是教育改革发展的战略主题……着力提高学生服务国家服务人民的社会责任感、勇于探索的创新精神和善于解决问题的实践能力"，要求学校"坚持德育为先。立德树人，把社会主义核心价值体系融入国民教育全过程"。2013年12月，中共中央办公厅印发《关于培育和践行社会主义核心价值观的意见》的通知，提出"培育和践行社会主义核心价值观，是推进中国特色社会主义伟大事业、实现中华民族伟大复兴中国梦的战略任务"，这也将培育和践行社会主义核心价值观纳入到了高校思想政治教育工作和思政课教学。

  2016年，习近平总书记明确提出"四个正确认识"，为新时代高校思政课改革创新提供了指导思想和目标指引。2017年《关于加强和改进新形势下高校思想政治工作的意见》指出，我们党历来高度重视高校思想政治工作，探索形成了科学的指导思想和系列基本方针原则。党的十八大以来，以习近平同志为核心的党中央把高校思想政治工作摆在突出位置，作出一系列重大决策部署，各地区各有关部门各高校积极主动有为地开展工作，大学生思想政治教育成效显著。2019年《关于深化新时代学校思想政治理论课改革创新的若干意见》强调，深化新时代学校思想政治理论课改革创新要"全面贯彻党的教育方针，坚持马克思主义指导地位，贯彻落实习近平新时代中国特色社会主义思想，坚持社会主义办学方向，落实立德树人根本任务"，"教育是国之大计、党之大计，承担着立德树人的根本任务。思政课是落实立德树人根本任务的关键课程……努力培养担当民族复兴大任的时代新人，培养德智体美劳全面发展的社会主义建设者和接班人"，明确了深化新时代学校思想政治理论课改革创新的重要意义和指导思想。2020年《新时代学校思想政治理论课改革创新实施方案》指出，"大学阶段重在增强学生的使命担当。重点引导学生系统掌握马克思主义基本原理和马克思主义中国化理论成果，了解党史、新中国史、改革开放史、社会主义发展史，认识世情、国情、党情，深刻领会习近平新时代中国特色社会主义思想，培养运用马克思主义立场观点方法分析和解决问题的能力；自觉践行社会主义核心价值观……"明确将"四史"教育、自觉践行社会主义核心价值观等作为新时代学校思想政治理论课改革创新的重要内容。总体上看，党的十八大以来，高校思想政治工作持续加强和改进，呈现出良好发展态势，为保证高等教育改革发展、服务党和国家工作大局作出了重要贡献。

2016年习近平总书记提出"四个正确认识"教育理念之前，思政课改革创新在历史沿革中虽未明确提出"四个正确认识"，但已内蕴了"四个正确认识"的一些教育理念和要求。如，"四个正确认识"要求大学生"正确认识远大抱负"，可追溯至过去我国思政教育对于学生提出的"四有新人"、"有理想"和"理想远大"等教育要求；20世纪50、60年代提出的学生要具有"社会主义的觉悟""中华人民共和国的文化教育为新民主主义的，即民族的、科学的、大众的文化教育"等思想，可视为"四个正确认识"要求大学生"正确认识中国特色"的理论滥觞；20世纪60年代提出的"学习国内外形势和党的方针政策，进行共产主义道德品质的教育"、21世纪初提出的大学生"视野开阔"等要求，内蕴了"四个正确认识"要求大学生"正确认识世界和中国发展大势"和"正确认识国际比较"的教育理念；"四个正确认识"要求大学生"脚踏实地"，肇始于之前的思政教育改革对学生提出的"具有马列主义立场、观点和方法分析实际问题能力"、培养"勇于探索的创新精神和善于解决问题的实践能力"等教育要求；"四个正确认识"要求大学生"正确认识时代责任和历史使命"，与我国历史上的思政教育改革提出的大学生应具有"为人民服务的思想""着力提高学生服务国家服务人民的社会责任感""积极培育中华民族共同体意识"等教育理念具有高度契合性。"四个正确认识"所蕴含的认知、道德、责任、理想和实践等要求,与我们党曾提出的"四有新人"教育理念具有内在统一性。概言之,思政课改革创新在历史沿革中所提出的相关教育理念,是孕育"四个正确认识"的理论雏形,而"四个正确认识"则是对我国思想政治教育历史沿革中提出的系列教育思想之历史传承与时代发展。

二、思政课改革创新提升大学生"四个正确认识"之历史必然

在每一历史时期,思政课的改革和发展都要立足于党基于当时的历史发展趋势和国内国际形势研判而制定的教育指导意见。中国已进入新时代历史方位,国内国际形势都呈现出历史性变化,思政课教学也必然要顺势而为、顺时而变,进行与时俱进的改革创新,以期为自身注入新的时代元素,不断增强现实张力,提高教学质量,提升思想政治教育"话语权"。

习近平总书记强调,我们要努力实现中华民族伟大复兴的"中国梦",这是中华民族和中国人民的夙愿,并指出,当今世界正处于"百年未有之变局"。"中华民族伟大复兴"和世界"百年未有之变局"这一中国和世界历史大势,对新时代高校思想政治教育工作提出了新要求。2014年5月,习近平总书记在北京大学考察期间强调,教育要立足我国国情,"办好中国的世界一流大学,必须有中国特色"。在2016年12月召开的全国高校思想政治工作会议上,习近平总书记明确提出"四个正确认识",即"要教育引导学生正确认识世界和中国发展大势","正确认识中国特色和国际比较","正确认识时代责任和历史使命","正确认识远大抱负和脚踏实地"。"四个正确认识"的提出,正是以习近平同志为核心的党中央基于对"中华民族伟大复兴"和世界"百年未有之变局"的历史研判而对思政课提出的新要求。这一新要求既遵循思想政治工作规律亦遵循历史发展规律,既是教育要求亦是历史要求,彰显出合目的性、合规律性与合历史性之辩证统一,将引领新时代高校思政课改革创新进入新的历史高地。

党的十八大以来，我国迈向新时代，社会主要矛盾发生历史性变化，由过去人们日益增长的物质文化需要与落后的社会生产力之间的矛盾转变为人民群众对美好生活的需要与不平衡不充分发展之间的矛盾。从国际到国内、从历史到现实、从个人到社会、从经济、政治到文化、社会和生态，都出现了历史性变化，呈现出新的阶段性特征。人们的生活需求、思想意识和价值观念等也发生相应变化，如需求日益多样化、价值观念日趋多元化。这些历史性变化使思政课处于新的现实境域，面临新的国内外形势，必然要进行顺应历史潮流的改革创新。习近平总书记提出的"四个正确认识"，正是在新的历史性变化的基础上，对思想政治教育工作新特征、新要求和新任务的历史性把握。将"四个正确认识"融入思政课教学，并通过思政课改革创新提升大学生"四个正确认识"，顺应了历史发展大势和新时代新任务的要求，既是对历史上思政课改革的经验总结和思想政治工作规律的科学揭示，亦是基于对中国历史发展方位和世界历史发展大势的历史洞察和历史考量而作出的科学抉择，其为新时代高校思政课的内容改革、方法改革、模式改革和实践改革提供了历史的、具体的指导。

"四个正确认识"既是对思想政治理论课既定教学目标的历史性延伸和传承性创新，亦是实现"真学、真懂、真信、真用"，将认识转化为实践、应然转化为实然的根本保证。思政课改革创新将提升大学生"四个正确认识"作为根本目标，既有深刻的现实自洽性，亦有深邃的历史必然性。

▶第三节
新时代高校思政课改革创新提升大学生"四个正确认识"之现实逻辑

新时代高校以思政课改革创新引领大学生提升"四个正确认识"，具有必要性和紧迫性，有其深刻的现实背景。近年来，不少高校在思政课改革创新提升大学生"四个正确认识"的过程中取得了一定的现实成效，但也存在一些现实问题。我们要认真剖析问题并深入探赜其原因，在此基础上寻求积极对策。

一、思政课改革创新提升大学生"四个正确认识"之现实背景

在经济全球化和社会思潮多元化的国际国内背景下,我们以思政课改革创新为契机来引领大学生提升"四个正确认识",具有必要性和紧迫性,可助力大学生透过纷繁复杂的社会现象和国际形势,准确把握事物发展的本质和规律,学会运用马克思主义的立场、观点和方法观察、分析和解决实际问题,自觉坚守新时代中国主流意识形态,自觉抵制反科学和反马克思主义的社会思潮,在社会生活中作出正确的理论认同、价值抉择和实践自觉。

(一)着力回应当代多元化社会思潮之时代需要

在当代世界,社会思潮呈现出多元化趋势,传统社会思潮与现代社会思潮相互碰撞,主流社会思潮和非主流社会思潮、反主流社会思潮共生共存,科学社会思潮和反科学社会思潮良莠并存,中西方社会思潮相互激荡,新自由主义、历史虚无主义和普世价值充斥其中。这种多元化思潮背景对于新时代大学生构建正确的社会认知、形成科学的"三观"构成了思想隐患,致使他们对于中国特色社会主义建设和发展过程中存在的一些问题和矛盾存在一定的思想困惑,对于国内国际社会出现的一些热点、难点问题尚不能理性把握。基于此,着力回应当代多元化社会思潮就显得尤为必要和迫切。而这种回应不仅是新时代思政课改革创新的题中应有之义,亦是提升大学生"四个正确认识"的时代需要。思政课在引领大学生提升"四个正确认识"的过程中不能"失语"甚至"无语",而是要通过与时俱进的改革创新,强化其在"四个正确认识"教学中的"主导权"和"话语权",提升教育教学效果,引导大学生准确把握人类社会发展规律和中国历史发展规律,深刻认识党情、国情、世情、社情和民情,消弭大学生的思想困惑、价值迷茫和实践茫然,增强大学生的社会责任感和历史使命感,指引大学生运用马克思主义的立场、观点和方法辨别各种社会思潮的性质、特征及其利弊,甄别并选择有助于历史进步和社会发展的主流社会思潮与科学社会思潮。

(二)全力实现新时代大学生全面发展之人本需要

人的自由全面发展学说是马克思主义的重要内容。青年兴则国兴,青年强

则国强。我们党的历代领导人都特别强调培养"全面发展的社会主义事业建设者和接班人"之重要性。2016年，习近平总书记在全国高校思想政治工作会议上明确指出，"要教育引导学生正确认识世界和中国发展大势……正确认识中国特色和国际比较……正确认识时代责任和历史使命……正确认识远大抱负和脚踏实地"，"不断提高学生思想水平、政治觉悟、道德品质、文化素养，让学生成为德才兼备、全面发展的人才"。① 新时代大学生作为高级知识分子和社会良知，要成长为堪当民族复兴大任的时代新人，就要注重自身的全面发展。然而，在现实生活中，由于各种政治因素、价值因素或社会因素的干扰，大学生群体面临理论与实践相脱节、应然与实然相异化的现象时，难免衍生出一些负面情绪和消极心理。这不仅阻碍了大学生的全面发展，也阻碍了社会和高校有效地实现人才培养目标。对此，思政课教师不能忽视或漠视，更不能无视。"四个正确认识"内蕴着客观世界和主观世界之双重维度，包含着"知识、情感、能力"之协同推进，"真学、真懂、真信、真用"之内在统一，"世界眼光、中国情怀"之有机契合，"认识、实践"之二位一体。基于此，提升大学生"四个正确认识"是促进大学生全面发展的必备条件和重要环节。新时代高校思政课要通过积极有为的改革创新，引导大学生在提升"四个正确认识"的过程中多维度、全方位地进行自我认知与自我发展，这是实现新时代大学生全面发展之人本需要。

（三）倾力占领新时代中国主流意识形态高地之根本需要

新时代中国主流意识形态是指以马克思主义为核心内容和理论指导的思想观念、价值体系、理论主张和实践战略等构建起来的中国特色社会主义意识形态。新时代大学生对主流意识形态的情感认同、心理认同和实践认同总体向好，如坚定信奉马克思主义指导思想，高度认同中国特色社会主义建设的伟大成就，对于中华民族优秀传统文化具有强烈自豪感，但依然存着个人主义、享乐主义、实用主义滋生等问题，部分大学生对西方社会有着"崇洋"心理，对现实社会有着某些"疑惑"和"不满"心理，加之网络流行的诸种非主流甚至

---

① 把思想政治工作贯穿教育教学全过程　开创我国高等教育事业发展新局面［N］．人民日报，2016-12-09(01)．

反主流意识形态以各种显性或隐性的方式呈现，以及全球化背景下意识形态领域影响力的多元性所造成的学生认知困惑，都对思想正处于可塑期的大学生构建主流意识形态认同产生了负面影响。主流意识形态在少数大学生思想中甚至处于被弱化甚至被边缘化的困境。为何会出现上述情况？怎样改变此种现状？如何占领主流意识形态高地？这是思政课和整个社会思想教育必须认知反思的问题。主流意识形态高地，马克思主义、无产阶级的思想不去占领，各种非马克思主义、非无产阶级的思想甚至反马克思主义的思想就会去占领。思政课改革创新必须以"加强党对意识形态的领导"为战略旨向，在提升大学生"四个正确认识"过程中引导大学生准确把握指导思想一元化与社会思潮多元化的关系，正确认识主流意识形态的历史地位和重大意义。

习近平总书记强调，要把坚定"四个自信"作为建设社会主义意识形态的关键，发展主流意识形态必须大力培育和践行社会主义核心价值观，"社会主义核心价值观是当代中国精神的集中体现，凝结着全体人民共同的价值追求"。2013年12月，中共中央办公厅印发《关于培育和践行社会主义核心价值观的意见》的通知指出："积极培育和践行社会主义核心价值观，对于巩固马克思主义在意识形态领域的指导地位……实现中华民族伟大复兴中国梦的强大正能量，具有重要现实意义和深远历史意义。"[①] 党的十八届三中全会亦明确指出："培育和践行社会主义核心价值观，巩固马克思主义在意识形态领域的指导地位。"新时代大学生无论是强化"四个自信"抑或培育和践行社会主义核心价值观，都需要提升"四个正确认识"，而思政课是提升大学生"四个正确认识"之主渠道。我们要在思政课改革创新中提升"四个正确认识"的教育教学效果，通过引导大学生"正确认识国际比较"，使其理性廓清多元化的意识形态辨识，自觉抵制西方普世价值，积极培育社会主义核心价值观；通过引导大学生"正确认识中国特色"，使其把握马克思主义是"真"与"善"内在统一的指导思想，把握中国特色社会主义制度的优越性、中国特色社会主义道路的正确性、中国特色社会主义理论的科学性和中国特色社会主义文化的先进性，对主流意识形态产生心理上、情感上和实践上的自觉认同。同时，通过引导学生

---

① 中共中央文献研究室.十八大以来重要文献选编(上)[M].北京:中央文献出版社,2014:579.

"正确认识远大抱负和脚踏实地",使其将主流意识形态认同自觉转化为主流意识形态践行。

二、思政课改革创新提升大学生"四个正确认识"之现实成效

自 2016 年习近平总书记提出"四个正确认识"迄今,很多高校在思政课改革创新的过程中有所作为,致力将提升大学生"四个正确认识"作为思政课改革创新的根本目标和价值旨归,并着力将"四个正确认识"融入思政课的理论教学与实践教学改革,取得了一定的现实成效。下面以合肥工业大学为例,阐明相关成效。

(一)拓展思政课内容体系

近年来,很多高校在思政课改革创新的过程中,致力推进"四个正确认识"进教材、进课堂、进头脑,突破了之前仅以马克思主义理论体系和中国特色社会主义理论体系为教学内容的理论框架,有效拓展了思政课传统的内容体系。合肥工业大学马克思主义学院在思政课改革创新的过程中,以提升大学生"四个正确认识"为目标指引,对思政课教学内容进行整合与完善、延伸与创新,统筹推进思政课内涵建设,有效拓展并深化了教学内容体系的广度、深度和力度。

我们在"思想道德与法治"课(注:以下简称"德法"课)教学内容改革引领大学生提升"四个正确认识"的过程中,着力以"四个正确认识"为教学主线,"遵循从理论到实践,从生活实际到品德养成,从至善追求到底线守护的基本逻辑",把各章教学内容提炼为"新时代新征程新使命""人生价值""理想信念""中国精神""社会主义核心价值观""道德养成""法治意识"等七个教学主题,并把每一章的重点难点问题分解为理论与实践两个部分,分别开展理论教学和实践教学,将"四个正确认识"紧密融入教学内容和教学过程,引导学生对"四个正确认识"有了更为清晰的把握和更为深刻的领悟,教学效果显著。

我们在"马克思主义基本原理"课(注:以下简称"原理"课)教学内容

改革引领大学生提升"四个正确认识"的过程中,以辩证唯物主义和历史唯物主义为教学主线,将"正确认识世界和中国发展大势"、正确认识中国历史发展规律和人类历史发展规律融入马克思的"两大发现"和"两个必然"教学内容,将"正确认识中国特色和国际比较"融入辩证唯物论教学内容,将"正确认识时代责任和历史使命"融入群众史观教学内容,将"正确认识远大抱负和脚踏实地"融入马克思主义实践观教学内容,将正确认识"四个正确认识"的内在辩证关系及中国与世界、个人与社会、"远大抱负"与"脚踏实地"的辩证关系等引入唯物辩证法教学内容,以此推动"原理"课教学内容改革。通过改革,突破了之前仅以马克思主义基本原理为教学内容的局限性,拓展并深化了"原理"课传统的教学内容体系,增强了课程的理论深度、历史厚度与现实广度,强化了课程的时代性和学生的关注度。

我们在"中国近现代史纲要"课(注:以下简称"纲要"课)教学内容改革引领大学生提升"四个正确认识"的过程中,注重深化课程理论内涵。教师在教学过程中厘清中国道路的开辟与探索、讲解中国制度的发展与完善、阐述中国智慧的总结与运用,引导学生从中国近现代史的学习中树立正确的历史观、党史观、民族观、国家观和文化观,学会运用正确的历史观等分析近现代中国的历史事件、历史人物和历史现象,学会运用历史辩证法分析中国与世界的关系、历史与现实的关系、不同历史时期的关系、不同历史事件与历史现象的关系,使学生准确把握中国人民作出"四个正确选择"的历史必然性及世界历史发展趋势,由此不仅丰富了课程教学内容,而且赋予了教学内容以大历史观思维,强化了"四个正确认识"教学效果。

我们在"毛泽东思想和中国特色社会主义理论体系概论"课(注:以下简称"概论"课)教学内容改革引领大学生提升"四个正确认识"的过程中,针对教学内容专门设计了课堂教学模块,既突出理论性亦彰显时代性。教师致力于将"四个正确认识"融入各章教学专题和课堂教学模块,注重世界和中国发展大势的理论分析,注重中国特色和国际比较的阐释,注重大学生时代责任和历史使命的强调,注重远大抱负和脚踏实地的论证。通过有计划地向学生传授理论知识,夯实了学生的理论基础,提升了学生对"四个正确认识"的学习兴趣和认知能力，引导大学生明确了中国共产党领导是中国特色社会主义制度最大的优势、坚定了中国特色社会主义必胜信念，强化了"不负人民、强国有我"的责任担当。

我们在"形势与政策"课教学内容改革引领大学生提升"四个正确认识"的过程中，依据教育部和安徽省关于"形势与政策"相关文件提及的"准确把握教学内容"的总要求，遵循每学期教育部出台的教学要点，结合本校学科发展特色和大学生思想特点，着力进行教学专题设计。其设计基本原则为：紧扣国际国内时政热点要点、引导大学生关注实际问题、针对具体实践案例深度解析、全方位多视角深入探究。我校"形势与政策"课在世情、国情、党情教育（教育部规定的教学要点）基础上及时融入省情、民情、校情，建构起了更全面、更接地气、学生更感兴趣的"六情"教学内容体系，充分体现了合肥工业大学在长三角一体化发展格局中为地方社会经济发展服务的内容，引导学生把爱校、爱家乡，爱国，爱党，爱人民高度统一起来。我校"形势与政策"教研部2020—2021学年第一学期教学专题设计依据教育部办公厅印发的《高校〈形势与政策〉课教学要点（2020年下辑）》，参照教育部社会科学司、中宣部《时事报告》杂志社出版的《时事报告大学生版》（2020—2021学年度），将教学内容设计为携手共建人类命运共同体、决胜全面小康共襄复兴伟业、众志成城书写抗疫"中国答卷"、后疫情时代中国宏观经济前景等四个专题，立足于国际国内疫情防控与经济社会发展大背景，旨在引导大学生准确把握中国共产党领导中国人民开展全民抗疫和推进经济社会稳步发展的能力，深刻感悟中国抗疫实践所彰显的中国特色社会主义制度优势。通过系列教学内容改革，切实提升了大学生"四个正确认识"，成效显著。

（二）创新思政课教学方法

在思政课改革创新引导大学生提升"四个正确认识"的过程中，丰富规范的教学内容与科学有效的教学方法都不可或缺。在新时代的现实场域中，中国社会环境、外部舆论环境和国际社会环境较之过去都发生了历史性变化，思政课传统意义上的教学方法已不适应新时代新形势的需要，亦不适应提升大学生"四个正确认识"的需要。

如何创新教学方法以切实提升大学生"四个正确认识"？对此，我校马克思主义学院在思政课的理论教学与实践教学过程中，深入反思并积极探赜，构建起一套课内与课外相结合、第一课堂与第二课堂相统一、理论与实践相融合、线上与线下相观照的系统化、立体化的思政课教学方法体系，在提升大学生"四个正确认识"中取得了一定成效。

我们在"德法"课教学方法创新引领大学生提升"四个正确认识"的过程中，潜心钻研教学方式方法，综合采用讲授法、启发法、案例教学法、讨论法等教学方法，引导大学生深刻理解并把握"四个正确认识"。我们还根据教研室集体备课中形成的"主题式""问题链"的教学方法和教学模式，对教学内容层层深入，向学生提出一个又一个环环相扣、引人深思的问题，先引导学生思考，再组织学生讨论，最后教师进行释疑答惑，充分发挥了学生的主体作用和教师的主导作用。此外，我们还举办了形式多样的课外实践活动，如利用实践教育基地开展"时代之旅"和"红色之旅"；根据理论热点、社会热点问题设定相关主题，组织学生分组讨论；组织大学生进行"道德情景剧"竞赛，开展沉浸式实践活动；等等。通过上述教学方法创新，切实提升了大学生"四个正确认识"。

我们在"原理"课教学方法创新引领大学生提升"四个正确认识"的过程中，充分意识到传统教学方法正面临日益严峻的挑战，无法贴近大学生的思想动态。基于此，我们在汲取教育学一般方法和马克思主义理论教育传统"灌输"方法的基础上进行改革创新，注重以启发式教学代替结论式教学，凸显以"内容为王"的"原理+现实+问题链"教学法，积极践行"多元多样"的分众式教学法、"深厚踏实"的经典研读探究法和"问题导向"的课外体验式教学法，构建起立体化教学方法体系。

我们在"纲要"课教学方法创新引领大学生提升"四个正确认识"的过程中，致力于推动模块化教学改革，即构建起课堂理论教学、网络平台自学和课外实践教学三位一体的模块化教学模式，以课堂理论教学为基础，以网络平台自学和课外实践教学为课堂理论教学的延伸和强化。通过课堂理论教学，向学生传授丰富的理论知识，强化大学生"四个正确认识"学习效果。通过网络平台自学，突破了"时空"限制，引导学生充分运用网络资源库进行自主学习。通过课外实践教学，组织学生对工厂企业、历史文化馆和革命纪念馆等进行实地的走访调研和参观考察，促使学生了解社会现实、感悟历史文化、传承红色基因、赓续精神血脉。

我们在"概论"课教学方法创新引领大学生提升"四个正确认识"的过程中，着力以提升大学生"四个正确认识"为根本目标，以契合"概论"课程主体发展需求为原则实行模块化教学改革，将教学过程细化为课堂教学、课外教学和实践教学三个模块。课堂教学模块注重挖掘课内教学资源，精准设置"概论"课程教学专题；课外教学模块强调拓展课外教学资源，着力实现"概论"课外教学与新时代同频共振；实践教学模块全力创新实践形式，积极营造体验式教学场景，努力打造品牌活动。模块化教学改革力求以课堂教学模块奠定大学生"四个正确认识"的理论基石，以课外教学模块提升大学生"四个正确认识"的切身感知，以突破"时空"局限的实践教学模块推进大学生"四个正确认识"的积极践行，将"四个正确认识"有效地渗透融入"概论"课程的课堂教学与实践教学，突破了理论教学的"时空"视域，强化了教学效果。

我们在"形势与政策"课教学方法创新引领大学生提升"四个正确认识"的过程中，积极拓展"形势与政策"网络试题库教学方式，并举办"大学生讲'形势与政策'公开课"展示活动、"'四史'融入大学生践行'形势与政策'之千街万巷大调查活动"等实践活动，将"四个正确认识"有机融入理论教学与实践教学。我们还综合采用线上线下相结合、微视频制作、小组讨论、第二课堂和走访考察等教学方法，并构建起课堂教学考核、网络试题库教学考核和社会实践考核等多位一体的课程考核方式，以期强化对教师教学过程和学生学习过程的综合评价。

（三）提升师生"教""学"获得感

近年来，很多高校在思政课改革创新过程中，强调以提升大学生"四个正确认识"为价值旨归，强调"让有信仰的人讲信仰"，强调理论教学和实践教学要与"四个正确认识"高度契合。经过多措并举，切实提升了广大师生对于"四个正确认识"的"教""学"获得感。这种获得感表征出思政课的核心影响力和"四个正确认识"的教学效果。

1. 切实提升了学生在"四个正确认识"学习过程中的学习获得感。思政课是大学生获得"四个正确认识"的主渠道。我们通过对合肥工业大学及相关高校学生的问卷调查发现,学生通过五门思政课提升"四个正确认识"的学习获得感为41.5%—80.7%,其中"形势与政策"课的学习获得感最高,达到80.7%,而在其他课程中的学习获得感仅有17.9%—21.1%。学生的这种学习获得感与思政课在课程体系中独具的意识形态教育目标相匹配。近年来,合肥工业大学要求思政课教师在教学中注重结合国际国内形势及大学生的思想实际和社会实际,注重引导大学生培育并践行社会主义核心价值观,注重强化大学生的主流意识形态认同。学生们普遍认为,思政课教师在"四个正确认识"教学中政治认识清醒,观点鲜明正确,具有国际视野和中国情怀,能够积极传递正能量。通过"四个正确认识"教育,越来越多的学生充分发挥自己的学习主体作用,主动并全程参与思政课的课堂讨论、微视频制作、社会实践等各教学环节,表达了要树立"四个自信"和坚定共产主义理想信念的信心和决心,并力求将"爱国之情、报国之志"融入自我的价值追求和躬行实践,真正做到了知、情、意、行之辩证统一。

2. 有效提升了教师在"四个正确认识"教学过程中的教学获得感。将"四个正确认识"融入思政课教学,要求教师在备课过程中积淀更多的知识储备,比过去更为全面及时地了解国际国内形势、社会热点和难点问题,这也拓宽了教师自己的理论视野。在教学改革过程中,教师还需创新教学方法,综合运用传统与现代、线上与线下等多样化教学手段,这一过程也是教师提升自身教学能力的过程。这都增强了教师的教学获得感。更为重要的是,教师通过教学提升了学生的学习获得感,这种学习获得感会在师生互动中通过近距离和及时性的传递让教师切身感受到,从而又提升了教师的教学获得感,由此实现了学生的学习获得感与教师的教学获得感之双向奔赴和良性循环。如,我校马克思主义学院教师在教学中坚持"价值性与知识性的统一""政治性与学理性的统一",以深厚的理论涵养为基础进行透彻的学理分析,避免空洞的理论灌输,使学生充分领悟到中国特色社会主义制度的优越性、中国特色的深刻内涵,帮助学生澄清思想困惑和价值误区,助力学生"真学、真懂";引导学生积极践行时代责任和历史使命,助力学生"真信、真用"。他们表示,自己在"四个正确认识"教学中潜心引导学生实现知识传授、价值引领与实践引导之三位一体的统一,体会到学生的学习获得感日益提升,由此也感受到备受欣慰和鼓舞的教学获得感。

此外,我们还在师资队伍建设、以"金课"为标识的课程内涵建设、实践教学体系建设和教学评价体系建设等方面也取得了一定成效。这在后面章节均有专门论及,此处不再赘述。

三、思政课改革创新提升大学生"四个正确认识"之现实困境及原因探赜

目前,在高校思政课改革创新提升了大学生"四个正确认识"的过程中,我们虽然取得了一定成效,但也面临一些现实困境。对此,我们需深入探赜这些问题衍生的原因,以期寻求积极对策。

(一)大学生自主学习动机缺乏

目前,就学生层面而言,"四个正确认识"教育教学面临的现实困境就是大学生对于"四个正确认识"缺乏自主学习动机。我们通过问卷调查发现,大学生对于"四个正确认识"的参与度和关注度相对较高,但自主学习缺乏动机,一些学生依然处于"老师要求学,所以我要学"的被动学习状态。思政课"说起来重要,学起来不重要"的现象依然存在。学生作为受教育对象,能否自觉自主学习,能否积极参与思政课教学各环节,能否从"老师要求"走向"我想知道"的自觉状态,不仅是考量大学生自我发展需求与动机强度的重要指标,亦是"四个正确认识"能否取得实效性之关键所在。自主学习动机的缺乏必然会在很大程度上影响"四个正确认识"的教学效果。

究其原因,一方面是由于从小学开始的思想政治教育基本处于"副课"状态,加之教师多习惯于灌输式教育,无法有效激发学生的学习兴趣。这一矛盾状态反映在大学生群体中,就是处于对思政课"被动重视"的学习状态:遵守教学安排按时上思政课,不缺课不旷课,但很少从思想意识层面反思自己的学

习状态、学习动机和学习目标,也很少主动构建自我驱动学习的思想意识。另一方面是因为大学生将更多的时间与精力投入到了专业课程学习,降低了思政课学习投入,弱化了思政课学习动机。对于大学生而言,专业课程学习能使他们获得近期效益,如获得奖学金、专业资格证书等。所以,很多大学生会主动参加专业类专题讲座、参加职业资格培训获取证书、参加各类专业活动,以积累进一步深造的资本,但在思政课方面的自我建树动机较弱,常将自己置于"老师要我学"的被动状态,影响了"四个正确认识"的学习效果和教学效果。

(二)教师教学影响力有待提升

近年来,思政课教师在教学过程中注重通过创新教学方法、综合运用多媒体等现代化教学手段激发学生的学习兴趣,提升了自身的亲和力。我们通过问卷调查发现,学生认为教师亲和力很强的占33.4%,较强的占53.3%。但是,调查数据显示,教师近年来虽然在努力减少与学生的距离感方面做了很多"亲民"的改革,亲和力较高,但能够满足学生学习需要和激发学生思考的比例并不高,对于学生的影响力并不理想。如,一些教师的理论知识储备有限,教学经验不足,教学能力有待提升;一些教师的教学用语比较传统刻板;一些教师的理论教学效果虽然优良,但课后对于学生释疑解惑的投入时间不多,对于学生的学习、生活和思想的引导作用不强,对于学生的价值引领和实践引导的力度有限。教师在教学中亲和力较高但影响力不足,这在一定程度上影响了"四个正确认识"教学效果。如何提升教师的教学影响力?这是我们面临的又一现实困境。

上述现实困境的衍生,主要源自两个方面。一是教师理论素养有待提升。理论的力量是强大的。马克思曾说:"理论只要说服人,就能掌握群众;而理论只要彻底,就能说服人。"习近平总书记也强调:"一个政党要走在时代前列,一刻也离不开理论指导。"高校思政课教师作为高级知识分子和大学生思想政治教育的主导力量,更应注重理论学习,要着力提升对于学生的理论影响力。当前,一些教师的理论学习有待加强,理论研究有待深化,理论素养有待提升。由于没有深厚的理论储备和广阔的理论视野,很难在"四个正确认识"教学中释放出令学生信服的教学魅力、思想魅力和人格魅力,难以提升教学效果。思政课教师要提升自己的理论影响力,就必须充分利用课余时间加强理论学习,夯实理论基础,提升理论素养,做到"坚持教书和育人相统一,坚持言传和身教相统一,坚持潜心问道和关注社会相统一,坚持学术自由和学术规范相统一",并把如何引领大学生提升"四个正确认识"作为当前理论学习的重点。二是教师没有贴近大学生思想实际。习近平总书记强调,"高校教师要坚持教育者先受教育,努力成为先进思想文化的传播者、党执政的坚定支持者,更好担起学生健康成长指导者和引路人的责任"。新时代大学生自我意识强烈、情感丰富、个性鲜明、思维活跃,容易接受新事物,对社会的热点、难点问题比较关注。基于此,教师自己不仅需要有宽广的知识视野、历史视野和国际视野,而且需要针对大学生所处的时代环境及其个性特征进行教学。然而,在当前的"四个正确认识"教学中,一些教师仅仅拘泥于课堂教学的"时空",在课后与学生的交流很少,因而不能贴近学生的思想实际和生活实际,对学生的所思所困所惑并不了解,割裂了"经师"与"人师"的辩证统一。还有一些教师在分析理论问题或现实问题时,刻意规避学生中存在的思想困惑或敏感话题,说一些"套话""教条话",陷入了理论灌输和空洞说教的桎梏。这都无助于对大学生的价值引领和实践引导,也由此降低了教师在"四个正确认识"教学中的影响力。

(三)思政课教学话语体系有待创新

思政课教学话语体系是思政课的教学主导者教师和教学主体者学生之间进行知识传授和思想交流的重要载体。思政课教学话语体系能否被大学生所认同和接受,是思政课能否取得实质性成效的重要因素,不可忽视或漠视。当前,虽然部分教师力求打破传统的、刻板的教学话语霸权,提升教学话语的趣味性,但总体而言,在教师居于主导地位的思政课教学过程中,教学话语体系依然强调教师的主导性、权威性和教学内容的政治性、思想性、理论性,创新程度不足,与时俱进的力度不够。以这种教师主导式和"理论灌输"式的教学话语体系融入"四个正确认识"教学,对于自我意识强烈、时代感鲜明且渴望与教师进行平等交流的大学生而言,是难以接受的,必然会降低学生的学习兴趣,也制约了思政课的"话语权"。加强思政课话语体系创新,对于改进高校宣传思想工作、提升高校意识形态工作的话语权、强化思政课教学效果及提升大学生"四个正确认识"都具有深远的意义。

鉴于此，思政课要以马克思主义为指导，结合新时代特征，积极推进教学话语体系创新，构建中国特色的新时代教学话语体系。这要求我们在秉持教学话语体系之政治性、思想性、理论性的基础上，力求使其洋溢"暖人心"的温度和师生平等交流的人文情怀；力求与时俱进地创新话语表达方式，从中国特色社会主义伟大实践和大学生思想动态中提炼新鲜话语，融入新时代话语元素；力求使教学话语有温度、广度和新鲜度，有亲和性、趣味性和平等性。我们要致力推进传统"灌输式"话语向启发互动式话语转换，西式概念主导的话语向符合中国特色社会主义发展特质的话语转化，抽象过时式话语向贴近大学生思想实际、融入新时代特征的话语转换，从而构建一种既不乏思想性亦被学生喜闻乐见的新时代高校思政课教学话语体系，提升话语内容的引领力、话语形式的亲和力、话语主体的感召力和话语对象的认同力，助力思政课的话语权和影响力的提升，在具有思想性、时代性和亲和性的新时代语境视域中提升大学生"四个正确认识"。

▶第四节
新时代高校思政课改革创新提升大学生"四个正确认识"之实践逻辑

如前述，新时代高校思政课改革创新提升大学生"四个正确认识"具有内在的理论逻辑、历史逻辑和现实逻辑，这三重逻辑又统一于实践逻辑。马克思在《关于费尔巴哈的提纲》中指出："人的思维是否具有客观的真理性，这并不是一个理论的问题，而是一个实践的问题。人应该在实践中证明自己思维的真理性，即自己思维的现实性和力量，亦即自己思维的此岸性。"[1] 思政课如何在实践中推进改革创新？又如何在改革创新实践中提升大学生"四个正确认识"？这要求我们以马克思主义实践观为指导，坚守实践逻辑，致力将提升大

---

[1] 马克思恩格斯全集(第三卷)[M].北京:人民出版社,1960:3.

学生"四个正确认识"融入思政课改革创新的各项实践,着力推进思政课改革创新的实践进程。

一、致力打造"五维"思政"金课"

思想政治工作是高校各项工作的生命线,思政课是巩固马克思主义在高校意识形态领域指导地位、坚持社会主义办学方向的重要阵地,也是落实"立德树人"根本任务的关键课程。我们要致力打造有政治高度、有理论深度、有现实广度、有历史厚度和有情感温度的思政"金课",深化课程内涵建设。

(一)着力打造有政治高度的思政"金课"

2019年,习近平总书记在学校思想政治理论课教师座谈会上强调,推动思政课改革创新,要坚持"八个统一"。其中,"坚持政治性和学理性相统一"处于统领地位,对其他方面的统一具有引领作用。思政课的根本目标是培养担当民族复兴大任的时代新人,培养德智体美劳全面发展的社会主义事业建设者和接班人。政治性是思政课的内在本质和根本属性。基于此,我们需着力打造有政治高度的思政"金课"。

1. 教师要提高政治站位。习近平总书记强调,"办好思想政治理论课关键在教师,关键在发挥教师的积极性、主动性、创造性","讲思想政治理论课,要让信仰坚定、学识渊博、理论功底深厚的教师来讲,让学生真心喜爱、终身受益"[①]。思政课教师在思想政治教育中居于主导地位,是大学生的学习导师和人生导师。思政课教学质量在很大程度上取决于教师自身的综合素质,而政治素质在其中具有统领作用。高校要致力"建设一支政治强、情怀深、思维新、视野广、自律严、人格正的思政课教师队伍",要"让有信仰的人讲信仰"。思政课教师要在"四个正确认识"的理论教学和实践教学中提高政治站位、坚定政治立场、强化政治自觉、坚守政治底线;要坚定马克思主义信仰,坚决反对各种反马克思主义思潮,真正做到"在马讲马、在马研马、在马信马";要不断增强"四个意识",真正做到"两个维护";要在大是大非面前保持政治清

---

① 习近平.思政课是落实立德树人根本任务的关键课程[J].求是,2020(17).

醒、强化政治鉴别力；要自觉遵守政治规律和政治规矩，在课堂上坚决不讲与国家利益和人民利益相背离的观点，坚决不说"抹黑中国""歪曲历史"的言语，坚决不做有损于中华民族利益的行为。

2. 教学内容须凸显政治旨趣。近年来，习近平总书记多次强调意识形态工作的重要性，指出，"能否做好意识形态工作，事关党的前途命运，事关国家长治久安，事关民族凝聚力和向心力"，我们"必须把意识形态工作的领导权、管理权、话语权牢牢掌握在手中，任何时候都不能旁落，否则就要犯无可挽回的历史性错误"。思政课是引领大学生意识形态教育的重要内容，"政治引导是思政课的基本功能"。思政课教学内容须凸显政治旨趣，要始终以马克思主义为指导，始终坚持中国特色社会主义主流意识形态，坚决反对各种反马克思主义的意识形态；要坚决反对学理性与政治性的二元分裂；要用政治性引领学理性，以学理性为政治性提供理论支撑；要理直气壮讲政治，"用学术讲政治"，具有为党宣传、为民发声的政治自觉。通过教学，要引导学生正确认识"世界和中国发展大势"、"国际比较"和"中国特色"；要启示学生明确自己的时代责任和历史使命，将远大抱负付诸脚踏实地；要指导学生准确理解"中国特色社会主义最本质的特征是中国共产党领导，中国特色社会主义制度的最大优势是中国共产党领导"；要引领学生深刻领悟马克思主义的真理力量、道德力量和实践力量之三位一体、中国特色社会主义建设的伟大成就、中国共产党"人民至上""生命至上"的国之大者，使学生明确"马克思主义为什么行、中国特色社会主义为什么好、中国共产党为什么能"这一重大问题；要引导学生深刻把握中国共产党的精神谱系，筑牢共产主义理想之基。由此，强化对学生的政治引领力。

3. 教学目标旨在提升学生政治素养。一是要培养学生政治情怀。即引导学生正确认识"中国发展大势"，准确把握近代以来中国人民作出"四个选择"的历史必然性和正确性，深刻领悟中国共产党的领导是中国特色社会主义制度最大的优势，培养学生"为党尽忠、为国奉献、为民服务"和"跟着党走、强国有我"的自觉意识，培养学生的爱国主义精神、民族精神和时代精神，促使学生深刻感悟"我们不是生在一个和平的时代，而是生在一个和平的中国"。

在此基础上，引导学生自觉树立"构建人类命运共同体"，将深厚的政治情怀转化为超越国界和民族界限的人类终极道德关怀。二是要锤炼学生政治敏锐性。即以透彻的学理分析回应学生对包括政治问题在内的现实关切，引导学生在经济全球化的浪潮和多元化社会思潮的国内国际背景下，站稳政治立场，锤炼对于重大国际问题和社会热点难点问题的政治敏锐性、政治洞察力和政治鉴别力，促使学生运用马克思主义的立场、观点和方法及正确的政治观点、政治思维理性地观察、判断和分析问题，增强学生的政治免疫力，自觉抵制西方国家的霸权主义和强权政治，自觉抵制"中国威胁论"、"历史终结论"、"马克思主义过时论"和"共产主义渺茫论"等错误的政治观点。三是要强化学生政治认同。即通过教学，强化学生对马克思列宁主义、毛泽东思想、邓小平理论、"三个代表"重要思想、科学发展观、习近平新时代中国特色社会主义思想、社会主义主流意识形态和"四个自信"的政治认同。

（二）着力打造有理论深度的思政"金课"

习近平总书记强调，思政课要坚持"政治性和学理性的统一""知识性与价值性的统一""理论性和实践性的统一"。无论是学理性、知识性抑或理论性，都是思政课理论深度的题中应有之义。理论的力量是强大的。马克思曾说："理论一经掌握群众，也会变成物质力量。"① 恩格斯指出："一个民族想要站在科学的最高峰，就一刻也不能没有理论思维。"习近平总书记也特别强调理论的重要性，指出："一个政党要走在时代前列，一刻也离不开理论指导。"

思政课教师要不断加强理论积淀，提升理论素养，力求在教学过程中讲出有理论深度的思政"金课"，释放理论魅力，提升理论影响力。具体而言，一是要引导学生加强理论学习并深刻把握理论学习之重大意义。教师要引导学生认真学习马克思主义理论和习近平新时代中国特色社会主义思想；要引导学生回归马克思主义经典著作的"文本视域"和"本真语境"，原汁原味地学习马克思主义，学深悟透马克思主义，真正做到"真学、真懂""学马、信马"；要引导学生把握理论学习对于自己培养理论思维、提升分析和解决问题的能力之重大意义，增强学生自觉投入理论学习的自我驱动力。二是要讲清楚理论知识

---

① 马克思恩格斯全集(第一卷)[M].北京：人民出版社，1956：460.

和理论观点，拓展学生理论视野。教师要加强理论学习和科学研究，力求使自己具有深厚的学术涵养和宽广的理论积淀，深入挖掘教材的理论价值，深化理论教学的内涵。在课堂上要讲清楚马克思主义的基本原理，基本范畴，基本的立场、观点、方法、理论精髓及其重大意义；要讲清楚习近平新时代中国特色社会主义思想的基本内容、基本观点、理论真谛及其重大意义；要讲清楚马克思主义和中国特色社会主义的"真"与"善"之自觉契合的本质特征；要厘清基本概念、讲透理论精髓，提炼重要问题，回应学生的理论关切。三是要提升学生理论素养。教师要以科学的理论知识教育学生，以彻底的理论思想说服学生，以强大的理论力量引导学生；要把理论问题讲深，把重点难点讲透，增强科学理论的现实解释力、理论穿透力、理论影响力和实践引领力；要启迪学生形成理论反思意识，提升理论思维能力，能够在东西方文化相互激荡的多元化社会思潮和信息化的新媒体时代中增强辨别是非善恶的能力，理性地作出理论思考、价值抉择和实践自觉。

（三）着力打造有历史厚度的思政"金课"

毛泽东同志在1938年10月所作的《论新阶段》政治报告中指出："今天的中国是历史的中国的一个发展；我们是马克思主义的历史主义者，我们不应当割断历史。从孔夫子到孙中山，我们应当给以总结，承继这一份珍贵的遗产。这对于指导当前的伟大的运动，是有重要的帮助的。"[①] 习近平总书记也强调，要从历史中汲取治国理政智慧，"历史是最好的教科书"，"学史可以看成败、鉴得失、知兴替"[②]。历史是一去不复返的，但历史不是冷冰冰的，而是温情的、有温度的。一个国家和民族只有正确地正视历史，才能更好地定位现在、瞻仰未来。

作为新时代的思政课教师，我们不能忽视甚至漠视历史，而是要不断加强历史学习，提升历史素养，拓宽历史视野，向学生阐明历史逻辑、历史观点和历史方法，讲出有历史厚度的思政"金课"。一是引导学生认真学习历史并深

---

① 毛泽东选集(第二卷)[M].北京:人民出版社,1991:534.
② 习近平在中央党校建校80周年庆祝大会暨2013年春季学期开学典礼上的讲话[N].人民日报,2013-03-01(02).

刻感悟历史学习之深远意义。教师要引导学生"走进历史的深处",认真学习历史,从历史书籍、历史文献和史料中把握历史脉络,反思历史进程,汲取历史智慧,积淀历史底蕴。在此基础上,引导学生深刻感悟历史学习的深远意义是学史增信,学史明理,学史崇德,学史力行,博古通今、鉴往知来,提升学生历史学习的理论自觉和实践自觉。二是阐明历史规律、历史知识和历史方法,拓宽学生历史视野。教师要阐明唯物史观基本观点及中国共产党执政规律、社会主义建设规律和人类历史发展规律;要讲清楚马克思主义理论产生的历史背景、形成、发展和创新的历史;要讲清楚马克思主义自 20 世纪 20 年代在中国"理性出场"并"始终在场"的发展史、马克思主义中国化的历史进程;要注重"四史"教育,助力学生了解风云激荡的党史发展历程及中国革命、建设、改革开放和中国特色社会主义新时代的历史进程,了解中华民族从站起来、富起来到强起来的历史进程,体悟坚持中国特色社会主义的历史必然性;要引导学生"正确认识中国发展大势",把握中国历史发展脉络和重大历史关系、历史事件和历史人物;要激励学生"正确认识世界发展大势",把握世界历史发展规律和世界历史发展趋势,做到"知己知彼";要引领学生把握中国近代史既是百年屈辱史亦是中华民族历史发展长河中浓墨重彩、可歌可泣的百年奋斗史;等等。三是培养学生的历史情怀和历史思维。教师要引导学生追溯红色记忆、传承红色基因、赓续精神血脉;要启示学生把握马克思主义的本体论、认识论和方法论之辩证关系;要指导学生把握人类社会发展有其深邃的历史必然性和内在规律、历史规律具有重复性、历史现象具有相似性;要引导学生树立正确的历史观和党史观,确立唯物史观和群众史观;要引领学生运用群众史观和历史辩证法分析和解决现实问题,要求学生把对历史进程、历史人物和历史事件的评价置于当时的历史背景之下,确立大历史观,增强历史自觉。

(四)着力打造有现实广度的思政"金课"

思政课要紧扣时代脉搏,观照社会现实,"顺时而为""顺势而新""因时制宜",始终保持与时俱进的品质。教师要从大学生的思想实际、生活实际到社会实际,从中国发展大势到世界发展大势,从政治、经济、文化到社会和生态,都给予全景式、多维化的关注,力求打造有现实广度的思政"金课"。

教师要善于并乐于展示时代图景,把广袤的社会空间呈现于学生面前,引导学生了解广博的社会信息和国际信息,并将其融入教学。具体而言,教师要结合中国新时代特征、现阶段国情、党情和民情,引导学生自觉步入社会大课堂,坚持问题导向,秉持"问题意识"和"解决问题的意识"相统一的"视界融合法",学会从现实中发现问题,并学会运用正确的立场和方法分析和解决问题,拓宽社会视野;要结合世界"百年未有之大变局",启示学生聚焦国际社会疫情防控、地区冲突、贸易保护主义和全球生态环境等热点难点及重大问题开展思想交流,拓宽国际视野;要以新时代大学生关注的社会舆论重点、社会生活焦点、社会思想热点和学生思想疑点为切入点,回应学生现实关切,提升学生辨别是非善恶的能力;要引导学生多维度、多领域、多视角地观察现实社会和现实世界,正确认识"世界和中国发展大势"、"中国特色"、"国际比较"及"中国贡献"、"中国智慧"和"中国力量",启迪学生理性思考,激励学生作出正确的价值抉择和实践自觉。

总之,教师要引导学生在中国特色社会主义伟大实践中关注时代、关注社会、关注世界,打造"上接天线、下接地气",具有现实广度、洋溢新时代气息的思政"金课"。

(五)着力打造有情感温度的思政"金课"

习近平总书记强调:思政课教师"要有仁爱情怀,把对家国的爱、对教育的爱、对学生的爱融为一体,心中始终装着学生,让思政课成为一门有温度的课"①。他还提出了"四有"好教师标准,要求教师"要有理想信念,要有道德情操,要有扎实学识,要有仁爱之心"。"道德情操"和"仁爱之心"正是对教师的情感要求。他还指出,教师要"弘扬师德、奉献爱心,用真情、真心呵护每一个学生"。思政课要有"情感温度",首先需要教师胸怀仁爱之心。教师要对学生晓之以理、动之以情、喻之以行,以仁爱情怀和传道情怀打动学生,激发学生的共鸣与共情,以强化教学实效,助力大学生提升"四个正确认识"。

在自我要求上,要做有高尚职业情操的老师。这也是新时代思政课教师的

---

① 习近平.思政课是落实立德树人根本任务的关键课程[J].求是,2020(17).

价值诉求。教师"情怀要深",要具有崇高的职业道德和身为"人民教师"的自豪感,要有对教育事业的钟爱之情、对三尺讲台的热爱之情、对学生的喜爱之情,要有理论学习和真理追求的激情、信仰马克思主义的深情,还要有培养堪当民族复兴大任的时代新人的豪情。教师不仅要成为学生求学路上的导师,还要成为学生人生路上的导师,实现教书与育人相统一、经师与人师相统一。

在教学话语体系上,要构建有情感的新时代思政课教学话语体系。教师讲得"有情有义",学生才能听得有滋有味。教师要创新思政课教学话语体系,摒弃以教师为主导、只注重教学内容的理论性和思想性的传统教学话语,构建以师生双向互动为基础、注重教学内容的理论性、现实性、趣味性和亲和性相统一的、有情有义的新时代教学话语体系,实现理论教育、情感教育和价值观教育三位一体,向学生传授知识、传递情感、引领价值。

在受教育对象上,要把学生视为可爱亦奋进的生命个体加以爱护。教师要了解新时代大学生是思维活跃、个性鲜明、自我意识凸显、时代感强烈的青年群体,要把学生视为可爱亦奋进的生命个体,而非被动接受灌输教育的"容器"。教师要爱护学生,在理论教学的同时,密切关注学生的生活实际、思想困惑与情感需求,帮助学生解决生活困难,引导学生走出价值误区,激励学生实现人生理想。如此,就会对学生产生高尚人格魅力。《礼记·学记》曰:"亲其师,信其道;尊其师,奉其教;敬其师,效其行。"教师高尚的人格魅力会感化学生,激发学生尊重教师并信奉其指导和教诲,或自觉纠正自己的思想行为偏颇,或强化自己正确的价值抉择与实践行为。由此,助力教学效果提升。

二、构建有实践力度的立体化"大实践"教学体系

2019年,习近平总书记在学校思想政治理论课教师座谈会上提出了"八个统一"要求,其中就强调"要坚持理论性和实践性相统一"。为切实提升大学生"四个正确认识",高校马克思主义学院在认真开展理论教学的同时,须着力强化实践教学。构建有实践力度的立体化"大实践"教学体系,不仅是有计划、有实效地推进实践教学的重要环节,亦是思政课改革创新的题中应有之

义。我们要在宏观层面制定统一的实践教学方案，并以其为指导，勉力构建"多主体参与、多形式呈现、多平台运作、多机制保障"的立体化"大实践"教学体系，以行践知，打造"行走的思政课"。以期拓展理论教学"时空"，巩固理论教学效果。

（一）在宏观层面制定统一的实践教学方案

高校马克思主义学院在思政课改革创新提升大学生"四个正确认识"的过程中，要认真贯彻落实《关于进一步加强和改进大学生社会实践的意见》、《关于加强和改进新形势下高校思想政治工作的意见》和《新时代学校思想政治理论课改革创新实施方案》等指导意见和精神，依据所在高校的人才培养目标和马克思主义学院的人才培养方案，在宏观层面制定统一的实践教学方案，充分发挥实践教学在提升大学生"四个正确认识"中的重要作用，引导学生在实践教学中深刻感悟"四个正确认识"的价值和意义，提升学生深入社会、服务社会的能力和本领。

制定统一的实践教学方案，需从下述方面着手。一是明确实践教学指导思想，即以马克思列宁主义、毛泽东思想、邓小平理论、"三个代表"重要思想、科学发展观和习近平新时代中国特色社会主义思想为指导，认真贯彻党关于高校思想政治教育的系列方针要求，培养担当民族复兴大任的时代新人。二是明确实践教学目标，即立足于新时代的历史方位，秉持理论联系实际的原则，结合新时代特征和大学生思想实际，拓展课堂教学"时空"，引导大学生在实践教学中树立正确的世界观、人生观、价值观及历史观、党史观、民族观、国家观和文化观，拓宽大学生的知识视野、历史视野和国际视野，增强大学生的民族自豪感和历史使命感，提升大学生运用马克思主义的立场、观点和方法分析和解决实际问题的能力，提升大学生将远大抱负付诸脚踏实地的能力。三是明确实践教学要求，即在实践教学选题、实践教学基地选择、实践教学教师职责、实践教学对象遴选、实践教学分组安排、实践教学日程安排、实践教学环节和步骤设定、实践调查方案设计、实践教学纪律规定、实践调查报告撰写方法、实践教学成绩评定及实践教学效果评估等方面制定具体规划，提出具体要求。四是明确实践教学的内容和形式。在实践教学内容上，要紧扣时代热点和大学生思想实际,聚焦本科生五门思政课程及"四个正确认识"的教学专题和重点难点问题,精准提炼实践教学主题,使实践教学内容高度契合五门思政课程和"四个正确认识"的教学内容,力求提升实践教学效果,全面提升思政课教学质量;在实践教学形式上,马克思主义学院要与高校各部门及整个社会建立多元联动机制,充分开掘并运用丰富的校园资源、网络资源和社会资源,有计划地组织学生开展形式多样的实践教学,包括:马克思主义经典阅读、翻转课堂和小组讨论等课堂实践教学形式,网上论坛和"微创作"等网络实践教学形式,志愿服务、暑期"三下乡"活动、红色基地考察、企事业单位调研及对革命先辈、时代楷模和道德模范的访谈等社会实践教学形式。五是明确实践教学基地建设规划。实践教学基地是开展实践教学的重要载体和实践教学能否顺利有效开展的主要因素。我们在实践教学方案中要对实践教学基地选择、实践教学基地的规模建设和质量建设、实践教学基地建设的现状及存在问题、实践教学基地后期发展等方面作出具体规划。

(二)在中观层面推进多维的实践教学机制建设

我们在构建立体化的"大实践"教学体系过程中,就中观层面而言,需持续加强实践教学运行机制、实践教学效果评估机制、实践教学管理机制和实践教学保障机制等多维的实践教学机制建设,并不断推进各项机制建设的常态化、规范化、制度化和长效化,以期推动"大实践"教学体系向纵深发展,为切实提升大学生"四个正确认识"提供重要的实践教学机制保障。

就实践教学运行机制建设而言,高校和马克思主义学院要督促教师做好实践教学主题设定、教育对象选择、时间安排、实践步骤规划和后期的交流讨论、调查报告撰写和成果展示、成绩评定等各项准备活动;实践指导教师要引导学生明确实践教学目标、实践教学任务、实践教学纪律规定和实践作业;高校相关部门要联系好实践教学所需的校内实践场地、社会实践教育基地,做好与农村、社区、工厂和企事业单位等的有效对接,建设并维护好网络实践教学所需的互联网教学平台。

就实践教学效果评估机制建设而言,高校要制定科学的实践教学效果评估标准统一的实践教学效果反馈体系;要对实践教学效果组织开展师生互评、学生评价、校内教学管理部门评估、校外专家评估;要对实践教学目标落实情况、实践教学内容和实践教学方法、实践教学进展情况、实践教学任务完成情况、学生实践作业完成情况和实践教学成果展示情况等进行综合评估,并依据教学效果评估结果对实践指导教师进行激励,或督促其有计划地改进后期的实践教学。

就实践教学管理机制建设而言,马克思主义学院和教务处等管理部门要通力协作,首先根据实践教学主题选择、内容设计和实践形式等确定实践教学目标、拟定实践教学计划。在计划实施之前,要对相关事项进行调研和筹划,预判可能会发生的问题并对其进行预先干预和调整。在计划实施之中,要对实践教学各环节进行分析、调研和规划,对计划实施之中的偏差和误区进行及时的纠偏与调节,以保证计划顺利实施。在计划完成后,要组织师生开展实践教学经验的梳理总结和讨论交流,以期巩固实践教学成果、推广实践教学经验;还要根据反馈情况,对效果好的实践教学团体或班级进行物质或精神的奖励,并督促效果不佳的团体或班级优化实践方案、实践内容和实践环节。

就实践教学保障机制建设而言,一是加强组织领导保障。思政课实践教学是一项复杂的系统工程,不仅需要思政课教师和马克思主义学院的努力付出,也需要学校党委的高度重视及各职能部门的通力协作,以形成教育合力。基于此,高校要成立由校党委、马克思主义学院和相关职能部门负责人构成的思政课实践教学领导机构,主要负责思政课实践教学的领导和统筹工作,强化实践教学领导体制建设。同时,宣传部、学工部、校团委和教务处等部门要与实践教学相互联动和协同,为校园实践教学做好图书馆、档案馆、展览馆、竞赛场所和会场等场地建设,为网络实践教学做好网络平台开发建设,为社会实践教学做好实践教学基地建设、实践单位对接等工作,切实为实践教学提供组织保障。如合肥工业大学支持马克思主义学院和本教学团队创建"形势与政策"网络试题库平台和思想政治教育实验室;支持实践教学基地建设,与有关企业、博物馆、纪念馆、展览馆、烈士陵园城乡社区等建立20多个合作关系,为开展思政课实践教学提供了组织保障和条件保障。二是加强经费保障。高校要制定思政课专项经费使用管理办法,保证思政课专项经费专款专用,并设立思政课实践教学专项经费，做好年度经费预算，确保以有限的教学经费实现最大化教学效果。如合肥工业大学不折不扣地落实思政课实践活动经费。2017—2019年按照在校生总数每生每年20元标准提取专项经费，共划拨经费210万元。2020—2021年按照生均40元标准拨付马克思主义学院思政课专项经费，共300万元。三是加强激励保障。包括：设立思政专项课题，鼓励教师开展科学研究；资助实践教学效果好的团体或个人编辑出版优秀成果；适度增加实践教学质量在教师职称评审中的比重；根据实践教学成绩评定情况，对优秀学生的评优评先予以适度倾斜；等等。如，本教学团队依托马克思主义学院，在激励保障方面，将大学生参与公开课展示活动的成果计入"第二课堂"成绩单。院级比赛获奖由学院提供奖励措施，在评奖评优中予以考虑；校级比赛获奖三等奖及以上由学校提供奖励措施，如与次年大学生"三下乡"活动、创新创业项目支持相联系。在指导教师方面，教师所指导的学生若获得院级、校级比赛奖项，将以适当形式纳入教学工作量。

（三）在微观层面创新多元的实践教学形式

2015年，中央宣传部、教育部印发《普通高校思想政治理论课建设体系创新计划》，提出要"注重发挥实践环节的育人功能，创新推动学生实践教学"，"形成第一课堂与第二课堂、理论教学与实践教学、课堂教学与网络教学相互支撑，理念手段先进、方式方法多样、组织管理高效的思想政治理论课教学体系"。在实践教学中，如何创新教学形式对于提升教学质量有着重要意义。我们要创新以学生为主体，以教师为指导，以实践为基础，以课堂实践教学、校园实践教学、网络实践教学和社会实践教学"四位一体"为核心的多元的实践教学形式，致力打造多样化的实践教学平台，包括：创建校园实践教学平台；围绕革命、建设和改革各个时期的重大事件和重大节点研究确定一批重要标识地，与新农村、社区和企事业单位等地进行无缝对接，建设富有特色的社会实践教学基地；创设网络实践教学平台，在互联网创建微信群、公众号和微博等"微平台"，力求将"四个正确认识"教育有机融入各种形式的实践教学，延展理论教学"时空"，增强教学实效性。

1. 创新课堂实践教学形式

思政课课堂实践教学是课堂理论教学的延伸和拓展，有助于提高思政课的吸引力、感染力、渗透力和影响力，助力学生深化对知识体系的理论认同和情感共鸣，释放学生的潜力和创造力。思政课教师要善于利用课堂"时空"，以教师为指导，以学生为主体，开展形式多样的课堂实践活动，活化课堂教学内容。一是开展"马克思主义经典文献朗诵"活动。教师可定期在思政课课堂教学中合理安排一定的时间，开展"马克思主义经典文献朗诵"活动，鼓励学生朗诵自己喜欢的马克思主义经典文献中的某个段落，然后说出自己的心得体会，同时引导其他学生也谈谈自己的感悟。然后，教师再对这个段落的思想精髓和理论主旨进行解读。二是聚焦国内外热点问题开展课堂研讨或辩论。教师可根据国内外重大现实问题和热点难点问题拟定相关主题，激励学生聚焦主题开展课堂研讨或辩论，使学生在交流讨论中碰撞思想火花、深化知识理解。在学生讨论后，教师要对学生的观点进行梳理和总结，帮助学生厘清基本思路、澄清思想误区、提升价值辨识。三是开展课堂主题演讲。教师可在党史军史国史的一些重大时间节点，如中国共产党诞生、新中国成立、九一八事变、抗美援朝等重大历史事件的周年纪念日，做好主题宣传，组织学生制作PPT或撰写小论文，从中遴选出优秀作品汇编成册，固化课堂实践教学成果，并遴选出优秀学生作者开展课堂主题演讲，由此引导学生深刻感悟新中国的来之不易和中国共产党领导的正确性，增强历史使命感。课堂实践教学形式要"因课程而异""因教材而异""因每章教学内容而异""因班而异"，注重提炼教学重点和难点，注重扩大受众范围，以切实提升课堂理论教学的影响力和辐射面。

2. 创新校园实践教学形式

校园实践教学是思政课实践教学的重要形式。马克思主义学院要与高校各部门通力协作、多元联动，积极整合有助于提升大学生"四个正确认识"的丰富的校内教育资源，包括各种显性资源和隐性资源、硬性资源和软性资源，创新校园实践教学形式。

就校内资源而言，马克思主义学院和各部门开展的各种主题教育活动、社团活动、志愿服务、勤工助学、红色情景剧演出和科技文体活动等，都可成为

"四个正确认识"教育的宝贵资源。我们要善于并乐于运用这些资源来创新校园实践教学形式。一是将"四个正确认识"教育融入重大节日主题教育活动。思政课教师、马克思主义学院要与学校其他部门通力协作,在建国、建党或建军等重大历史事件的周年纪念日,组织学生开展各种实践活动,如以校园重大活动的舞台为载体组织学生开展主题文艺汇演,以引导学生正确认识新中国史、党史和军史,正确认识中国共产党的领导是中国特色社会主义最大的优势,正确认识中国历史发展进程和中国历史发展规律;通过创建马克思主义社团、习近平新时代中国特色社会主义思想研究社团等社团活动,引导学生正确认识中国特色社会主义制度的优越性,正确认识"马克思主义为什么行、中国特色社会主义为什么好、中国共产党为什么能";通过内涵丰富的校园文化墙展示中国特色社会主义建设的伟大成就,引导学生正确认识"中国特色";等等。二是将"四个正确认识"教育融入校内志愿服务、勤工助学等活动。学校可在教学楼、图书馆、宿舍区、学生食堂、学生活动中心和行政楼等区域设立志愿服务和勤工助学等岗位,鼓励学生通过志愿者协会和实践教学指导教师的安排,每学期自主选择若干次志愿服务或勤工助学活动,引导学生在校园实践中深刻体会社会主义核心价值观中爱岗、敬业和奉献的真谛,培育学生的责任担当和奉献精神,提升学生自觉将社会主义核心价值观付诸实践的能力。三是聘请当地有较高学术造诣和较强影响力的知名学者、文化名人、道德模范和企业家等担任实践教学导师,扩充校园实践教学的力量和资源。四是组织学生举办红色情景剧演出。如,以舞台剧、话剧和小品等形式让学生身临其境地感受智取威虎山、卢沟桥事变、八百壮士坚守四行仓库等革命场景,学生演绎、再现特定的英雄人物和革命情节,引导学生在追溯历史记忆中更为深刻地感悟英雄人物的爱国主义精神与和平中国、幸福中国的来之不易,培养学生的历史使命感,提升学生将远大抱负付诸新时代中国特色社会主义建设的使命担当。五是组织学生演讲"中国故事"。以小故事阐释大道理,激励学生通过故事形式回顾和传播中华民族优秀传统文化、民族精神和时代精神,传递中国声音,感悟中国精神。六是将"四个正确认识"教育融入校园科技文体活动。如,组织学生开展科技创新竞赛,展示科技创新作品,培养学生立志投身于科技强国的时代责任;组织学生开展歌唱、舞蹈、书画和摄影等文艺活动,将"四个正确认识"融入丰富多彩的文艺竞赛、进步的文艺作品展示,发挥文艺育人、文艺立德的功能。七是聚焦马克思主义理论开展读书报告、学科竞赛等活动。以合肥工业大学为例,2016年迄今,本教学团队依托马克思主义学院连续举办了两届合肥工业大学"社会主义500年经典著作创意读书报告"竞赛、三届合肥工业大学道德情景剧大赛及首届大学生讲"形势与政策"课比赛等,活化课堂教学内容。团队于2018年申请并获批安徽省首个马克思主义理论学科竞赛的组织举办权,并于2019年迄今,每年举办"新时代·新思想·新青年"安徽省大学生学习马克思主义理论成果大赛,以赛促学,取得了较好效果。

3. 创新网络实践教学形式

习近平总书记在2016年全国高校思想政治工作会议上强调:"要运用新媒体新技术使工作活起来,推动思想政治工作传统优势同信息技术高度融合,增强时代感和吸引。"① 我国在"十三五"时期就启动了"互联网＋教育"行动计划,旨在推动教育改革创新。"互联网＋"时代形成的大数据为高校网络实践教学提供了强大的数据、资源和平台。在新时代中国,信息技术的发展方兴未艾,各种互联网资源平台不断涌现,现实世界和虚拟世界互相叠加,如何运用新媒体来提升大学生"四个正确认识",成为思政课改革创新面临的突出问题。思政课教师要"顺势而为""因时而新",善于并乐于学习和使用信息技术,充分运用学生喜闻乐见的微信、微博、微视频等"微方式",把"四个正确认识"教育有机融入大学生个人的网络空间及马克思主义学院、高校相关部门的微信群等空间,积极创新并践行"互联网＋实践教学"的新形式,旨在消弭网络上"灰色空间"和"黑色空间"对大学生思想的诱导或误导,主动占领网络思想政治教育阵地。

对于大学生而言,思政课程是理论性和思想性很强的课程,单纯的课堂教学很容易让学生感觉枯燥乏味。鉴于此,教师将"四个正确认识"教育有机融入网络实践教学,可以激发学生的学习兴趣,激励学生的自我学习驱动力,突破长期以来思政课灌输说教的"瓶颈",增强教学效果。在此过程中,我们要

---

① 习近平谈治国理政(第二卷)[M].北京:外文出版社,2017:378.

不断创新易于学生接纳的网络实践教学形式,让思政课真正"活起来""亮起来"。

一是聚焦中国和世界重大问题及社会热点问题开展网上论坛,组织学生讨论交流。网络平台突破了课堂教学的"时空"桎梏,易于统一安排。教师要善于通过微信群、公众号、微博、主题博客和课程聊天室等网络平台设置网上论坛,组织学生聚焦中国和世界重大问题及社会热点问题开展讨论。网上论坛不是将课堂教学内容简单粗暴地迁移至网络平台,不能采用传统的教师单向表达方式,而是要实现师生双向互动。教师可预先设定一些主题,如,有关爱国主义主题的"科学家有无国界"有关大学生成长与社会责任的"大学生沉溺网络""如何看待抖音快手"有关世界发展大势的"如何看待全球疫情防控"等,组织学生讨论交流,鼓励学生以马克思主义的立场、观点和方法分析问题,表达自己的观点和看法,充分发挥学生主体作用。在学生讨论后,教师要充分发挥教学主导作用,对学生的观点进行梳理和总结,及时纠正学生的思想误区、褒扬学生的正确观点、引领学生的价值辨识,引导学生在经济全球化的浪潮与多元化社会思潮的大环境中坚定马克思主义立场,培养独立思考的能力,坚守中国情怀和人民情怀。

二是运用VR虚拟仿真技术创设学习体验情境,增强学生的代入感与体验感。教师要基于"四个正确认识"教学目标,运用互联网资源和信息技术创设服务学生的多时空维度情景平台。这种虚拟情境"具有临场感、多感知性和交互性等特征"①。教师可通过网络平台和仿真技术模拟鸦片战争、红军长征和抗日战争等历史场景,或模拟乡村振兴、脱贫攻坚和科技创新等新时代场景,实现教学的可视化与情境化,让学生在虚拟场景中进行角色体验,身临其境地感受"世界和中国发展大势",感受"中国特色",并在这种切实感受中增强历史使命感。如,2016年,为纪念长征胜利80周年,共青团中央委托橙光科技开发了一款"重走长征路"的游戏。这款游戏要求玩家扮演参加长征的红军战士重走长征路,其间,设置多重关卡、多种选择,共有50种结局,考验勇气亦考验智慧。很多青年学生玩了这款游戏后,表示深刻体会到了长征的艰苦卓绝

---

① 金伟,韩美群."红色"虚拟实践教学在思想政治理论课中的运用[J].思想理论教育导刊,2013(6):79.

和中国共产党的大无畏精神。这种实践教学形式通过创设情境和角色体验，提高了学生的兴趣度和参与度，增强了学生的代入感与体验感，提升了教学的吸引力和感染力，能够引导学生在学习体验场景中学史明史悟史，感悟英雄人物或时代楷模的爱国情怀和奉献精神，增强时代责任感。

三是鼓励学生开展微视频、微小说等"微创作"，创造进步优秀的作品。教师可鼓励学生聚焦"四个正确认识"教学专题或社会热点问题、家乡发展、乡村振兴战略成果或身边发生的事情，制作微视频。如，鼓励学生制作"红色微电影""改革开放微影像""中国抗疫微记录"等；激励学生通过微视频展示自己的社会实践成果和"心中的思政课"；引导学生探寻校园生活、社会生活或家乡发展的某个视角拍摄微视频，记录"无奋斗不青春"的大学生活，传播社会正能量，宣传家乡的物质文明和精神文明成果；组织学生开展"四个正确认识"微宣讲；等等。合肥工业大学马克思主义学院定期组织学生开展"道德情景剧"和"红色故事"微视频制作，创造了大批健康向上、精神风貌良好、展现新时代大学生历史担当的优秀作品。这些作品以积极宣传社会主义核心价值观、坚定中国特色社会主义共同理想和共产主义远大理想为重点，运用马克思主义的立场、观点和方法观察、分析和解决现实问题，反思道德现象，通过小故事折射出大道理，展现出有理想、有本领、有担当的大学生形象。如，合肥工业大学"纲要"课程打造出了"微创作"实践教学品牌。课程组指导学生以课程内容为背景，分门别类地创作微小说、微故事、微剧本和微视频等，现已完成依据中华优秀传统文化撰写中国故事的"微创作"活动；正在指导学生从史料中发掘金寨县走出来的59位将军的经历和故事，撰写将军微小说、将军家书等，目前创作的各类作品已超过5000篇。在微视频制作过程中，学生聚焦教学重点难点问题和社会热点问题创设情节和情境，有助于深刻地理解和把握教学内容；学生历经情节设计、讨论策划、拍摄制作、角色扮演和后期剪辑等过程，可激发自己的创新意识，提升自己的信息技术应用能力、交流沟通能力和团队协作能力；学生通过交流讨论和教师的思想引领，认真学习马克思主义理论和习近平新时代中国特色社会主义思想，关心国家大事和世界重大问题，把自身的发展与祖国的前途命运紧密结合，能获得真、善、美的心灵启迪，树立正确的世界观、人生观和价值观；学生通过微视频制作调动自己的参与性和创造性，提升获得感和幸福感，能激发出自觉担当时代责任和历史使命的主体意识，激励自己将远大抱负落实、落细、落小。由此，实现了学生的知识学习、能力提升、思想进步和自觉践行之四位一体，助力"四个正确认识"教学质量的提升。

4. 创新社会实践教学形式

2019年，习近平总书记在学校思想政治理论课教师座谈会上强调，要"推动思想政治理论课改革创新"，并提出"八个统一"的要求，其中"坚持理论性和实践性相统一。思政课要用科学理论培养人……重视思政课的实践性，把思政小课堂同社会大课堂结合起来，在理论和实践的结合中，教育引导学生……立鸿鹄志，做奋斗者"①，为思政课实践教学改革指明了方向。思政课实践教学不仅要注重开展校园实践教学和网络实践教学，还要关注社会大课堂，把实践教学融入宏大开放的社会视域。

思政课教师在社会实践教学中，要聚焦"正确认识中国特色""正确认识中国发展大势"等教学内容，提炼党史学习、国情观察、乡村振兴、脱贫攻坚和科技创新等实践主题，组织学生到红色教育基地、特色乡村、工厂企业、社区、街道、科技创新馆、历史文化博物馆和养老院等地开展社会调查、参观考察、走访调研、"三下乡"实践、科技发明、志愿服务及社会公益等活动，带领学生走出校园、走进乡野、融入社会，实现理论育人与实践育人的良性互动，拓宽学生的知识视野和社会视野，促进学生的学、思、意、行相结合。在每次社会实践之后，教师要组织学生撰写调查报告、参观心得等，并开展交流讨论、实践成果展示和实践成绩评定等活动。在社会实践教学中，我们要不断创新教学形式，打造"行走的思政课"。

（1）加强"一课一品"建设。我们要结合五门思政课程的教学目标、内容和方法等特征，深度开掘其"四个正确认识"教育资源，为每门课程"因课而异""因材而异"地打造特色实践教学品牌。如，"德法"课可组织学生开展红色教育基地、爱国主义教育基地参观考察，"原理"课可组织学生开展马克思

---

① 习近平.思政课是落实立德树人根本任务的关键课程[J].求是,2020(17).

主义理论和习近平新时代中国特色社会主义思想宣讲活动，"纲要"课可组织学生聚焦党史、军史和新中国史开展革命情景剧演出，"概论"课可组织学生开展中国特色社会主义伟大成就的成果展示及时代楷模、人民英雄、道德模范的访谈活动。以合肥工业大学为例，我们在开展社会实践教学的过程中，充分发挥地域优势，突出学校特色，开创了系列有影响力、有创造力、有推广力的特色实践教学品牌项目。如"概论"课的特色实践教学品牌目前有三个。一是"红色教育基地参观与学习"，即教师有组织有计划分批次组织学生到安徽省金寨县、大别山革命老区、皖南事变根据地等红色教育基地进行革命文化教育。二是"体验式实践教学"，即教师分批次带领学生重走长征路，全方位立体式体验革命前辈们的热血和奉献；带领学生去往安徽小岗村，体验改革开放之初的艰难岁月；带领学生去往安徽创新馆，感受新时代中国的科技创新实力和大国崛起的自信。三是正在打造的"走进企业寻找工业报国初心"的主题性企业实践品牌。"形势与政策"课特色实践品牌之一是开展"'四史'融入大学生践行'形势与政策'之千街万巷大调查活动"。

（2）结合新时代特征，创新志愿服务和"三下乡"形式。思政课教师要结合新时代特征和社会发展现状，贴近生活、贴近实际、贴近学生，凸显学生的主体地位，鼓励学生到边远山区和农村地区进行支教、支农、支医，组织大学生到工厂、街道、企事业单位等地参与志愿服务，引导大学生参与共青团关爱农民工子女志愿服务、禁毒法制宣传志愿服务、"美丽中国"生态环保志愿服务、"抗击疫情、祖国有我"志愿服务、中国青年志愿者助残"阳光行动"及大学生志愿服务西部计划等志愿服务，以此激发大学生的主体意识和责任担当。思政课实践教学改革还要致力创新"三下乡"实践形式。以本教学团队在这方面的做法为例。首先由思政课课程组根据每门课程需要完成的社会实践教学主题，设计出"三下乡"社会实践选题，马克思主义学院经过论证和筛选后，将这些选题送交校团委，由校团委将这些选题分发到各个学院，由各学院的学生报名组建团队。团队实施"双导师制"（思政课教师和共青团干部），对大学生"三下乡"社会实践进行全程指导。

（3）整合地方教育资源，推进实践教学基地建设，并依据基地开展多样的实践教学。2017 年，中共中央、国务院印发的《关于加强和改进新形势下高校思想政治工作的意见》明确指出："要强化社会实践育人，提高实践教学比重，组织师生参加社会实践活动，完善科教融合、校企联合等协同育人模式，加强实践教学基地建设。"2019 年，中共中央办公厅、国务院办公厅印发的《关于深化新时代学校思想政治理论课改革创新的若干意见》又指出："坚持开门办思政课，推动思政课实践教学与学生社会实践活动、志愿服务活动结合，思政小课堂和社会大课堂结合，鼓励党政机关、企事业单位等就近与高校对接，挂牌建立思政课实践教学基地，完善思政课实践教学机制。"高校要坚持对思政课实践教学的统一领导、统一规划，提高对社会实践教学的重视程度，加大实践教学经费投入，整合地方教育资源，联合所在地县、乡、街道、社区等单位建设实践教学基地，或对接周边的革命纪念馆、历史文化馆和科技创新馆等地建立爱国主义教育基地，扩展实践教学的地域载体。如，合肥工业大学充分整合安徽省基地教育资源，与安徽名人馆、渡江战役纪念馆、安徽科技馆及安徽小岗村、皖南事变根据地等地进行对接，建立了若干社会实践教学基地，并依据基地组织大学生到南京雨花台、南京大屠杀纪念馆、渡江战役纪念馆、金寨革命博物馆等地参观考察，开展了丰富的"时代之旅"和"红色之旅"。

创新社会实践教学形式可有效调动学生对"四个正确认识"教育的参与性和积极性，不仅能激发学生关心时事，引导学生正确认识中国革命、建设和改革开放的历史和成就，准确把握党情、国情、世情、社情和民情，亦能促使学生深刻感悟中国历史和中国人民作出"四个选择"的历史必然性和正确性，坚定"四个自信"，培养学生的思辨能力和践行能力，引领学生真正按照社会需要和国家需要投身社会实践，将远大抱负自觉付诸脚踏实地。

三、协力强化合纵连横的"四个正确认识"教育合力

当前，很多高校在"四个正确认识"教育过程中面临一个典型问题，即思政课教师和其他课程教师及辅导员、思政课程和课程思政、马克思主义学院和各部门、高校和社会之间基本处于"各自为阵"局面，难以做到多人员发力、

多课程发力、多部门发力、多维度发力和多领域发力，导致相互之间不能形成优势互补和协同效应，无法强化合纵连横的整体性教育合力。这在一定程度上影响了大学生"四个正确认识"教育效果。如何强化"四个正确认识"教育合力？这是我们需要深入反思、探索并解决的问题。

（一）构建"思政课教师＋其他课程教师＋辅导员＋'四个正确认识'"的"大师资"育人队伍

当前，在高校"四个正确认识"教育中存在一种思想误区，即有人认为"四个正确认识"教育只是思政课教师的教学职责和任务，与思政课教师之外的人员关系不大。高校其他课程教师和人员往往将自己置于"局外人"的位置，认为如果参与其中，一旦效果不尽如人意，反而得不偿失。此种思想误区使"四个正确认识"的教学主导者——教师的范围被制约于思政课教师，"师资力量"也被"孤立化"为思政课教师。思政课教师在这场新时代大学生思想政治教育中处于"孤军奋战""单兵作战"的状态，难以做到多人员发力、多视角发力，影响了"四个正确认识"教育效果。

为解决上述问题，切实提升大学生"四个正确认识"，我们需要积极构建"思政课教师＋其他课程教师＋辅导员＋'四个正确认识'"的"大师资"育人队伍。习近平总书记强调："办好思想政治理论课关键在教师，关键在发挥教师的积极性、主动性、创造性。"中共中央办公厅、国务院办公厅印发的《关于深化新时代学校思想政治理论课改革创新的若干意见》也明确指出，高校要"组织思政课教师及时学习习近平总书记最新重要讲话精神，及时学习相关文件精神，全面理解和准确把握党中央重大决策部署"，"不断增强思政课的思想性、理论性和亲和力、针对性"。思政课教师是"四个正确认识"教育"大师资"育人队伍的主要成员，也是"四个正确认识"教育"主旋律"的领唱人，要始终坚持以马克思主义为指导，立足于新时代历史方位，站稳政治立场；要加强理论学习，提升综合素养，增强教学能力；要致力将"四个正确认识"融入课堂教学和实践教学的各个环节，精准设置教学专题，及时发现问题、敏锐捕捉问题并高度提炼问题；要积极践行线上与线下相观照、课内理论教学与课外实践引导相统一的教学方式，拓展课堂教学"时空"，强化理论教学的辐射面、时效性和影响力。高校马克思主义学院要不断优化教师队伍结构，打造一支年龄结构、学历结构和学缘结构合理，专兼职教师相结合，老中青教师"传帮带"的"四个正确认识"师资队伍；要关注教师自身发展，加强教师专题教育培训，将推进习近平新时代中国特色社会主义思想"三进"工作和"四个正确认识""三进"工作作为教师培训重点内容，着力提升教师的政治素质和业务水平；要全力"建设一支政治强、情怀深、思维新、视野广、自律严、人格正的思政课教师队伍"，力求使每位教师都成为"四个正确认识"的教学能手和铸魂育人的教育专家。

思政课教师在"四个正确认识"教育中唱好"主旋律"的同时，高校其他课程教师和辅导员队伍也不能置身其外，而是要积极配合，唱好"协奏曲"。就其他课程教师而言，要做到守课有责、守课尽责，善于发掘所授课程内蕴的思想政治教育资源，乐于将"四个正确认识"融入课堂教学和实践教学，甘于成为学生学习的指导者和生活的引路人；要充分利用课堂主讲、网上互动、实践教学和教学反馈等方式，把专业知识传授、思想政治引领和实践能力培养融入课程思政，实现"经师"和"人师"的统一；要与思政课教师聚焦"四个正确认识"教育教学联合开展教学研讨、教学展示、教学竞赛和教学评估等活动，借鉴思政课程的教育理念、教学方法和教学资源，为所授课程进行"思政赋能"；等等。就辅导员队伍而言，高校党委要加强对辅导员队伍的统一领导，引导辅导员提高政治站位，落实辅导员思想政治教育主体地位。辅导员在"四个正确认识"教育中要加强对大学生的价值引领和实践引导，创新大学生的学习方式、生活方式和思维方式，把"四个正确认识"融入学生的入学教育、军训、日常生活管理、党团和班级建设、学生危机事件干预、评奖评优、学生资助、职业规划与就业创业指导等多项事务，并据此纠正学生的思想误区，解答学生的思想困惑，引导学生培育并践行社会主义核心价值观，引领学生正确认识中国特色社会制度的优越性，等等。不同专业的辅导员队伍要形成一体化、系统化的教育合力，要着力配合思政课程与课程思政的双向运行，并与之建立起联动性体制机制。

总之，我们要有效整合高校师资力量，从根本上弥补思政课师资力量短缺、在思想政治教育中孤军奋战的缺憾，使"四个正确认识"教育由思政课教师为教学主体转变为全体教师共同发力、共同推进"四个正确认识"教育向纵深发展，由"思政教师"转向"所有教师"，为切实提升大学生"四个正确认识"提供坚实的"大师资"力量保障。

（二）打造"思政课程＋课程思政＋'四个正确认识'"的"大课程"育人模式

目前，高校思政课程与课程思政在"四个正确认识"教育中也处于"各自为阵"局面，相互之间难以形成优势互补、多课程发力。这不仅影响高校思想政治教育实效性，也影响"四个正确认识"教育效果。思政课程在"四个正确认识"教育中不能处于"自成一体"的封闭境地。我们要力求打破思政课程的"单打独斗"和"孤岛效应"，倾力实现思政课程与课程思政同向同行、同频共振，积极打造"思政课程＋课程思政＋'四个正确认识'"的"大课程"育人模式。

思政课程覆盖高校所有专业、面向所有学生，是高校思想政治教育的主场域，亦是提升大学生"四个正确认识"的主渠道。"四个正确认识"是对新时代思政课程教学目标的历史性延伸和传承性创新，体现了思政课程教学目标与时俱进的时代发展。基于此，第一，思政课程在目标上，要将提升大学生"四个正确认识"作为课程的教学目标及其改革创新的根本目标。第二，思政课程在教学内容上，要结合本科生五门思政课程各自的教学目标、教学内容、教材结构和知识侧重点，有机融入"四个正确认识"，精准设置教学专题，灵活运用教学方法。如，合肥工业大学"德法"课教研部在相关成果支持下，率先尝试采用分类教学方式推进思政课与专业课教学相融合，具体做法是：教师按照学生专业类别分组，各组在内容上将所授专业的特征及社会对该专业人才的能力要求嵌入教学主题，如在软件专业讨论"网络安全以及大数据伦理问题"；在方法上选择能够兼顾学生的专业兴趣并发挥学生专业能力优势的教学形式，如建议机械制造专业的学生赴企业调研工匠精神的当代内涵与实现途径等。第三，思政课程在教学形式上，要根据"四个正确认识"兼具的知识性、理论性、思想性和时代性的特征，在理论教学中要凸显"思想优先"、"理论为主"和"内容为王"，在网络教学中要注重"释疑解惑"和"价值辨识"，在实践教学中要注重"价值引领"和"实践引导",以期提升教学效果。

　　思政课程与课程思政都要坚持"立德树人"根本任务,都要实现"全员育人、全程育人、全方位育人",两者在"四个正确认识"教育中需互联互通、同向同行,形成协同效应。习近平总书记在2016年全国高校思想政治工作会议上指出:"其他各门课都要守好一段渠、种好责任田,使各类课程与思想政治理论课同向同行,形成协同效应。"① 课程思政不是简单地贴上思政标签,而是要充分发挥"课程承载思政、思政融入课程"的育人功能,大力推进以课程思政为目标的教学改革。一是课程思政与思政课程要在优化课程设置、设计教学内容、修订专业教材、加强教学管理、完善教学评价等方面同向同行,把包括"四个正确认识"在内的思想政治教育融汇贯穿于思政课程、通识课程、专业课和选修课的教学目标、教学方案、教学大纲、教学内容、教材修订、理论教学、实践教学、教学评价和教科研项目等各环节。二是课程思政在教学内容上要积极探索与思政课程的契合点,力求在思想政治教育中精准发力。课程思政要结合不同课程的教学特点、思维方法和价值理念,深入挖掘其隐性的思想政治教育因素,着力实现专业知识传授与思想政治教育之二位一体,真正做到"课程育人"。其中,文史类专业课程要将课程所蕴含的思想政治内涵、文化内涵、传统哲学观点、宪法法治精神、家国情怀、民族精神和人文精神等融入"四个正确认识"教学。理学类专业课程要注重科学思维方法的训练和科学伦理的教育,培养学生探索未知、追求真理的责任感和使命感。工学类专业课程要注重强化学生工程伦理教育,培养学生精益求精的大国工匠精神,激发学生科技报国的使命担当。例如,物理学、计算机等专业的教师可将马克思主义基本原理中物质和意识的关系原理与人工智能的关系、真理与价值的辩证关系与科技发展的关系等引入课程,引导学生从马克思主义物质观、意识观、真理观和价值观的视角思考专业课程内容;中国哲学、文学等专业的教师可将中国传统哲学文化与马克思主义"辩证唯物主义"的讲授相结合,将"阴阳观"与马克思主义"对立统一学说"的讲授相结合,中国古往今来文学作品所蕴含的家

---

① 把思想政治工作贯穿教育教学过程　开创我国高等教育事业发展新局面[N].人民日报,2016 - 12 - 09(01).

国情怀、民族精神与社会主义核心价值观的讲授相结合。三是课程思政与思政课程在人才培养目标、人才培养方案、人才培养机制、人才培养模式和人才培养路径等方面需同向同行、相互观照。

中共中央办公厅、国务院办公厅印发的《关于深化新时代学校思想政治理论课改革创新的若干意见》明确指出：各类学校都要"解决好各类课程与思政课相互配合的问题，发挥所有课程育人功能，构建全面覆盖、类型丰富、层次递进、相互支撑的课程体系，使各类课程与思政课同向同行，形成协同效应"。我们要把过去拘泥于思政课程来开展思想政治教育的"纯思政课程"育人模式转换为所有课程均承载思想政治教育功能的"大课程"育人模式，拓展"四个正确认识"的育人课程，真正打造出"思政课程＋课程思政＋'四个正确认识'"的"大课程"育人模式，真正做到多课程发力。

（三）形成"马克思主义学院＋高校各部门＋'四个正确认识'"的"大课堂"育人氛围

目前，就马克思主义学院和高校各部门而言，切实提升大学生"四个正确认识"不仅是高校马克思主义学院义不容辞的教学目标，亦是高校相关部门的重要职责。然而，有人认为，"四个正确认识"教育只是高校马克思主义学院、思政课程和思政教师的教学目标和教学任务，与基层党组织、团委、学工部、宣传部和辅导员等其他部门及人员关系不大。而且，学校相关部门与马克思主义学院开展的思想政治教育主题活动之间条块分隔、分头进行的现象较为突出，导致两者在育人的内容、形式和方法上经常具有重复性。这使校内组织资源和人力资源难以实现优化整合，也造成了学生的重复学习，耗时耗力且效果不佳。

为解决上述问题，切实提升大学生"四个正确认识"，我们需打破马克思主义学院和各部门之间的职能壁垒，认真探索并致力形成由党委统一领导，党政群齐抓共管，马克思主义学院与基层党组织、组织部、宣传部、团委、学工部和教务处等各部门通力协作的、常态化的联动体制机制，致力推动"马克思主义学院＋高校各部门＋'四个正确认识'"的"大课堂"育人氛围之形成，力求打破马克思主义学院和高校各部门在"四个正确认识"教育中"各自为政"、缺乏横向协作的传统育人氛围，真正做到多部门发力，形成校内组织资源和人力资源之最大化教育合力。在此过程中，我们要全面厘清马克思主义学院和各部门开展的"四个正确认识"教育之间的逻辑关系、主题侧重及其整合路径；深入反思两者在"四个正确认识"教育中职能衔接的目标、原则、方法、要求、内容和形式；稳步推进两者在"四个正确认识"教育中的领导体制建设、联动机制建设、运行模式建设、参与机制建设与管理保障体系建设。

（四）构架"高校＋社会＋'四个正确认识'"的"大思政"育人格局

现阶段，就高校与社会而言，有人认为，大学生的思想政治教育仅是高校的教育职责，弱化并放逐了社会在此过程中的重大作用。囿于此种思想误区，高校在"四个正确认识"教育中往往自成一体，社会相关部门没能有效参与其中，致使高校难以做到最大化开掘、多元化整合并合理化配置社会丰富的历史文化资源，无法充分运用多领域的社会力量。中共中央办公厅、国务院办公厅印发的《关于深化新时代学校思想政治理论课改革创新的若干意见》明确指出："各类课程同思政课建设的协同效应有待增强，学校、家庭、社会协同推动思政课建设的合力没有完全形成，全党全社会关心支持思政课建设的氛围不够浓厚。"如何打破高校与社会之间缺乏横向联系的思想政治育人格局？如何形成高校与社会在大学生思想政治教育过程中的协同效应？这是提升大学生"四个正确认识"必须要解决的问题。

为解决上述问题，切实提升大学生"四个正确认识"，我们要把"四个正确认识"教育置于宏大开放亦充满时代气息的宏大社会视域之中，有效统筹社会丰富的组织资源、人力资源、网络资源和历史文化资源，打通高校与社会的绿色通道，加强高校与社会的深度合作，着力构架社会各部门和各领域共同参与的多平台、立体化、开放性的"高校＋社会＋'四个正确认识'"的"大思政"育人格局，以期营造宏观的育人大环境，拓展高校的育人空间，实现育人队伍的社会化、育人资源的多维化、育人平台的多元化、育人时间的延续化、育人空间的立体化。在此过程中，高校应尽可能发掘丰富多彩的社会资源，创新形式多样的育人方式，增强和各类社会机构、企事业单位、特色乡村、革命纪念馆、历史博物馆及相关部门和领域的交流与合作，力求为"四个正确认识"教育提供广阔的社会空间。如,为了引导大学生"正确认识中国特色",高校可组织学生考察一些特色乡村,让他们了解乡村全面振兴战略的成就、农村脱贫攻坚的业绩及乡村特色产业建设为农民带来的增收等情况,使他们在社会实践中更深刻地感悟"中国特色"和中国特色社会主义制度的优越性。为了引导大学生"正确认识中国发展大势",高校可在周边地区有计划地建立或联系红色教育基地,组织大学生走进革命老区和红色地区,参观革命纪念馆和红色档案馆,开展革命人物寻访和革命生活体验等,利用红色教育资源引导大学生追溯红色记忆、感受红色文化、传承红色基因,赓续精神血脉,把握中国革命进程和历史发展规律。同时,组织学生参观科技创新馆、开展暑期"三下乡"活动或走访一些引领经济发展的国企民企,引导学生了解新时代中国科技发展最新成果、新农村发展现状、中国企业做大做强和中国制造、民族品牌进军世界等现状,增强学生的"四个自信"和民族自豪感。

此外,我们还要不断推进"大思政"育人格局的常态化、规范化、制度化和长效化建设,力求使全社会在提升大学生"四个正确认识"教育中多维度发力、多领域发力、持续性发力。

综上所述,在思政课改革创新提升大学生"四个正确认识"的过程中,我们须积极探索并构建思政课教师与其他课程教师和辅导员相互配合、思政课程与课程思政同向同行、马克思主义学院和高校各部门职能衔接、高校与社会多元联动的"四个正确认识"教育体系,构架所有教师、所有课程、所有部门和全社会通力协作的"四个正确认识"育人格局,引领"四个正确认识"教育从专业教师转向所有教师、从思政课程转向所有课程、从马克思主义学院转向高校所有部门、从高校转向社会,协力强化合纵连横的"四个正确认识"教育合力,以期实现教育合力最大化与教育效果最优化,切实为提升大学生"四个正确认识"提供"大师资"、"大课程"、"大课堂"与"大思政"的全方位保障和高质量育人格局,倾心培育堪当民族复兴大任的时代新人,为高校思政课改革创新提供"合工大智慧"与"合工大方案"。

■第二章

大学生"四个正确认识"认知水平调查与教育策略研究

习近平总书记在全国高校思想政治工作会议上强调,提高学生思想政治素质,要教育引导学生正确认识世界和中国发展大势,正确认识中国特色和国际比较,正确认识时代责任和历史使命,正确认识远大抱负和脚踏实地。"'四个正确认识'的提出,是以习近平同志为核心的党中央站在中华民族伟大复兴的全局和战略的高度,立足当下世情、国情、社情的时代特征,对高校'培养什么样的人''怎样培养人''为谁培养人'和如何'做人的工作'提出的新目标、新要求。"①"四个正确认识"辩证地从历史与未来、中国与世界、个体与国家、理论与实践的关系角度阐释了新时代大学生思想政治教育目标与要求,体现了鲜明的时代特质,建构了坚持以中国特色社会主义为核心、强调扎根历史脉络、体现全球视域、立足责任担当为价值追求的高校思想政治教育核心认知目标与要求体系,是夯实爱国主义教育、铸魂育人的基本保证。

要使学生对"四个正确认识"真学、真懂、真信、真用,需要通过系统的思想政治理论课、"第二课堂"等,在全员育人全方位育人的统筹协调中贯彻实施。把握"00后"大学生"四个正确认识"的实际水平,分析高校思政课以及"第二课堂"在落实"四个正确认识"教育目标和要求中的现实影响力,是进一步完善高校思想政治教育,提升高校落实"四个正确认识"教育水平的依据。

---

① 李忠军.高校思想政治理论课教学应以实现"四个正确认识"为根本目标[J].思想理论导刊,2017(2).

▶第一节
调查方法及抽样

本研究针对大学生"四个正确认识"的认识与教育现状,采用自编问卷及访谈提纲进行问卷调查与深度访谈。

一、问卷编制与修订

通过查阅相关文献,梳理"四个正确认识"的内涵,凝练出具体的指标,编制问卷。问卷除基本资料外,由大学生"四个正确认识"的认识水平、课程学习、第二课堂融入、教师教学、自主学习等五个维度构成。

问卷设计将"四个正确认识"的每一个方面具体化为五个观念指标,以测量大学生的认识与观念的符合程度。问卷经过三次预测和专家论证、修订,具有较高的可信度和有效性。

二、问卷调查抽样及样本分布情况

本研究采用自编问卷进行调查,选取了哈尔滨工业大学、上海师范大学、合肥工业大学、武汉轻工业大学、西南大学、安徽医科大学、安徽农业大学、安徽文达信息工程学院、安庆师范大学、安徽师范大学等11所不同类别、层次、区域的学校,通过随机抽样,发放2000份问卷,回收有效问卷1835份。样本分布如下:

表1 学生基本情况分布表

性别		民族		年级					专业					
男	女	汉族	少数民族	大一	大二	大三	大四	大五	文科	理科	工科	医药	农林	艺体	其他
46.8%	53.2%	92%	8%	30.6%	31.7%	24%	13.5%	0.2%	36.8%	23.3%	26.8%	7.8%	2.9%	0.2%	2.2%

表2 学生身份分布表

组织负责人		政治面貌				
是	否	党员	预备党员	入党积极分子	党员发展对象	群众
49.5%	50.5%	1.9%	4.4%	19.6%	18.1%	56%

表3 学生所在学校类型分布表

学校类别			学校性质		学校层次	
"985"高校	"211"高校	普通高校	公立大学	民办大学	本科院校	专科院校
10.5%	23.2%	66.3%	86.9%	13.1%	96%	4%

如表1所示，本次调查样本男女比例较为均衡，以汉族学生为主；年级分布全面，其中，大一、大二占比较高，大五因所设专业有限，占比较少；专业分布主要集中在文科(36.8%)、工科(26.8%)、理科(23.3%)。如表2所示，学生干部与普通学生抽样分布均衡，样本中有49.5%的学生担任过学生会、社团等组织的负责人；党员及预备党员、党员发展对象、入党积极分子占比44%，普通群众占比56%。如表3所示，样本的学校类型分布以公立学校（86.9%）、普通高校（66.3%）为主。

▶第二节
高校思政课"四个正确认识"的教育现状分析

我们对包括合肥工业大学在内的不同高校"00后"大学生"四个正确认识"认知水平进行了走访调研，并对其进行了较为详细的分析。

一、"00后"大学生"四个正确认识"认知水平现状分析

（一）大学生对"正确认识世界和中国发展大势"的认知

表4 "正确认识世界和中国发展大势"认知水平分布表

符合程度	共产主义代替资本主义是历史发展的总趋势，共产主义一定能够实现。	世界格局从一超多强正向多极化转变，世界力量对比发生新变化，出现东升西降的新态势。	经济全球化不可逆转，中国要积极融入和谋求发展。	中国在国际社会中的话语权正在不断增强，中国正在日益走进世界舞台的中央。	中国梦的本质是国家富强，民族振兴，人民幸福；中国人民在中国共产党的领导下一定能实现中华民族的伟大复兴。
完全符合	61.6%	52.9%	81.5%	88.6%	88.1%
部分符合	36.5%	45.9%	17.8%	10.9%	11.4%
完全不符合	1.9%	1.2%	0.7%	0.5%	0.5%

1. 大学生对中国强盛的发展态势高度认同

如表4所示，大学生高度认同中国正走进世界舞台中央，话语权、国际地位日益提升（88.6%），坚信中国梦必然实现（88.1%）。新时代大学生有着丰富的信息来源，通过媒介传播、课堂教学等多个路径充分感受到中国的发展以及参与国际事务的大量事实，充分感受到中国迅速崛起并在国际事务中担当了越来越重要的责任。同时，中华民族伟大复兴之梦的解读已经深入课堂并融入日常生活环境，青春梦与中国梦的独特结合，让青年学子对中国梦的实现充满期待。

2. 少数学生对资本主义必被共产主义代替的发展态势存有疑惑

如表4所示,大学生高度认同经济全球化以及中国积极融入的必然性(81.5%);对世界格局多极化发展态势以及共产主义必然取代资本主义的认同度较低,持这一观点的大学生占比45.9%和36.5%,同时,1.2%和1.9%的大学生则完全不认同。访谈中有学生提到,并不完全赞同东升西降的观点。因为美国也在创新,它在金融、军事领域,一直占据全球领导者的地位。如果想改变美国的主导地位,会需要更长的时间。

此外,部分大学生对共产主义会完全替代资本主义不甚确定。共产主义实现过程的长期性以及目前多元并存的意识形态,会使部分学生产生意识形态的"包容"心理。访谈中有学生提出,不能说共产主义一定能够全面实现,可以说是共产主义在主导,或者是资本主义在主导。另外一个东西不会完全消失,这可能同时存在,很难存在那么非常完美的一个社会。有的学生则认为应该持一种开放的态度,对此秉持不下结论,先做好眼前该做的事情,对共产主义持一个积极的态度,不是说一定怎么样或者一定不怎么样。这种只着眼当下、观望摇摆的心态,反映了部分大学生缺乏坚定的共产主义信仰。对于年轻的大学生来说,这种对未来的"不确定"感与大学生局限于当下、缺乏对历史视野和对历史发展规律的把握有关。

(二)大学生对"正确认识中国特色和国际比较"的认知

表5 "正确认识中国特色和国际比较"认知水平分布表

| 符合程度 | 中国的现代化是社会主义现代化,走出了一条和平崛起的道路。西方现代化建立在羊吃人的圈地运动、奴役以及殖民掠夺的基础上。西方发达国家"繁荣"是以消耗全球大量资源为前提的。 | 只有中国特色社会主义才能发展中国,要坚定不移地走中国特色社会主义道路。 | 中国秉持以人民为中心的发展思想,与资本主义经济发展在价值目标上具有本质区别。 | 中国共产党的领导是中国特色社会主义制度的最大优势。 | 中国特色社会主义是社会主义,不是什么别的主义,是植根于中国大地,反映人民意愿,适应中国社会发展要求的科学社会主义。 |

续表

完全符合	60.9%	86.8%	80.5%	82.5%	88.1%
部分符合	37.1%	12.3%	18.6%	16.6%	11.2%
完全不符合	2.0%	0.9%	0.9%	0.9%	0.7%

1. 大学生对中国特色认同度高

在正确认识中国特色方面，大学生对中国共产党秉持以人民为中心的理念，带领中国人民走中国特色社会主义道路高度肯定。对中国特色社会主义的适切性、正确性、优越性以及坚持以人民为中心的本质的认同度分别高达88.1%、86.8%、82.5%、80.5%，这是基于对中国特色社会主义理论的深刻理解和社会发展的现实体验而产生的深度认同。尤其是经历了抗击新冠疫情等一系列重大的国际国内大事的考验，在比较中强化了大学生对中国所展现的集中力量办大事的中国力量的真切感受和国家关注，增强了大学生对中国特色社会主义道路的自信感与认同感。

2. 少数学生对西方道路的掠夺性本性尚存不解，甚至为其合理性做辩护

如表5所示，39.1%的大学生不完全认同或者完全不认同"中国的现代化是社会主义现代化，走出了一条和平崛起的道路。西方现代化建立在羊吃人的圈地运动、奴役以及殖民掠夺的基础上。西方发达国家的'繁荣'是以消耗全球大量资源为前提的"。访谈中有学生强调这一观点存在片面性，如有的同学提到"西方的现代化也有西方现代化的优势，我们中国的现代化也需要借鉴西方发达国家现代化当中的一些好的地方，吸收它的长处，补足我们的短处，这样才能更好地促进中国现代化的发展"。再如，有学生在访谈中提到"关于西方现代化出现的羊吃人的圈地运动，以及武力掠夺，我们单纯地只看到它不好的一个方面，就是不承认它存在的一些积极的良好的政策，它也算在历史上有过好的影响的，这里面的表述就是单纯的夸中国，有点维护我们中国自身，从这个角度来说，带有一点主观色彩，不够客观，就有点偏颇了"。个别学生认为"这种说法有点维护自身也缺少了一点公正的感觉"。这一方面反映了新时

代大学生对中西方的不同道路、制度有比较、有审视，有极强的反思意识，折射出了道路不同在大学生理解中的多元性和价值虚无问题尚存。另一方面也反映了全球化背景下，意识形态领域影响力的多维性所造成的学生认知困惑，西方国家自我美化的宣传与渗透力不容小觑。

（三）大学生对"正确认识时代责任和历史使命"的认知

思想政治教育的价值目标是培养社会主义建设者和接班人，新时代人才培养要围绕实现中华民族伟大复兴这一主题，以培养新时代勇于担当实现中国梦之责的年轻一代为主旨。

表6 "正确认识时代责任和历史使命"认知水平分布表

符合程度	为中国人民谋幸福，为中华民族谋复兴，是中国共产党的初心和使命，更是当代中国青年人的初心和使命。	大河有水小河满，没有国就没有家。青年人只有将小我融入大我，在为国家富强、民族振兴、人民幸福的奋斗中才能不断实现自我价值。	大学生要努力提高自身的创新意识和创新能力。	青年人是实现中华民族伟大复兴的主力军，要自觉担当起民族重任和时代责任。	青年兴，则国兴，青年强，则国强。
完全符合	91.5%	90.2%	92.3%	92.6%	92.1%
部分符合	8%	9.3%	7.2%	6.9%	7.4%
完全不符合	0.5%	0.5%	0.5%	0.5%	0.5%

1. 大学生认同个体与国家休戚与共的关系

如表6所示，在个人和国家、小家与大家的关系上，大学生有着清晰的休戚与共的认同，90.2%的大学生完全认同"大河有水小河满，没有国就没有家。青年人只有将小我融入大我,在为国家富强、民族振兴、人民幸福的奋斗中才能不断实现自我价值"。表明大学生具有高度的国家认同感与归属感,具有强烈的时代融入意识,对为了人民的幸福而奋斗的价值追寻高度认同。

2. 对青年的时代角色与责任有高度的自觉意识

如表6所示,大学生对"青年兴,则国兴,青年强,则国强"的观点认同度达到92.1%,表明新时代大学生充分认识到青年的关键角色和时代责任,将国家发展与自身发展紧密相连,"国家兴亡匹夫有责"已经成为当代青年的自觉意识。与此同时,对时代所赋予的"中华民族复兴"之使命与时代责任,大学生的认同度分别为91.5%和92.6%。高度的认同展现了新时代大学生主动担当时代责任的高度自觉的使命感和为实现中国梦而奋斗的坚定理想信念。与此相一致,92.3%的大学生认同创新的重要性,并明确为了更好地担当时代使命与责任要从我做起,提升创新意识与能力。

(四)大学生对"正确认识远大抱负和脚踏实地"的认知

新时代大学生秉持"立志与努力"并重的观念,既"仰望星空"又"脚踏实地",彰显了大学生务实奋斗的理性认同。

表7 "正确认识远大抱负和脚踏实地"认知水平分布表

符合程度	青年大学生要"为世界进文明,为人类造幸福"。青年大学生应以国家为己任,当有报国之志。	大学生要有"敢为天下先"的创新精神、脚踏实地的"工匠精神"、自强不息的奋斗精神。	让勤奋学习成为青春飞扬的动力,让增长本领成为青春搏击的能量。	大学生要努力学习,积极投身社会实践,锻炼能力,把自己培养成时代新人。	大学生要学好本领,时刻准备着到祖国最需要的地方去。
完全符合	90.8%	92.2%	92.5%	93.1%	86.6%
部分符合	8.7%	7.4%	7%	6.4%	12.7%
完全不符合	0.5%	0.4%	0.5%	0.5%	0.7%

1. 造福人类、报效祖国是大学生的理想追求

如表7所示，90.8%的大学生认同"青年大学生要'为世界进文明，为人类造幸福'。青年大学生应以国家为己任，当有报国之志"。表明大学生愿意将报国之志与为人类谋幸福作为理想追求，并为之努力奋斗。在践行理想方面，86.6%的大学生认同"大学生要学好本领，时刻准备着到祖国最需要的地方去"。数据相对略低，表明当理想的实现涉及个人与国家利益孰轻孰重的选择时，会引起大学生的纠结与迟疑。

2. 勤奋、努力、创新、务实与奋斗是大学生的现实行动标签

大学生充分认识到实现奋斗目标必须要脚踏实地，高度认同时代对人才的特殊规定，相信勤奋努力、积极实践、创新精神与"工匠精神"是新时代人才必须具备的素质。如表7所示，93.1%的大学生坚信"大学生要努力学习，积极投身社会实践，锻炼能力，把自己培养成时代新人"。表明大学生已不再满足于仅仅埋头于书本中，他们更渴望与现实接触，在实践中增才干已成为大学生首选的自我磨砺之路。大学生高度认同"让勤奋学习成为青春飞扬的动力，让增长本领成为青春搏击的能量"，"大学生要有'敢为天下先'的创新精神、脚踏实地的'工匠精神'、自强不息的奋斗精神"，认同率分别为92.5%、92.2%。勤奋学习是我国文化传统中始终倡导的学习精神，而"工匠精神"和创新精神是人才的时代特质，表明日常教育以及价值观弘扬与培育的宣传和倡导，给大学生指明了努力和奋斗的方向。

二、高校思政课关于"四个正确认识"的教学现状分析

（一）总体现状

问卷统计数据表明：第一，与其他类课程相比较，思政理论课是高校落实立德树人的关键课程，在引导大学生做到"四个正确认识"的方面发挥了主渠道、主阵地的作用。第二，教学目标总体上得到实现。第三，本科生的五门思政理论课，在引导大学生做到"四个正确认识"的效果上，具有很大差异性。形势与政策、思想道德与法治两门课程教学效果显著，而马克思主义基本原理

课程教学效果偏弱。

1. 思政课是大学生获得"四个正确认识"的主渠道

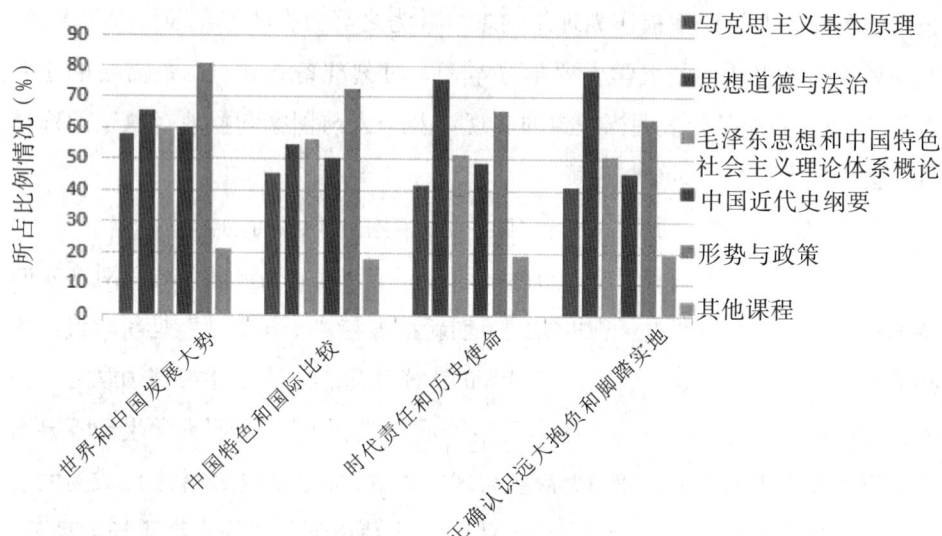

图1 大学生"四个正确认识"教育获得感在思政课中的水平分布

如图1所示，大学生"四个正确认识"的获得感在五门思政课中占比41.5%—80.7%，而其他课程占比仅为17.9%—21.1%。这与思政课课程的教育教学目标相匹配，体现了系统化、专业化的思想意识教育。思政课的改革注重在教学中结合国际国内形势以及大学生发展实际进行思想意识教育，与"四个正确认识"高度契合。思政课引导大学生做到"四个正确认识"的教学目标总体得到实现。

数据统计结果显示：有77.6%的大学生认可思政理论课的"四个正确认识"教学效果，其中"很好"和"较好"的占比分别为23.8%、53.8%。从课堂教学内容看，大学生认为"四个正确认识"能够很好地融入课堂教学内容，其融入度"很高"和"较高"的占比分别为18.9%、55.8%。69%的学生认为思政课中的"四个正确认识"教学能够联系实际。总体来看，思政课融入"四个正确认识"教学在高校思政课体系中受到高度重视，融入思政课教学的程度总体较高，教学实施中较为重视理论联系实际。

2. 本科五门思政课在"四个正确认识"教学效果方面差异明显

数据统计显示：形势与政策、思想道德与法治两门课程教学效果显著，马克思主义基本原理课程教学效果整体较弱。各门思政课在"四个正确认识"教学效果方面存在显著差异。

大学生对"世界和中国发展大势"的获得感，五门课从高到低的排序为形势与政策、思想道德与法治、中国近现代史纲要、毛泽东思想和中国特色社会主义理论体系概论、马克思主义基本原理。

大学生对"中国特色和国际比较"的获得感，五门课从高到低的排序为形势与政策、毛泽东思想和中国特色社会主义理论体系概论、思想道德与法治、中国近现代史纲要、马克思主义基本原理。

大学生对"时代责任和历史使命"、"正确认识远大抱负和脚踏实地"的获得感，五门课从高到低的排序为思想道德与法治、形势与政策、毛泽东思想和中国特色社会主义理论体系概论、中国近现代史纲要、马克思主义基本原理。

3. 形势与政策课程在"四个正确认识"的教学效果整体处于较高水平

数据统计显示：形势与政策课程的"四个正确认识"教学效果较好，学生的获得感占比分别为"世界和中国发展大势"（80.7%）、"中国特色和国际比较"（72.8%）、"时代责任和历史使命"（65.5%）、"正确认识远大抱负和脚踏实地"（63%）。这与形势与政策课主要围绕党的建设、国际国内政治经济形势、国际关系、国内发展焦点等组织专题教学相关。以合肥工业大学为例，其形势与政策课程目标为：以习近平新时代中国特色社会主义思想为教学重点，结合党和国家大政方针以及国家发展实际，针对学生思想意识的发展特点，坚持理论联系实际，选国内外的热点问题以及国家重大改革与发展举措组织教学内容。通过本课程，帮助学生认清国内外形势，全面准确地理解党的路线、方针和政策，不断提高大学生认识和把握形势与政策的能力，坚定在中国共产党领导下走中国特色社会主义道路的信心和决心，为实现全面建设社会主义现代化国家而发奋学习。

思想道德与法治课程在"时代责任和历史使命"（76%）、"正确认识远大抱负和脚踏实地"（78.4%）方面的教育获得感高于"形势与政策"课程。这与思想道德与法治课教学内容紧扣学生实际进行设计与安排有密切的关系。

其他三门思政课在"四个正确认识"方面的教育略显不足,三门课在"中国特色与国际比较"方面的获得感较其他三个方面略高,分别是57.8%(马克思主义基本原理)、59.7%(毛泽东思想和中国特色社会主义理论体系概论)和60.5%(中国近现代史纲要)。此外,马克思主义基本原理、中国近现代史纲要在"时代责任和历史使命""正确认识远大抱负和脚踏实地"方面,学生的获得感在41.5%—48.7%之间,处于较低水平。马克思主义基本原理这门课的获得感各方面都处于最低,反映出其存在理论对现实关照不充分的问题。

学生在访谈中也提到,"认识世界和中国的发展大势,我觉得在形势政策方面可能体现得比较多,因为形势与政策老师会讲一些目前的国际形势,也会融入一些比如说中国特色和国际的比较。就像我们老师以前讲过关于疫情中国是怎么做的,而国外它的情况又是怎么样的,就是在融入这些方面。而关于时代责任和历史使命,我觉得可能更多地体现在毛泽东思想和中国特色社会主义理论体系概论中。因为我觉得毛泽东思想和中国特色社会理论体系概论,它就讲了现在中国的一些党的政策,一些方针路线,就可能会让我们更加地能够为实现我们的中国梦,能够肩负起我们青年的一个使命吧。还有比如说正确认识远大抱负和脚踏实地,我觉得还是体现在毛泽东思想和中国特色社会主义理论体系概论中,思想道德与法治中可能也会融入得多一点。而关于马克思主义基本原理,我觉得可能更多的是些抽象的理论,就是在一些原理方面可能融入得不是很好"。

(二)思政课教师在"四个正确认识"教学中的现状及分析

1. 教师在"四个正确认识"教学上价值导向鲜明

"让有信仰的人讲信仰"是对思政课教师角色的原则性规定。调查数据显示,97.8%的思政课教师在"四个正确认识"教学中观点非常明确,能够积极传递正能量。思政课教师体现了高度的统一性,具体如下表所示:

表 8　"四个正确认识"教学中体现的统一性水平分布表

统一水平	政治性与学理性的统一	价值性与知识性的统一	统一性与多样性的统一
都能做到	36％	40.2％	39.8％
大多数老师能做到	56.6％	52.4％	53.5％
一半老师能做到	5.6％	5.7％	4.8％
少数老师能做到	1.3％	1.2％	1.4％
都做不到	0.5％	0.5％	0.5％

"四个正确认识"的教学具有很强的政治性，教师既要讲清发展规律和原理，又要辩证地分析中国发展的独特性，更要帮助学生坚定理想信念和树立"四个自信"，要将"爱国之情、报国之志"融入学生自我发展的价值追求中，帮助学生树立求真务实的个性品质。"四个正确认识"的教学还要充分体现遵循统一要求、因地制宜、因材施教的统一。在这三个方面，"四个正确认识"的教学充分体现了高度统一性。如表 8 所示，在"政治性与学理性的统一"、"价值性与知识性的统一"和"统一性与多样性的统一"方面大多数和都能做到统一性的占比分别为 92.6％、92.6％和 93.3％。

2. 以讲授法为常用教法，注重学生的主体参与性

教学方法的选择与使用，影响着学生的信息接收方式、学习参与程度与课堂的亲和力，直接影响着教学效果的有效性。

表 9　思政课中"四个正确认识"教学使用的方法

教师讲授	小组讨论	微视频制作	专题教学	网络教学	案例教学	实践教学	启发式教学	情景剧表演	其他
86％	61.4％	44.1％	42.2％	24.6％	42.1％	36.9％	24.3％	7.7％	0.7％

如表 9 所示，思政课中"四个正确认识"的教学过程中，教师的教学方法仍然以传统的讲授法为主；同时，注重让学生参与的"小组讨论"和"微视频

制作"使用的比例也达到61.4%和44.1%。这说明,在讲授法的基础上,教师更加注重提高学生的参与度。

采用小组合作围绕主题进行探索与讨论的教学方法使用比例已超过六成,这也使学生在充分参与中感受到了课程亲和力。在访谈中,很多学生在谈到思政课中感受到亲和力的体会时都提到自己参与其中的小组讨论。如有学生在访谈中提到,"'德法'课程推荐的阅读书目中有一本是费孝通先生的《乡土中国》,这本书也算是我在北大法学院的启蒙读物,因而我选择了这本书作为课堂展示的主题。当时,'德法'课程的老师指导我们从这本书中选出一点作为展示的主题,并和我们小组成员一起讨论。最后我们小组选择的主题是'法律与舆论的关系'。在我们的内容展示结束后,老师通过向我们提问的方式引导我们和同学们继续交流。在课程结束的时候老师说,也许现实没有那么美好,但是我们不能轻易放弃,试想如果每个人都选择了放弃,现实又怎么能得到改变?我当时被这句话戳到了,突然感受到了作为法律人的使命和责任"。

再如,访谈中有学生提到,"让我觉得最有亲和力的一次教学体验,就是在上'德法'这门课的时候,老师通过让我们自己选择上课的主题,围绕几个主题进行小组讨论,进行PPT制作和PPT演讲,使我们亲自参与到课程当中。让我们在查找搜集资料以及自己讲课的过程中,能够深刻地把握'四个正确认识'的观点。而且在听其他同学讲授的过程当中,我们也能找到自己与其他同学的差距和不足,有利于拓展我们的认识。那确实是一个很有参与感的体验"。

随着手机摄像与编辑软件的普及,微视频也被思政课老师引入课堂。教师不仅制作教学用微视频,还指导学生自选主题并以小组为单位制作微视频,这种直观、生动的形式,大大提高了大学生对"四个正确认识"学习的兴趣。

教学方法的改革在思政课的"四个正确认识"教学中也呈现出了多种形式,如采用专题教学(42.2%)、以点带面的案例教学(42.1%)、将课堂与社会相结合的实践教学(36.9%)。此外,利用线上资源进行的网络教学也被融入其中。

3. 考核方式偏重结果评价,过程性评价以及评价形式创新不足

在课程考核方面,教师还是习惯采用结论性报告和知识性考试这两种方

式，其中小组讨论报告占比53.7%、闭卷考试占比50.3%。此外，撰写论文（47.7%）和实践调研（47.2%）也是常用的方法。教师在选择考核方式时力求涵盖认知、思辨与实践探索多个层面，但最终的评价还是多局限于认知层面。如何突破传统的评价模式，让"四个正确认识"的评价能够体现过程性与结论性相结合，既有书面的呈现方式，又有创新的形式，是值得进一步探讨的问题。

4. 教师的亲和力较高但影响力中等

提升思政课教学的亲和力是近年来高校教学改革的一个着力点，教师也通过改变教学方法、运用多媒体、提升教学话语的风趣性等吸引学生参与学习活动，力求贴近学生视角分析问题，让课堂变得生动、亲切与富有活力。调查数据显示，学生对教师教学的亲和力高度认同，其中，认为教师亲和力很强的占33.4%，较强的占53.3%，彻底改变了往日思政课教师过分严肃、不苟言笑、拒人千里的刻板印象。但思政课教师在"四个正确认识"教学方面对学生的影响力不够理想，调查数据显示，能够满足学生学习需要的占48.9%，学生有兴趣听讲的占57.5%，能够激发学生思考的占49.2%，对认识有引导作用的占51.9%。

三、"第二课堂"及学生自主学习现状分析

（一）"第二课堂"教育现状总体分析

"第二课堂"是实践育人的主渠道，是对第一课堂的延伸。2018年7月，共青团中央、教育部联合印发《关于在高校实施共青团"第二课堂成绩单"制度的意见》，从制度层面落实了"第二课堂"活动的科学化、系统化、制度化、规范化，使得其在立德树人方面成效获得极大的保障。"第二课堂"中的"四个正确认识"融入水平因活动形式的不同而有所不同。

1. 思政类课外活动在引导大学生做到"四个正确认识"方面效果显著

数据统计分析显示，与其他类的"第二课堂"活动相比，思政教育类的活动在引导大学生做到"四个正确认识"方面效果最好，这和前面关于思政理论

课课堂作为大学生"四个正确认识"获得的主渠道的结论相互印证。

表10 "第二课堂"包含"四个正确认识"的主要活动分布表

项目	世界和中国发展大势	中国特色和国际比较	时代责任和历史使命	远大抱负和脚踏实地
思政学习	79.3%	71.8%	70.6%	70.6%
科技创新	59.5%	56.4%	52.3%	51.3%
体育健身	28.1%	26%	28.8%	27.6%
公益服务	45.7%	38.1%	50.7%	46%
社会实践	63.7%	51.4%	61%	58.3%
创业活动	29.6%	25.6%	30.7%	30.7%
文艺活动	21%	15.7%	16.9%	14.2%
社团活动	31.8%	24.8%	28.1%	28.4%
技能项目	18.6%	19.9%	21.5%	24%
其他	0.9%	0.6%	0.8%	0.7%

如表10所示,"第二课堂"中思政学习类活动与其他活动形式相比更能体现思想意识引导的有效性,对"四个正确认识"做到了全面融入,认同思政活动包含"四个正确认识"的比例均达到70%以上,尤其是"世界和中国发展大势"这一点达到79.3%,这与世界遭遇百年未有之大变局以及中国逐步走向世界舞台的中央的大势有关。学生思政学习活动内容也突出体现了与时俱进的特点。随着大学生对时政关注度提升以及自觉加强学习的意识提高,越来越多的大学生加入了思政学习团队,如参加团委举办的理论学习活动、组建马克思主

义理论学习小组等，但在活动形式的丰富性与多样性方面尚显不足，多以读书、研讨为主，对学生群体的辐射面不大。

2. 社会实践和科技创新活动能够较好提升大学生"四个正确认识"学习水平

数据统计显示，社会实践和科技创新中融入的"四个正确认识"认同度仅次于思政类活动。学生通过社会实践活动，在感受社会发展脉动中加深了对"以人民为中心"的体验，通过到基层宣传党的方针政策促进了大学生主动理解与领会文件精神，提升了其认同感。同时，大学生在社会实践中通过支教、参与社区管理、关爱留守儿童等系列活动，实实在在地感受到了社会的需求以及责任与担当。而科技创新活动中的学生在各专业领域力求创新与突破，要了解国内外相关领域的发展状况，这一活动推动大学生深入各专业领域了解国家的发展及其在世界中所处的地位，这也激发了大学生的自豪感、奋斗精神、强烈的报国之志。此外，公益服务活动推动大学生走出学校走向社会，到社会各基层单位参加服务工作，大学生在"做事"中感受到了时代赋予的责任，体验到了脚踏实地做好每一件小事的务实感，形成了"人人为我，我为人人"的认识。

（二）大学生对思政理论课的自主学习明显不足

"四个正确认识"作为对大学生进行思政教育的目标之一，在高校课程体系与教学内容中得以充分体现。学生作为受教育对象，是否能够自觉参与其中，是考量大学生自我发展需求与动机强度的重要指标。调查数据显示，大学生能够通过讨论、演讲、提问等方式自觉参与到"四个正确认识"的学习中，参与度"很高"的占20.5%，"较高"的占48.9%。对"四个正确认识"学习的关注度中，"很关注"占21%，"比较关注"占49.7%。数据表明，近七成的大学生对"四个正确认识"的学习具有较强的学习动机和关注力，总体较为乐观。但课外经常能够查阅资料自主学习的仅占20.2%，经常与同学讨论的仅占20.9%。从大学生提升"四个正确认识"的渠道来看，也与上述学习情况高度一致，76.4%的学生是通过思政课教学获得提升的，此外较常使用的渠道包括电视新闻（65.4%）、微信公众号（49.8%）、新闻网站（48.6%）、学习强国平台（42.7%）、视频网站（37.5%）。

表11　自我提升"四个正确认识"的途径

课堂教学	电视新闻	报纸	期刊	书籍	新闻网站	视频网站	学习强国平台	微信公众号	微博	其他
76.4%	65.4%	30.2%	22.8%	25.7%	48.6%	37.5%	42.7%	49.8%	28.2%	0.8%

访谈资料显示，对于自觉学习与提升"四个正确认识"，有不少学生持"有待提高"的观点，有学生提到，"我认为同学们对'四个正确认识'的自觉学习程度还是有待提高的。因为我身边的同学对'四个正确认识'是比较熟悉，但是具体问他们对'四个正确认识'的认识，他们可能并不能完整地去表述出来，我觉得这是因为他们只是在课堂上通过老师讲授学习'四个正确认识'，在平时自觉学习的程度可能不够，所以还是有待提高的"。再如，有学生提到，"我觉得大学生的自觉学习的程度还是不太够，当我们运用社交媒体的时候，更多的是去关注自己感兴趣的领域，更多是娱乐方面的和自己专业方面的新闻，对于时政类的新闻也只是去走马观花地看一下，并没有主动深入了解的积极性"。

四、不同层次高校间"四个正确认识"教育效果比较研究

（一）在教育组织方面，呈现自"985""211"到普通高校的逐级降低趋势

各高校在落实"四个正确认识"培育中存在差异，本研究从思政课内容安排及教学效果、"第二课堂"培育效果方面，分析比较"985"高校、"211"高校和普通高校间的差异。

表12　不同层次高校与思政课中"四个正确认识"内容安排水平交互分类表

内容安排水平	学校类型			合计
	"985"高校	"211"高校	普通高校	
很高	23.3%	21.8%	17.2%	18.9%
比较高	52.8%	52.1%	57.6%	55.8%
一般	20.2%	22.8%	24%	23.3%
较低	1.6%	1.4%	1.1%	1.3%
很低	2.1%	1.9%	0.1%	0.7%
合计	100%	100%	100%	100%
(n/人)	(193)	(426)	(1216)	(1835)

表13　不同层次高校与思政课提升大学生"四个正确认识"水平交互分类表

提升效果情况	学校类型			合计
	"985"高校	"211"高校	普通高校	
很好	35.2%	26.5%	21.1%	23.8%
较好	44.6%	50.9%	54.8%	52.8%
一般	19.2%	18.5%	23.1%	21.6%
较差	0%	2.2%	0.9%	1.1%
很差	1%	1.9%	0.1%	0.7%
合计	100%	100%	100%	100%
(n/人)	(193)	(426)	(1216)	(1835)

表14　不同层次高校与"第二课堂"提升大学生"四个正确认识"水平交互分布表

提升效果情况	学校类型			合计
	"985"高校	"211"高校	普通高校	
很好	34.7%	25.4%	21.6%	23.9%
较好	52.3%	49.5%	54.3%	53%

续表

一般	10.9%	18.5%	22.9%	20.6%
较差	1.6%	4.2%	0.7%	1.6%
很差	0.5%	2.4%	0.5%	0.9%
合计	100%	100%	100%	100%
(n/人)	(193)	(426)	(1216)	(1835)

如表12、表13、表14所示，各层次高校思政课都比较注重将"四个正确认识"教育融入思政课，融入程度、教学效果以及"第二课堂"培育效果方面的总体效果较好，但不同层次学校间尚存差异，水平变化趋势表现为自"985"高校、"211"高校到普通高校的逐渐降低。卡方检验显示均为差异显著（$p<0.01$）。

（二）在教学状态方面，"985"高校思政理论课教师总体状态较好

表15　不同层次高校与思政课教师在"四个正确认识"教学中观点表达正确与否交互分类表

观点表达正确与否	学校类型			合计
	"985"高校	"211"高校	普通高校	
正确	97.9%	95.5%	98.5%	97.8%
不正确	2.1%	4.5%	1.5%	2.2%
合计	100%	100%	100%	100%

如表15所示，各层次高校思政课教师绝大部分能够坚持正确的立场、表达正确的观点，普通高校占比最高（98.5%），"985"高校次之（97.9%），"211"高校相对落后（95.5%）。卡方检验显示差异显著（$p<0.01$）。

表16 不同层次高校与教师在"四个正确认识"教学中做到"政治性与学理性的统一"程度的交互分类表

"政治性与学理性的统一"程度	学校类型			合计
	"985"高校	"211"高校	普通高校	
很好	52.8%	35.7%	33.4%	36%
较好	42.5%	57.5%	58.5%	56.6%
一般	3.1%	4%	6.6%	5.6%
较差	1.1%	0.9%	1.4%	1.3%
很差	0.5%	1.9%	0.1%	0.5%
合计	100%	100%	100%	100%
(n/人)	(193)	(426)	(1216)	(1835)

表17 不同层次高校与教师在"四个正确认识"教学中做到"价值性与知识性的统一"程度的交互分类表

"价值性与知识性的统一"程度	学校类型			合计
	"985"高校	"211"高校	普通高校	
很好	54.4%	37.1%	39%	40.2%
较好	42%	55.2%	53.1%	52.4%
一般	2.6%	4.5%	6.7%	5.7%
较差	0.5%	1.6%	1.1%	1.2%
很差	0.5%	1.6%	0.1%	0.5%
合计	100%	100%	100%	100%
(n/人)	(193)	(426)	(1216)	(1835)

表18 不同层次高校与教师在"四个正确认识"教学中做到"统一性与多样性的统一"程度的交互分类表

"统一性与多样性的统一"程度	学校类型			合计
	"985"高校	"211"高校	普通高校	
很好	57%	37.3%	37.9%	39.8%

续表

较好	38.3%	55.9%	55.1%	53.5%
一般	3.6%	2.3%	5.8%	4.8%
较差	0.6%	2.8%	1.1%	1.4%
很差	0.5%	1.7%	0.1%	0.5%
合计 (n/人)	100% (193)	100% (426)	100% (1216)	100% (1835)

如表16、表17、表18所示，不同层次高校与教师在"四个正确认识"教学中，做到"政治性与学理性的统一"、"价值性与知识性的统一"和"统一性与多样性的统一"方面，总体一致性程度较高，但各层次学校之间存在差异，卡方检验均显示差异显著（p<0.01）。一致性的差异表现为"985"高校一致性高于"211"高校，普通高校相对较低。

表19 不同层次高校与教师在"四个正确认识"教学中亲和力程度的交互分类表

亲和力程度	学校类型			合计
	"985"高校	"211"高校	普通高校	
很好	47.7%	33.8%	31%	33.4%
较好	44%	51.6%	55.3%	53.3%
一般	6.2%	9.9%	12.6%	11.3%
较差	1.6%	2.8%	0.9%	1.4%
很差	0.5%	1.9%	0.2%	0.6%
合计 (n/人)	100% (193)	100% (426)	100% (1216)	100% (1835)

如表19所示，高校思政课教师整体亲和力较高，但不同层次高校教师间在亲和力水平上存有显著差异，卡方检验显示差异显著（p<0.01）。"985"高校教师的亲和力高于"211"高校教师，普通高校教师的亲和力相对较低。

五、不同身份的学生间"四个正确认识"学习状态的比较分析

大学生在学校中会参加各类社团与组织，并且有积极的政治追求，在社团组织中担任的组织管理角色以及获得的政治身份，影响着大学生在"四个正确认识"方面的学习状态。

（一）学生干部在"四个正确认识"的学习参与度要高于普通学生

表20　是否担任学生干部与参与"四个正确认识"学习活动程度的交互分类表

参与"四个正确认识"学习活动程度	是否担任学生干部		合计
	是	否	
很高	24.2%	16.8%	20.5%
较高	48.2%	49.7%	48.9%
一般	23.3%	27.3%	25.4%
较低	3%	3.5%	3.2%
很低	1.3%	2.7%	2%
合计	100%	100%	100%
(n/人)	(908)	(927)	(1835)

表21　是否担任学生干部与上课关注"四个正确认识"程度交互分类表

上课关注"四个正确认识"程度	是否担任学生干部		合计
	是	否	
很关注	25.1%	16.9%	21%
较关注	49%	50.3%	49.7%
一般	22.4%	26.8%	24.6%
不太关注	3%	5.1%	4%
从不关注	0.5%	0.9%	0.7%
合计	100%	100%	100%
(n/人)	(908)	(927)	(1835)

表22　是否担任学生干部与"四个正确认识"自主学习程度的交互分类表

"四个正确认识"自主学习程度	是否担任学生干部		合计
	是	否	
经常	23.8%	16.7%	20.2%
有时	43.6%	42.8%	43.2%
偶尔	28.5%	34.2%	31.4%
从不	4.1%	6.3%	5.2%
合计	100%	100%	100%
(n/人)	(908)	(927)	(1835)

表23　是否担任学生干部与和同学讨论"四个正确认识"程度的交互分类表

和同学讨论"四个正确认识"程度	是否担任学生干部		合计
	是	否	
经常	24.4%	17.4%	20.9%
有时	39.1%	41.6%	40.4%
偶尔	30.4%	31.8%	31.1%
从不	6.1%	9.2%	7.6%
合计	100%	100%	100%
(n/人)	(908)	(927)	(1835)

表24　是否担任学生干部与评价自己提升"四个正确认识"程度的交互分类表

对自己提升"四个正确认识"学习效果评价	是否担任学生干部		合计
	是	否	
很好	21.3%	15.1%	18.1%
较好	46.1%	43.7%	44.9%
一般	29.6%	36.6%	33.1%
较差	2%	3.8%	3%
很差	1%	0.8%	0.9%

续表

合计 (n/人)	100% (908)	100% (927)	100% (1835)

如表20、表21、表22、表23、表24所示，担任学生干部的同学在"四个正确认识"学习状态上与普通同学之间存在着差异，卡方检验显示差异显著（$p<0.01$）。作为组织者，这部分同学更加主动、自律与积极，学习状态好于普通学生。

（二）拥有政治身份的学生"四个正确认识"的学习状态好于群众身份的学生

表25 学生政治身份与参与"四个正确认识"学习活动程度的交互分类表

参与"四个正确认识"学习活动程度	政治身份					合计
	党员	预备党员	入党积极分子	党员发展对象	群众	
很高	32.4%	38.4%	20.3%	20.1%	18.9%	20.5%
较高	44.1%	48.1%	51.3%	55.3%	46.3%	48.9%
一般	23.5%	12.3%	23.1%	20.7%	28.7%	25.3%
较低	0%	0%	3.6%	2.4%	3.7%	3.2%
很低	0%	1.2%	1.7%	1.5%	2.4%	2.1%
合计 (n/人)	100% (34)	100% (81)	100% (359)	100% (333)	100% (1028)	100% (1835)

表26 学生政治身份与上课关注"四个正确认识"程度的交互分类表

上课关注"四个正确认识"程度	政治身份					合计
	党员	预备党员	入党积极分子	党员发展对象	群众	
很关注	35.3%	40.7%	19.8%	23.7%	18.5%	21%
较关注	52.9%	48.1%	51.3%	49.2%	49.3%	49.7%
一般	8.8%	8.6%	25.3%	22.8%	26.7%	24.6%

续表

不太关注	3%	1.3%	3.3%	3.9%	4.5%	4%
从不关注	0%	1.3%	0.3%	0.4%	1%	0.7%
合计(n/人)	100%(34)	100%(81)	100%(359)	100%(333)	100%(1028)	100%(1835)

表27 学生政治身份与"四个正确认识"自主学习程度的交互分类表

"四个正确认识"自主学习程度	政治身份					合计
	党员	预备党员	入党积极分子	党员发展对象	群众	
经常	44.1%	48.1%	19.8%	22.2%	16.7%	20.2%
有时	38.2%	39.5%	45.7%	39.6%	44%	43.2%
偶尔	17.7%	11.1%	31.2%	33.3%	32.9%	31.4%
从不	0%	1.3%	3.3%	4.9%	6.4%	5.2%
合计(n/人)	100%(34)	100%(81)	100%(359)	100%(333)	100%(1028)	100%(1835)

表28 学生政治身份与和同学讨论"四个正确认识"程度的交互分类表

和同学讨论"四个正确认识"程度	政治身份					合计
	党员	预备党员	入党积极分子	党员发展对象	群众	
经常	32.4%	45.7%	20.6%	23.4%	17.8%	20.9%
有时	47.1%	38.3%	43.2%	37.8%	40.2%	40.4%
偶尔	14.7%	14.8%	30.4%	31.2%	33.2%	31.1%
从不	5.8%	1.2%	5.8%	7.6%	8.8%	7.6%
合计(n/人)	100%(34)	100%(81)	100%(359)	100%(333)	100%(1028)	100%(1835)

表29　学生政治身份与评价自己提升"四个正确认识"程度的交互分类表

评价自己提升"四个正确认识"程度	政治身份					合计
	党员	预备党员	入党积极分子	党员发展对象	群众	
很好	20.6%	28.4%	16.4%	20.1%	17.2%	18.1%
较好	52.9%	53.1%	51%	44.4%	42%	44.9%
一般	23.5%	17.3%	30.1%	31.8%	36.2%	33.1%
较差	3%	0%	1.4%	2.7%	3.7%	2.9%
很差	0%	1.2%	1.1%	1%	0.9%	1%
合计（n/人）	100%(34)	100%(81)	100%(359)	100%(333)	100%(1028)	100%(1835)

如表25、表26、表27、表28、表29所示，积极追求政治进步、拥有政治身份的学生在"四个正确认识"学习上，状态好于普通同学，卡方检验显示差异显著（$p<0.01$）。而拥有政治身份的学生群体中，预备党员的学习状态在参与度、自主性、学习效果评价等方面均处于最高水平。

▶第三节
思政课改革创新提升大学生"四个正确认识"有效性的教育策略思考

"四个正确认识"是新时代思想政治教育的核心，上述统计数据分析表明，"四个正确认识"在各层次高校都获得了高度重视，教学目标达成总体效果较好，但仍存在一些亟待解决的问题：在讲深、讲透规律并引导学生看清世界发展大势方面发力不够；在引导学生灵活运用唯物辩证法思考现实问题方面尚存不足；围绕"四个正确认识"针对五门思政课的顶层设计尚未建构；教师教学方法与评价方式尚处于由固守传统向创新突破的转变中，亲和度高但影响力不足；仅有20%左右的大学生在课后能主动学习或与同学讨论相关问题，学习自主性不强；"第二课堂"的体验、践行效力尚未完全发挥。对此，高校需要变革教育策略，提升教育引导的有效性。

一、准确把握"四个正确认识"的育人逻辑是教学体系创新的前提

要把握总体逻辑。"四个正确认识"是意识形态目标和育人目标相互融合的科学目标体系，蕴含了科学的育人逻辑，即引导学生在明史中发现规律、在阐释规律中领悟原理、在内化原理中坚定共产主义信念、在唯物辩证中坚持社会主义方向、在历史与现实交织中明确时代使命、在辩证统一中为理想奋斗。育人逻辑是思政课落实"四个正确认识"的依据，是思政课各学科根据学科特点因势利导、各有侧重地设计本学科"四个正确认识"的培育目标。

要把握每门课程的侧重点。《新时代学校思想政治理论课改革创新实施方案》对五门思政课承担的"四个正确认识"也体现了各有侧重、与教学内容特质高度统一的目标规定性。明确了全面性教育扎根于形势与政策课。其他四门课需要分别从基本历史、规律、原理、理想信念与道德修养等角度推进"四个正确认识"的融入。"进一步明确不同课程的对应内容和不同侧重点，深化对教学内容、学生思想实际和社会客观实际的研究，把握思政课整体的逻辑线索，将五门课程的所涉教学内容做整体的凝练和衔接，形成合力，引导大学生做到'四个正确认识'。"①

二、关注现实问题，提升马克思主义基本原理课程"四个正确认识"的获得感

关注现实严重不足是马克思主义基本原理课程面临的普遍问题，马克思主义基本原理课程要着重突出理论对现实的关照。要在教学中注重用唯物辩证法指导大学生把握世界、社会发展的规律性；要在讲透唯物辩证法联系、发展和矛盾等基本原理的基础上，突出基本原理在国内外重大事件解读中的运用，以加深大学生对原理的理解与运用。

---

① 马光焱,张澍军.关于大学生获得"四个正确认识"基本路径的思考[J].黑龙江高教研究,2017(9).

深化"四史"教育融入马克思主义基本原理课堂教学，引导学生树立正确的历史观和正确的党史观，逐渐把握世界历史发展规律。针对大学生在"正确认识世界和中国发展大势"方面对世界范围内共产主义必然会取代资本主义趋势的存疑问题，要加强"四史"融入思政课，尤其是加强对社会主义发展史、党史的清晰阐释。习近平总书记指出，要"从我们党探索中国特色社会主义历史发展和伟大实践中，认识和把握人类社会发展的历史必然性，认识和把握中国特色社会主义的历史必然性，不断树立为共产主义远大理想和中国特色社会主义共同理想而奋斗的信念和信心"①。要通过历史事实的客观呈现，引导学生探寻历史发展规律，从科学理性层面深入理解实现共产主义的必然性，坚定共产主义信念并为之而奋斗。

三、进行教学方法的创新，快速实现从传统教法到现代教法的转变

调查显示，讲授法一直是课堂教学的主要方法，这一方面是由于讲授法作为说理的重要方法是教师习惯使用且易于掌握的方法，另一方面是因为讲授法在班级人数较多的情况下，相对于其他方法更便捷。但是仅有说理的方法，容易引发学生"被灌输"感，甚至产生抵触的心理。要创新教学方法，开放发声、互动的机会，突出在辨析式教学方法上的创新。一方面，让学生阐述自己困惑的观点，让问题显性化以利于教师有的放矢加以引导。另一方面，教师针对学生的疑问逐步引导，"用真情话语、网络话语、对话话语引导学生剖析当前社会难点热点，解决现实关切和实际问题，打通理论武装'最后一公里'，让思想政治教育更加接地气、入人心"②。本次调查显示，大学生在"正确认识中国特色和国际比较"中对西方资本主义国家现代化进程中掠夺本性认识不清，对此，我们一方面要通过历史事实的阐释让学生真切看清其面目，另一方面还需要开展多种形式的讨论活动，在讨论中培养学生的辩证思维能力，使道

---

① 把思想政治工作贯穿教育教学全过程　开创我国高等教育事业发展新局面[N].光明日报,2016-12-09(01).
② 武国建,王孝松.教育引导青年大学生强化"四个正确认识"[J].思想理论教育导刊,2018(1).

理越辩越明。

(一)实施分层教学,提升大学生对"四个正确认识"获得感

值得注意的是,教学方法的改革,尤其是突出分层教学、师生互动、辨析讨论的变革实施,都受制于教学班级规模以及教师的工作负荷量。目前高校思政课教师队伍短缺严重,很多高校师生比严重不达标,加强思政课教师队伍建设成为亟待解决的重要问题。调查中所体现出的"985"高校、"211"高校以及普通高校之间在教育教学中的显著差异,也是各层次高校师资队伍差异的一个重要体现。

(二)充分运用现代信息技术,实现从线下到"线上线下混合"的转变

调查发现,学生获得"四个正确认识"的渠道中,76.4%的学生是通过思政课教学获得提升的,除此之外的渠道包括:电视新闻65.4%、微信公众号49.8%、新闻网站48.6%、学习强国平台42.7%、视频网站37.5%。由此可见,除了课堂教学,网络是教育引领的重要路径。教师既要注重拓展线上线下相结合的教学方式,更要主动捕捉网络媒介快速更迭的表达方式,牢牢掌控网络信息分析评价的话语权,针对相关的热点话题,通过创建网络教学管理群进行有效引领。

四、实现增强亲和力和提升影响力的高度统一

调查发现,思政课教师在教学中体现了"让有信仰的人讲信仰"这一原则性要求,教学中观点鲜明正确,亲和力较好的能达到86.7%,但影响力不够理想。其中能够满足学生学习需求、激发学生思考的占比均没有达到半数,能够激发学生兴趣、对认识有引导的也仅达到一半。因此,如何精准把脉,让思政课真正契合学生发展的需求,如何以理服人、循循善诱、把深刻的道理深入浅出地传达给学生,如何发挥课堂教学的艺术性,适当"留白",激发学生的自主探究欲和对真理的追寻,是思政课教学更深层次的改革目标。

五、推进"四个正确认识"融入"第二课堂"

"第二课堂"是大学生体验国情民情、增长知识才干、奉献社会的重要教育形式，其深刻的体验性是提升大学生深化"四个正确认识"的有效途径。首先，要加强对"第二课堂"的规范管理，注重吸引优秀教师参与指导与管理，避免"只求活动热闹不求教育实效"的形式主义或者是放羊式状态。其次，"第二课堂"形式多样，"四个正确认识"的融入因"第二课堂"活动特点不同有相应的规定性，但都要坚持一个共同原则，即在活动设计中，要有意识地结合活动特点，明确"四个正确认识"的培养目标，坚持活动中的目标引领。最后，随着大学生对时政关注度以及自觉学习意识的提高，越来越多的大学生加入了思政学习团队，如参加理论学习活动、组建马克思主义理论学习小组等，但相比其他"第二课堂"，思政类学习团队在活动组织形式的丰富性与多样性方面尚显不足，多以读书、研讨为主，这也导致在学生群体中辐射面受限。因此，要在高校建构不同层面的学习团队，拓展大学生喜闻乐见的活动形式，增加竞赛等环节，推进高校思政类"第二课堂"的吸引力与影响力。

六、构建学生主动学习思想政治教育资源的系统机制

如何激发大学生主动汲取思想建设资源是高等教育面临的一个重要课题，更是思政理论课面临的高难度课题。调查数据显示，仅有20%左右的大学生能够在课外主动学习或能够经常与同学讨论"四个正确认识"相关内容，学生尚处于"老师要我学"的状态。究其原因，一方面，是由于思政课在教育全过程中的必修课地位；另一方面，是因为思政课长期处于"副课"状态。这一矛盾状态反映在学生群体中，就是被动重视。大学阶段是学生思想成熟与发展的重要阶段，然而由于就业等各类竞争冲淡了其对精神成长的关注。调查结果显示，学生干部、有政治身份的同学更注重自我思想建设。要积极引导大学生关注自己的思想发展状态，推动大学生主动从思想政治教育中汲取精神成长的力量。

七、调整五门本科思政理论课程的学时和学分

第一，鉴于形势与政策课程在提升大学生"四个正确认识"方面的显著效果，可以考虑增加一些学时，每学期学时从 8 学时增加到 12 学时；四年的总学分由 2 学分增至 3 学分。

第二，鉴于"第二课堂"的显著教学效果，可以考虑增加思政理论课教学的实践教学学分，从目前的 2 学分增加至 4 学分。

附录一

新时代大学生对"四个正确认识"的认知情况调查问卷

亲爱的同学，您好！提升大学生的"四个正确认识"是高校思想政治理论课的教学总体目标，主要指通过思政理论课教学改革与创新让大学生"正确认识世界和中国发展大势、正确认识中国特色和国际比较、正确认识时代责任和历史使命、正确认识远大抱负和脚踏实地"。提升大学生"四个正确认识"是树立大学生正确世界观、人生观、价值观的重要内容，是新时代落实立德树人根本任务的要求。本次调查期望了解大学生对"四个正确认识"相关内容的真实看法，为改进教育教学提供参考依据。

衷心感谢您参与本次调查，本次调查不需要填写姓名，希望您能按照实际情况填写。祝您生活愉快！

教育部示范优秀教学科研团队建设项目　合肥工业大学"思想政治理论课教学体系创新引导大学生做到'四个正确认识'研究"课题组

【填写说明 1】请填写基本资料，若没有特别说明，均默认为单选题；若需要多选，会在题后注明。请在选项前的方框内打钩，以表示选中此选项。

例如，您的性别是　□男　□女，若您是男生，可这样填写：☑男 □女。

基本资料：

①您的性别是　□男　□女

②您是　□汉族　□少数民族

③您现在就读的年级是　□大一　□大二　□大三　□大四　□大五

④您的专业属于　□文科　□理科　□工科　□医药　□农林　□艺体 □其他

⑤您所就读的学校属于　□"985"高校　□"211"高校　□普通高校

⑥您所就读的学校属于　□"双一流"建设高校　□一流学科建设高校 □其他高校

⑦您所就读的学校属于　□公立大学　□民办大学

⑧您所就读的学校属于　□本科院校　□专科院校

⑨您是否担任过班级、社团、团委、学生会等校内组织负责人？　□是 □否

⑩您是？　□党员　□预备党员　□入党积极分子　□党员发展对象 □群众

【填写说明 2】下列问题，均默认为单选题；若需要多选，会在题后说明。表格类型的问题，请在您选出的选项所对应的格子内画钩；非表格类型问题，请在选项前的方框内打钩，以表示选中此选项。

表格类型的题目，例如，对于"经济全球化不可逆转，中国要积极融入和谋求发展"这一观点，在回答"请选出与您自己的认识相符合的程度"这个问题上，您若是选择"部分符合"，就在这个选项下面的空格内打钩。如下所示：

观点	完全符合	部分符合	完全不符合
经济全球化不可逆转,中国要积极融入和谋求发展。		✓	

1. 以下是对"四个正确认识"相关观点的表述,请选出与您自己的认识相符合的程度。

序号	观点	完全符合	部分符合	完全不符合
(1)	共产主义代替资本主义是历史发展的总趋势,共产主义一定能够实现。			
(2)	世界格局从一超多强正向多极化转变,世界力量对比发生新变化,出现东升西降的新态势。			
(3)	经济全球化不可逆转,中国要积极融入和谋求发展。			
(4)	中国在国际社会中的话语权正在不断增强,中国正在日益走进世界舞台的中央。			
(5)	中国梦的本质是国家富强,民族振兴,人民幸福;中国人民在中国共产党的领导下一定能实现中华民族的伟大复兴。			
(6)	中国的现代化是社会主义现代化,走出了一条和平崛起的道路。西方现代化建立在羊吃人的圈地运动、奴役以及殖民掠夺的基础上。西方发达国家的"繁荣"是以消耗全球大量资源为前提的。			

续表

(7)	只有中国特色社会主义才能发展中国，要坚定不移地走中国特色社会主义道路。			
(8)	中国秉持以人民为中心的发展思想，与资本主义经济发展在价值目标上具有本质区别。			
(9)	中国共产党的领导是中国特色社会主义制度的最大优势。			
(10)	中国特色社会主义是社会主义，不是什么别的主义，是植根于中国大地，反映人民意愿，适应中国社会发展要求的科学社会主义。			
(11)	为中国人民谋幸福，为中华民族谋复兴，是中国共产党的初心和使命，更是当代中国青年人的初心和使命。			
(12)	大河有水小河满，没有国就没有家。青年人只有将小我融入大我，在为国家富强、民族振兴、人民幸福的奋斗中才能不断实现自我价值。			
(13)	大学生要努力提高自身的创新意识和创新能力。			
(14)	青年人是实现中华民族伟大复兴的主力军，要自觉担当起民族重任和时代责任。			
(15)	青年兴，则国兴，青年强，则国强。			

续表

(16)	青年大学生要"为世界进文明,为人类造幸福"。青年大学生应以国家为己任,当有报国之志。			
(17)	大学生要有"敢为天下先"的创新精神、脚踏实地的"工匠精神"、自强不息的奋斗精神。			
(18)	让勤奋学习成为青春飞扬的动力,让增长本领成为青春搏击的能量。			
(19)	大学生要努力学习,积极投身社会实践,锻炼能力,把自己培养成时代新人。			
(20)	大学生要学好本领,时刻准备着到祖国最需要的地方去。			

2. 您对"世界和中国发展大势"的了解主要通过下列哪门课程？（可多选）

□马克思主义基本原理　□思想道德与法治　□毛泽东思想和中国特色社会主义理论体系概论　□中国近现代史纲要　□形势与政策　□其他课程

3. 您对"中国特色和国际比较"的了解主要通过下列哪门课程？（可多选）

□马克思主义基本原理　□思想道德与法治　□毛泽东思想和中国特色社会主义理论体系概论　□中国近现代史纲要　□形势与政策　□其他课程

4. 您对青年人的"时代责任和历史使命"的了解主要通过下列哪门课程？（可多选）

□马克思主义基本原理　□思想道德与法治　□毛泽东思想和中国特色社会主义理论体系概论　□中国近现代史纲要　□形势与政策　□其他课程

5. 您对青年人"正确认识远大抱负和脚踏实地"的了解主要通过下列哪门课程？（可多选）

☐马克思主义基本原理　☐思想道德与法治　☐毛泽东思想和中国特色社会主义理论体系概论　☐中国近现代史纲要　☐形势与政策　☐其他课程

6. 学校思想政治理论课在教学安排上，有关"四个正确认识"方面的内容所占比例情况如何？

☐很高　☐比较高　☐一般　☐较低　☐很低

7. 学校思想政治理论课在"四个正确认识"方面的教学是否贴合学生需要？（可多选）

☐贴合学生需要　☐联系实际　☐能激发学生思考　☐和学生需求脱节　☐和现实脱节　☐不感兴趣　☐其他＿＿＿＿（请填写）

8. 学校思想政治理论课在提升学生"四个正确认识"方面的效果如何？

☐很好　☐较好　☐一般　☐较差　☐很差

9. "第二课堂"中包含"世界和中国发展大势"内容的活动主要有哪些？（可多选）

☐思政学习　☐科技创新　☐体育健身　☐公益服务　☐社会实践　☐创业活动　☐文艺活动　☐社团活动　☐技能项目　☐没有　☐其他＿＿＿＿（请填写）

10. "第二课堂"中包含"中国特色和国际比较"内容的活动主要有哪些？（可多选）

☐思政学习　☐科技创新　☐体育健身　☐公益服务　☐社会实践　☐创业活动　☐文艺活动　☐社团活动　☐技能项目　☐没有　☐其他＿＿＿＿（请填写）

11. "第二课堂"中包含青年人"时代责任和历史使命"内容的活动主要有哪些？（可多选）

☐思政学习　☐科技创新　☐体育健身　☐公益服务　☐社会实践　☐创业活动　☐文艺活动　☐社团活动　☐技能项目　☐没有　☐其他＿＿＿＿（请填写）

12. "第二课堂"中包含"正确认识远大抱负和脚踏实地"内容的活动有哪些？（可多选）

□思政学习　□科技创新　□体育健身　□公益服务　□社会实践　□创业活动　□文艺活动　□社团活动　□技能项目　□没有　□其他_____（请填写）

13. 学校"第二课堂"在培育学生做到"四个正确认识"方面的效果如何？

□很好　□较好　□一般　□较差　□很差

14. 学校思想政治理论课中，教师在"四个正确认识"教学中观点是否明确？

□是　□否

15. 思想政治理论课中教师在"四个正确认识"教学中使用的方法主要有哪些？（可多选）

□教师讲授　□小组讨论　□微视频制作　□专题教学　□网络教学　□案例教学　□实践教学　□启发式教学　□情景剧表演　□其他_____（请填写）

16. 思想政治理论课教师在"四个正确认识"教学中，能做到"政治性与学理性的统一"吗？

□都能做到　□大多数老师能做到　□一半老师能做到　□少数老师能做到　□都做不到

17. 思想政治理论课教师在"四个正确认识"教学中，能做到"价值性与知识性的统一"吗？

□都能做到　□大多数老师能做到　□一半老师能做到　□少数老师能做到　□都做不到

18. 思想政治理论课教师在"四个正确认识"教学中，能做到"统一性与多样性的统一"吗？

□都能做到　□大多数老师能做到　□一半老师能做到　□少数老师能做到　□都做不到

19. 思想政治理论课教师在"四个正确认识"教学方面的亲和力如何？

□很强 □较强 □一般 □较弱 □很弱

20. 思想政治理论课教师在"四个正确认识"方面的教学对你的影响如何？（可多选）

□满足我的学习需要 □有兴趣听 □激发我思考 □对我有引导作用 □不感兴趣 □离我太遥远 □反感 □其他_____（请填写）

21. 学校思想政治理论课在"四个正确认识"方面采用的考核方式主要有哪些？（可多选）

□闭卷考试 □开卷考试 □撰写论文 □实践调研报告 □小组讨论报告 □没有考核 □其他_____（请填写）

22. 在思想政治理论课中，您通过讨论、演讲、回答问题等方式参与"四个正确认识"学习活动的程度如何？

□很高 □较高 □一般 □较低 □很低

23. 在"四个正确认识"学习方面，您上课会很关注这方面内容吗？

□很关注 □较关注 □一般 □不太关注 □从不关注

24. 在"四个正确认识"学习方面，除了听老师讲课外，您会查阅资料自主学习吗？

□经常 □有时 □偶尔 □从不

25. 在"四个正确认识"学习方面，除了听老师讲课外，您会和同学进行讨论吗？

□经常 □有时 □偶尔 □从不

26. 您自己在提升"四个正确认识"方面，主要通过哪些途径？（可多选）

□思政课堂教学 □电视新闻 □报纸 □期刊 □书籍 □新闻网站 □视频网站 □学习强国平台 □微信公众号 □微博 □其他_____（请填写）

27. 请您评价一下自己在提升"四个正确认识"方面做得如何。

□很好 □较好 □一般 □较差 □很差

28. 您希望通过何种方式提升"四个正确认识"的学习效果？_____（请填写）

附录二

访谈提纲

开场介绍:"正确认识世界和中国发展大势、正确认识中国特色和国际比较、正确认识时代责任和历史使命、正确认识远大抱负和脚踏实地"是新时代大学生思想政治教育的重要目标,下面我想就高校"四个正确认识"方面的教育对您做一次访谈。

1. 请你介绍下自己。(要素:性别、专业、年级、政治面貌)

2. 你觉得在学校的思政课中(马克思主义基本原理、思想道德与法治、毛泽东思想和中国特色社会主义理论体系概论、中国近现代史纲要、形势与政策),"四个正确认识"的内容融入情况怎么样?请就上过的几门课各举一个例子说说。

3. 请举例说一说思政课在"四个正确认识"教育方面让你觉得很有亲和力的一次教学体验。

4. "中国的现代化是社会主义现代化,走出了一条和平崛起的道路。西方现代化建立在羊吃人的圈地运动、奴役以及殖民掠夺的基础上。西方发达国家的'繁荣'是以消耗全球大量资源为前提的。"这个观点你是怎么看的?同学中较为普遍的看法是什么样的?为什么?

5. "世界格局从一超多强正向多极化转变,世界力量对比发生新变化,出现东升西降的新态势。"这个观点你是怎么看的?同学中较为普遍的看法是什么样的?为什么?

6. "共产主义代替资本主义是历史发展的总趋势,共产主义一定能够实现。"这个观点你是怎么看的?同学中较为普遍的看法是什么样的?为什么?

7. 你参加过"第二课堂"的哪些活动?(提示:思政学习、科技创新、体育健身、公益服务、社会实践、创业活动、文艺活动、社团活动、技能项目等)你在哪些活动里感受到在"四个正确认识"方面有所提升?请举例说一说。

  8. 从大学生的角度来看，大家对"四个正确认识"的自觉学习程度如何？为什么？

  9. 你觉得在目前高校教育中，"四个正确认识"是否得到了应有的突出？为什么？

  10. 想听听你的建议，高校可以通过什么方式提升大学生"四个正确认识"的学习效果？（思政课、"第二课堂"、文化环境等）

第三章

"马克思主义基本原理"课程改革提升大学生"四个正确认识"之三重维度

2016年12月,习近平总书记在全国高校思想政治工作会议上围绕提高学生思想政治素质,提出"要教育引导学生正确认识世界和中国发展大势、正确认识中国特色和国际比较、正确认识时代责任和历史使命、正确认识远大抱负和脚踏实地"。"四个正确认识"是习近平总书记立足办好中国特色社会主义大学这一核心要求,立足于"四个服务"这一高等教育历史使命,对新形势下提高大学生思想政治素质、加强大学生思想政治工作提出的总目标、总原则、总要求。由此,我们党对高校思政课的教学目标实现了从"树立正确的世界观、人生观、价值观"到"四个正确认识"之重要转变,从理论和现实的维度推动了传统"三观"的具体化、现实化、实践化。"四个正确认识"是新时代高校思政课教学全过程应遵循的价值目标,也是高校思政课改革创新的根本目标。

"马克思主义基本原理"(以下简称"原理")课程作为高校思政课的基础性课程,在提升大学生"四个正确认识"中发挥着特殊作用。当前,理论界对高校思政课的教学目标和价值取向进行了长期探索,对如何在高校思政课中贯彻"四个正确认识"作出了不少值得学习和借鉴的理论成果。[①]"原理"课在教学内容改革上,需要着重把握辩证唯物主义和历史唯物主义这一教学主线,深度挖掘马克思主义基本原理及其立场、观点和方法与"四个正确认识"的契合点,提炼教学专题,讲透重点难点问题。内容的讲授离不开好的教学方法。如何将"四个正确认识"有效融入"原理"课教学?对此,我们要紧密结合新时代中国特色社会主义建设的重大理论成果和实践成果,创新教学方法,推动"教"与"学"多维度的深度融合。"原理"课教学方法改革需要在全面汲取教育学一般方法的基础上,创新课程教学方法,提升课程的感染力和影响力。我

---

① 吴昊.深化大学生"四个正确认识"的路径探析[J].学校党建与思想教育,2018(05).

们还需不断加强"金课"建设,强化课程立体式改革,认真贯彻落实思政课建设的国家顶层设计,为提升大学生"四个正确认识"提供根本理论遵循。

本章着重探讨"原理"课程改革的三重维度——内容设计、方法探索与路径探赜,以期在高校思政课这个重要的思想政治教育场域引导大学生进行正确的自我认知与自我定位,切实提升"四个正确认识"。

▶第一节
"原理"课程改革提升大学生"四个正确认识"之内容设计

近年来,国家高度重视高校思政课改革创新,也注重为"原理"课程改革提供诸多指导性方案。2020年12月,中共中央宣传部、教育部印发《新时代学校思想政治理论课改革创新实施方案》,对"原理"课程改革的任务和目标做了具体规定:"'马克思主义基本原理',主要讲授反映马克思主义世界观和方法论的最基本的原理,帮助学生深刻领会、准确把握马克思主义的根本性质和整体特征,学习掌握贯穿其中的马克思主义立场观点方法,提升运用马克思主义基本原理分析世界的能力,增强对人类社会发展规律、特别是中国特色社会主义发展规律的认识和把握,树立共产主义远大理想和中国特色社会主义共同理想。"这就为高校"原理"课程改革指明了方向,即要注重把讲授马克思主义基本原理、引导学生掌握马克思主义的立场观点方法与提升学生运用这些立场观点方法观察、分析和解决现实问题的能力相结合。其中,要求学生认识和把握"中国特色社会主义发展规律""树立共产主义远大理想和中国特色社会主义共同理想",也契合了"四个正确认识"要求引导学生"正确认识世界和中国发展大势""正确认识中国特色和国际比较"的教育理念。

如何发挥"原理"课程对于提升大学生"四个正确认识"的作用?理论界普遍认为,"原理"课与高校其他思政课既存在共性也存在差异,因此对大学生开展思想政治教育时的侧重点也会有所不同,必须"进一步明确不同课程的对应内容和不同侧重点,深化对教学内容、学生思想实际和社会客观实际的研究,把握思政课整体的逻辑线索,将五门课程的所涉教学内容整体凝练和衔接起来，形成合力，引导大学生做到'四个正确认识'"①。我们认为，每门思政课程都应承担起提高大学生"四个正确认识"的功能，不同点在于各具体课程可以结合本课程特色，基于不同的视角、内容和方法嵌入"四个正确认识"教学目标。对于"原理"课教学而言，应以马克思主义基本原理为理论基础，以当今中国和世界发生的重大理论问题和现实问题为基本参考，谋求马克思主义基本原理与国内国际社会现实的有机融合。为此，有必要根据"原理"课程教材精准设计教学内容，基于辩证唯物论、唯物辩证法、唯物史观、剩余价值学说、资本主义发展趋势和社会主义发展学说等原理，在教学内容改革上做一些探索。

一、以唯物辩证法指引学生深刻理解"四个正确认识"之内在辩证性

唯物辩证法是"原理"课第1章的重要内容，也是马克思主义方法论的重要呈现，其涵盖联系和发展的观点、"三大规律"和"五大基本范畴"等基本原理。"原理"课教师要引导学生运用唯物辩证法深刻理解"四个正确认识"之内在辩证性，使学生准确把握"中国发展大势"与"世界发展大势"、"世界的中国"与"中国的世界"之辩证关系；准确把握"中国特色"与"国际比较"之辩证关系，深刻感悟中国智慧、中国方案、中国声音和中国力量对于世界发展的重大意义；准确把握"时代责任"与"历史使命"之辩证关系，强化自身的历史使命感和时代责任感；准确把握"远大抱负"与"脚踏实地"之辩证关系，自觉担负起将远大抱负付诸脚踏实地的实践自觉。

思政课教师要将唯物辩证法的基本原理和基本观点融入重大国内国际现实问题的分析。习近平总书记指出："今天，我们党要团结带领人民实现'两个一百年'奋斗目标、实现中华民族伟大复兴的中国梦，必须不断接受马克思主义哲学智慧的滋养，更加自觉地坚持和运用辩证唯物主义世界观和方法论，更好在实际工作中把握现象和本质、形式和内容、原因和结果、偶然和必然、可能和现实、内因和外因、共性和个性的关系，增强辩证思维、战略思维能力，

---

① 马光焱,张澍军.关于大学生获得"四个正确认识"基本路径的思考[J].黑龙江高教研究,2017(9).

把各项工作做得更好。"①"原理"课教师要充分挖掘新时代中国特色社会主义发展进程中正在发生的重大事件和社会热点问题，将其有机融入"原理"课教学过程。如教师以新发展阶段、新发展理念和新发展格局等中国新发展战略理念和政策的调整为例，引导大学生思考中国特色社会主义发展大势问题。又如2020年新冠疫情在全球大流行引发全球思想家对于政治、经济、社会、文明交往等各领域的深入反思，对于"原理"课教师而言，我们要注重从马克思主义唯物辩证法的联系观、发展观和"三大规律"等原理来思考新冠疫情暴发的原因、过程及其后果，指导学生认识新冠疫情危机给人性和人类社会发展带来的启示。教师还可通过案例分析法、议题辩论法、课堂随机提问法等调动大学生参与新冠疫情的各种讨论，鼓励大学生通过社会调研、社区疫情防控志愿服务及参与讨论疫情应对的制度比较等方法，深刻把握资本主义国家在疫情防控中所凸显的"资本至上"的冷酷现实与中国特色社会主义所坚持的"人民至上""生命至上"的人民情怀，从而强化对两种制度、两种"国之大者"的"国际比较"，强化对中国特色社会主义制度优越性的理论认同和情感共鸣，使学生确立起为中国特色社会主义建设而奋斗奉献的实践自觉。

二、以"两大发现""两个必然"指引学生"正确认识世界和中国发展大势"

马克思"两大发现"——唯物史观和剩余价值学说、马克思主义"两个必然"理论——"资产阶级的灭亡和无产阶级的胜利是同样不可避免的"，两者贯穿于"原理"课教材第4—7章，在马克思主义的人类社会发展学说中具有重大意义。

首先，"原理"课教师要讲清楚"两大发现"的意涵和内在逻辑。"两大发现"分别从一般和特殊的层面揭示了人类社会发展趋势。唯物史观主要揭示了人类社会发展的基本矛盾规律及在此矛盾规律基础上表现出来的人类社会形态演进逻辑，阐明了社会存在决定社会意识等基本原理，论证了人类社会向更高

---

① 习近平.辩证唯物主义是中国共产党人的世界观和方法论[J].求是，2019(1).

阶段社会演化的历史必然性。剩余价值学说是马克思主义经济理论的基石，也是揭示资本主义制度剥削本质的锐利武器。

其次，"原理"课教师要讲清楚"两大发现""两个必然"的发展历程。唯物史观和剩余价值规律的发现，为人们认识不断变化的资本主义状况、思考科学社会主义的科学性和现实性提供了重要依据。在马克思"两大发现"的基础上，恩格斯根据资本主义世界发生的系列新变化和无产阶级革命的客观现实，对资本主义进行了新探索，批判了一些错误思想，形成了许多新认识。恩格斯批判了杜林把价值和价格混为一谈的荒谬观点，重申了马克思的劳动价值论，揭露了杜林对马克思剩余价值学说的歪曲，高度评价了剩余价值学说的重大贡献。他说："这个问题的解决是马克思著作的划时代的功绩。这个问题的解决使明亮的阳光照进了经济学的各个领域，而在这些领域中，从前社会主义者也曾像资产阶级经济学家一样在深沉的黑暗中摸索。科学社会主义就是以这个问题的解决为起点，并以此为中心的。"① 恩格斯还敏锐洞察到资本主义社会的新变化，提出：资本主义经济危机减弱、经济危机的周期延长，资本主义还有很大发展空间，但资本主义崩溃又是不可避免的。恩格斯关于资本主义发展趋势的论述既完善了马克思的资本主义崩溃论，进一步阐释了"两个必然"的长期性，发展了马克思的"两个绝不会"理论，又为我们批判伯恩施坦资本主义适应论提供了有力的思想武器。② 列宁则基于俄国思想史与马克思主义发展史的双重视阈不断推动对资本主义发展的认识。列宁晚年明确提出要正确区分"一般的国家资本主义"和"特别的国家资本主义"，以端正对国家资本主义这一概念的态度。他还通过对资本主义社会的深入考察，批判了伯恩施坦的资本主义"适应论"，概括了帝国主义的实质特征，那就是垄断的形成。金融资本占据突出地位，并且具有腐朽性、垂死性以及迅速发展并存的特征。③

再次，"原理"课教师要讲清楚资本主义发展到当代为什么"垂而不死"。资本主义为什么"垂而不死"，从根本上来说是由于资本主义生产方式和资本

---

① 马克思恩格斯选集(第三卷)[M].北京:人民出版社,2012:584.
② 贾淑品.变化中的坚守:恩格斯晚年关于资本主义发展趋势理论的思考[J].当代世界与社会主义,2019(3).
③ 贾淑品.批判与发展:列宁关于资本主义未来发展的深入思考[J].理论与评论,2020(1).

主义剥削制度所决定的。教师要引导学生从剩余价值生产过程了解资本主义剥削的秘密；从资本主义发展历史进程了解资本家谋取剩余价值的动机和残酷行径，看清楚资本主义为什么极力维护资本主义制度的存在；从资本主义和社会主义政治制度和意识形态差异的比较中看清楚资本主义制度的自私自利、顽固和僵化；从"两个绝不会"理论中感悟日益腐朽的资本主义为何"垂而不死"。由此，坚定大学生批判资本主义世界体系弊病的立场和信心，引导大学生思考如何研判资本主义社会发展趋势、如何更好地维护社会主义制度及如何充分发挥中国特色社会主义制度的优越性等问题。

最后，"原理"课教师要引导学生了解当代资本主义世界突出问题，深刻把握"两大发现""两个必然"在回答时代变迁问题中的现实解释力。教师要引导学生积极关注资本主义发展最新动态，观察资本主义民主政治、经济发展、文明交往、生态环境等方面的突出问题。2008年金融危机以来，资本主义世界走向衰落的趋势日趋明显，尤其是2020年前后，世界正面临百年未有之大变局，资本主义制度在逆全球化、民粹主义、单边主义和保护主义等思潮的助推下日益暴露出其内在弊端。正如法国哲学家德里达在《马克思的幽灵》中所指出的：马克思在《资本论》中所揭示的资本主义国家各种危机，今天一个都没有解决，反而更加恶化。通过讲授，引导学生明确"两大发现""两个必然"在时代变迁中没有过时，依然具有科学性和强烈的现实解释力。

教师通过对第3章"人类社会及其发展规律"及贯穿于第4—7章的"两大发现""两个必然"理论的深入讲解，引导学生"正确认识世界和中国发展大势"，包括：正确认识人类社会发展规律和资本主义发展趋势、自觉抵制"社会主义过时论"和"共产主义渺茫论"、正确认识构建人类命运共同体对于中国特色社会主义建设和国际社会主义运动的重大意义、在国际比较中正确认识中国特色和中国优势并树立起中国特色社会主义必胜的信念、坚定共产主义理想信念。

三、以辩证唯物论指引学生"正确认识中国特色和国际比较"

辩证唯物论是"原理"课教材第1章的主要内容，这部分内容在教材中具有基础地位。教师首先要指导学生从理论上厘清唯物主义发展历程。从唯物主义发展史来看，辩证唯物论是建立在对古代朴素的唯物主义物质观、近代形而上学的唯物主义物质观和费尔巴哈哲学的"基本内核"进行批判性继承和创造性发展的基础上的。辩证唯物论不仅摒弃了古代朴素唯物主义物质观对物质理解的具象化和感性特征，即对物质概念理解的直观性和朴素性，而且弥合了近代形而上学唯物主义物质观的机械性和形而上学性的缺憾，同时克服了费尔巴哈唯物论"在自然观上坚持唯物主义、在历史观上滑入唯心主义泥潭"的"半截子唯物主义"的弊端，实现了自然观上的唯物主义与历史观上的唯物主义之自觉契合。马克思和恩格斯又将辩证法引入唯物主义，创立了辩证唯物主义，由此引发了唯物主义的革命性变革。

　　认真学习并把握辩证唯物论，是大学生准确理解马克思主义基本原理，进而学会运用马克思主义的立场、观点和方法"正确认识中国特色和国际比较"的前提。教师在教学过程中要引导学生明确辩证唯物论关于"世界的物质统一性"原理，进而正确认识客观存在的中国特色和国际比较。辩证唯物论最基本的观点就是世界统一于物质。恩格斯在《路德维希·费尔巴哈和德国古典哲学的终结》指出："世界的真正的统一性在于它的物质性，而这种物质性不是由魔术师的三两句话所证明的，而是由哲学和自然科学的长期的和持续的发展所证明的。"世界的物质统一性原理要求学生秉持唯物论立场看待世界的物质本原和客观实在性问题。教师不仅要引导学生准确把握辩证唯物论的相关原理和观点，而且要指引学生运用辩证唯物论的基本观点来正确认识客观存在的世界发展现状，理性看待客观存在的各种国际问题，如全球生态危机、地区冲突、贸易保护主义、传染性疾病扩散等问题，引导学生把握：我们不能从主观意识上来消弭或规避这些客观存在，而是要以实事求是的态度正视客观存在，进而采取积极的方法解决上述问题。同时，要引导大学生学会运用辩证唯物论正确认识客观存在的"中国特色"，如客观存在的中国经济发展现状、中国社会发展现状、中国生态文明发展现状及客观存在的中国特色社会主义建设实践及其伟大成就，使学生深刻理解中国共产党带领中国人民通过艰苦卓绝的努力所取得的这些客观存在的"中国特色"和中国成就是任何人都不能诋毁的，坚决反对任何人以主观唯心主义或"历史虚无主义"的方式歪曲中国特色社会主义发展的客观进程及其客观成就的言行,从而坚定"四个自信",自觉担负起建设中国特色社会主义的伟大历史使命。物质和意识的辩证关系也是辩证唯物论的基本内容。教师要引导学生从理论上深度理解物质和意识的辩证关系,并在此基础上引领学生正确认识中国特色社会主义主流意识形态、中国特色社会主义文化对于推动中国特色社会主义经济建设的现实意义。

四、以群众史观指引学生"正确认识时代责任和历史使命"

唯物史观主要贯穿于"原理"课教材第 3 章,不仅涵盖人类历史发展规律,还涉及如何定位个人、群体和人民群众在社会发展中的历史作用问题。在历史观上,有两种基本观点——唯物史观与唯心史观。英雄史观作为唯心史观的主要内容,否认物质资料生产方式是社会发展的决定力量,抹杀人民群众的历史作用,宣扬少数英雄人物创造历史。群众史观作为唯物史观的主要内容,主张人民群众是历史创造者。唯物史观主张"全部历史本来由个人活动构成,而社会科学的任务在于解释这些活动"。人是现实社会的人,要说明历史创造者问题,必须全面、具体、历史地考察和分析人在社会历史发展中的作用。马克思指出,人既是历史的剧中人,又是历史的剧作者,"人们自己创造自己的历史"①。群众史观从社会历史的整体联系和具体过程中认识和把握历史创造活动,立足于整体性社会历史过程来探究历史创造者问题,认为社会历史并非个体历史的简单堆砌,而是人民群众创造的历史。在群众史观视域下,个人与人民群众有着不同的历史作用:个人特别是杰出人物对社会发展具有重大影响作用,但不起决定作用;人民群众才是历史的真正创造者。

"原理"课教师要向学生厘清两个重要问题。其一,群众史观强调人民群众是历史创造者。教师要注意引导大学生正确界定人民群众的概念。马克思、恩格斯亲身参加革命斗争实践,并在革命实践中,在批判布鲁诺·鲍威尔等黑格尔派英雄史观及其他一切关于人民群众的错误理论的基础上,指出"历史活

---

① 马克思恩格斯选集(第四卷)[M].北京:人民出版社,2012:649.

动是群众的活动,随着历史活动的深入,必将是群众队伍的扩大"①,"如果绝对的批判因此而谴责某个对象是'肤浅的',那么这个对象就是迄今为止的全部历史,因为历史的活动和思想就是'群众'的思想和活动"②。基于马克思主义经典作家的人民群众概念,马克思主义后继者不断对人民群众的外延和作用作出丰富和发展。教师需要根据经典作家的论述,阐明人民群众的概念是量和质的有机统一:从质上看,人民群众是指一切对社会历史发展起推动作用的人;从量上看,人民群众是指社会人口中的绝大多数。引导学生把握人民群众是社会物质财富和社会精神财富的创造者,是社会变革的决定力量。其二,群众史观也承认个人在历史上的作用。教师要注意以现实生活中一些过度夸大英雄人物作用的做法为课堂辩论素材,引导大学生思考如何在历史大潮中科学定位个人角色,正确处理个人与社会发展的关系。

  通过教学,教师一方面要指引学生正确认识人民群众的历史创造作用,思考中国共产党人是如何把"坚信人民群众自己解放自己、全心全意为人民服务、一切向人民群众负责、虚心向群众学习"的观点与"一切都为了群众,一切依靠群众,从群众中来,到群众中去"的无产阶级群众路线结合起来推动群众路线的时代化、大众化,为新时代"以人民为中心"的当代群众观打下坚实基础,进而引导学生以群众史观为指导正确处理个人与人民群众的关系,自觉践行顺应历史发展趋势和人民群众意愿的行为,坚决杜绝违背群众利益的行为;另一方面要指引学生正确认识个人在历史上的作用,准确把握个人和社会的关系,进而引导学生"正确认识时代责任和历史使命",自觉将个人的学习、生活和职业规划融入为人民服务、为祖国奉献的实践活动中去。在这里,教师还可以以抗疫斗争为例,向学生讲述新时代青年在抗疫斗争中的积极勇为与责任担当,增强学生的历史使命感。

---

① 马克思恩格斯文集(第一卷)[M].北京:人民出版社,2009:287.
② 马克思恩格斯文集(第一卷)[M].北京:人民出版社,2009:286.

五、以马克思主义实践观指引学生"正确认识远大抱负和脚踏实地"

马克思主义实践观特别强调实践对于改造世界的重大意义。马克思在《关于费尔巴哈的提纲》中从实践出发揭示社会的本质,指出"哲学家们只是用不同的方式解释世界,问题在于改变世界","全部社会生活在本质上是实践的"①,阐明了社会与自然的本质区别。实践在理想通往现实、应然通往实然的过程中发挥着无可替代的作用。

"原理"课教师在教学中要注意引导大学生思考如何从实践出发理解社会生活的本质。一方面,要引导学生认识到实践是使物质世界分化为自然界与人类社会的历史前提,又是使自然界与人类社会统一起来的现实基础。自然界是人类社会形成的自然基础,人类社会的存在和发展又反过来不断影响并改变着自然界。人类产生以后,自然界在人的实践活动中以新的形式延续自己的存在和发展。劳动是人的存在方式,也是人类社会存在与发展的基础。通过劳动实践,人不再是单纯的自然存在物,更是一种社会存在物。通过劳动实践,人类社会既构成了自然界的有机组成部分,又形成了自身特殊的发展规律。因此,只有通过劳动实践,才能够协调人与自然的关系,实现人与自然的和谐发展。另一方面,要引导学生明晰实践是人类社会的基础,是理解和解释一切社会现象的钥匙。马克思主义确认社会生活在本质上是实践的,也就是把社会生活"当做感性的人的活动,当做实践去理解"②。社会生活是对人们各种社会活动的总称。社会生活的实践性主要体现在:实践是社会关系形成的基础,实践以浓缩的形式包含着全部社会关系,成为社会关系的发源地;实践形成了社会生活的基本领域,即社会的物质生活、政治生活和精神生活领域;实践构成了社会发展的动力,改造社会的实践推动着社会历史的变迁和进步。"原理"课教师通过上述讲解,引导学生深刻把握实践的重要意义,深刻领悟实践是沟通主观与客观的桥梁、应然与实然的枢纽,进而指引学生自觉践行马克思主义实践

---

① 马克思恩格斯选集(第一卷)[M].北京:人民出版社,2012:135.
② 马克思恩格斯选集(第一卷)[M].北京:人民出版社,2012:133.

观，树立起"劳动光荣""实干兴邦"的理念，确立起把建设中国特色社会主义现代化强国、实现中华民族伟大复兴的"中国梦"的远大抱负付诸脚踏实地的实践自觉。

▶第二节
"原理"课程改革提升大学生"四个正确认识"之方法创新

新时代新形势下，大学生面对的社会环境、外部舆论环境和国际背景都在不断发生变化。"原理"课程传统意义上的教学方法正面临日益严峻的挑战。如何促进教学方法的变革，使其更加贴近当代大学生思想动态，是"原理"课教师需要深入思考的重要的理论问题和现实问题。为了提升大学生"四个正确认识"，高校"原理"课程教学改革需要注重教学方法创新，要在汲取教育学一般方法和马克思主义理论教育传统"灌输"方法的基础上，不断探索教学方法改革创新的有效路径。

一、"内容为王"的"原理＋现实＋问题链"教学法

课堂教学是高校思政课教学的主场地，也是"原理"课程教学的主场域。各种调查研究和数据表明，多数大学生学习马克思主义基本原理并提升对马克思主义理论的运用能力，主要是通过"原理"课的理论教学和实践教学来完成的。当前，国内高校思政课堂存在诸多不重视内容而过度重视形式的教学倾向，这是需要加以纠正的。我们要根据思政课各门课程的特色来实现教学内容和教学方法的最优组合，而科学完善的教学内容是提升教学质量的首要前提。高校"原理"课作为学生学习马克思主义理论的基础课程，要更加注重"内容为王"的"原理＋现实＋问题链"教学法，同时适当运用多样化的教学方法，以提升教学效果。

一方面，教师要注重"原理＋现实"的教学方法。第一，要把讲清楚马克思主义基本原理及其立场、观点和方法作为主要目标任务。马克思指出："理

论只要说服人，就能掌握群众；而理论只要彻底，就能说服人。"① 理论的彻底性来源于对自然、社会和人自身本质的揭示和把握。"原理"课教师要注重引导学生从理论逻辑和现实逻辑的交互作用中把握马克思主义基本原理中的物质和意识的辩证关系、联系与发展的观点、对立统一规律、否定之否定规律、质量互变规律、实践与认识的辩证关系、真理与价值的辩证关系、剩余价值规律、社会基本矛盾规律等主要内容。这些基础性原理不仅是"原理"课的主干知识，而且是大学生用以分析当今中国与世界的复杂关系、更好地定位自己的重要方法论基础。第二，要把理论讲授与现实问题紧密结合。如2020年新冠疫情全球大流行，"原理"课教师可以以新冠疫情与经济恢复发展为切入点来启发大学生科学看待人与自然的"和谐共生"关系、认真思考矛盾的对立统一性以及矛盾双方的相互转化关系，引导学生深刻理解人的主观能动性和实践活动对于解决人类社会发展困境的重要性，正确认识英雄人物和广大人民群众在应急处突中的重要作用，理性对比资本主义国家治理体系和社会主义国家治理体系在应对重大危机挑战时的鲜明差异，从而"正确认识国际比较"，深刻感悟中国特色社会主义制度的优越性。

另一方面，教师要善于聚焦主要内容和重点难点开展"问题链"教学。有研究指出，"问题链＋互联网"教学模式是"原理"课教学改革的必然选择。② 还有研究指出，"原理"课"问题式"专题教学是"在深刻把握教学基本矛盾和问题的基础上实现教学理念、内容体系、形式方法、要素载体等一系列根本性变革的新的教学理念和模式。其中，以问题为中心设计教学内容体系是这一教学模式有效发挥作用的关键。其实施要求教师自觉把握专题内容之间的逻辑关联，培育问题意识，加强与学生的'多元对话'和互动交流"③。"原理"课教师在教学过程中要善于根据马克思主义基本原理设计"问题导入—现实追问—原理解读"的"问题链"层层递进，帮助学生理解教学内容。如在唯物辩证

---

① 马克思恩格斯文集（第一卷）[M].北京:人民出版社,2009:11.
② 贾云强,范乃嘉."问题链＋互联网"教学模式在马克思主义基本原理概论课中的运用[J].白城师范学院学报,2019,33(Z2):71-76.
③ 张静.新时代高校思想政治理论课教学改革与创新——以《马克思主义基本原理概论》课"问题式"专题教学为例[J].思想政治课研究,2019(6).

法的教学过程中,教师可聚焦"辩证法",结合"正确认识远大抱负和脚踏实地",设计"实践与认识的关系是什么—大学生在现实生活中如何做到将远大抱负落实于脚踏实地—马克思主义实践观解读"这一问题链,引导学生深刻把握实践与认识的辩证关系及实践对于理想实现的重大作用,激励学生将个人理想和社会理想付诸自觉实践。

二、"多元多样"的分众式教学法

分众式教学是指根据教育对象的差异来确定教学方案的教学方法。"分众"要素在于区分受众,针对不同学生群体采取不同的教学手段,建构起立体化、多层次的教学体系,以求得最大限度关注学生的个体发展。"原理"课堂教学不能硬生生地讲授理论,而应尽可能结合大量的人生、社会和自然案例来讲述原理,让原理在生动的案例中体现出其思想魅力和现实解释力。授课教师需要基于"原理"课教材的重要内容,积极关注世界和中国发展大势,随时将相关案例嵌入课堂导入、课堂提问和课后任务等各环节。同时,教师还需主动关注大学生的思想动向,通过问卷调查或者现场沟通等多样化手段积极与相关领域的学者沟通,研判大学生视野下的社会热点和思想难点,并将其纳入课堂教学过程。

在具体教学中,教师还可尝试课堂主题演讲、课堂辩论赛、课堂才艺表演等多种教学方式,并注重将"原理"课与大学生的专业课程结合起来,实行高校"思政课程"与"课程思政"有机融合。高校也要激励专业课教师认真挖掘专业课程内蕴的思想政治教育资源和马克思主义理论元素,使其融入专业教学。如此,积极从思政课主场域的角度提升大学生学习马克思主义基本原理的积极性和主动性,实现高校"思政课程"与"课程思政"的有效衔接,提升教学效果。例如,合肥工业大学是以理工科为主的大学,"原理"课在组织教学过程中,着力引导物理学专业、计算机专业等理工科的学生思考物质与意识的关系、意识与人工智能的关系及如何在科学研究中坚持真理与价值的辩证统一等问题;注重引导建筑、艺术、广告学专业的学生思考实践与认识的关系对广告设计和广告策划的影响，思考社会存在和社会意识、经济基础和上层建筑的辩证关系对艺术设计的影响；等等。

"原理"课教师还可开辟专题小班辅导，突出"能力提升"导向。受高校师生数量差距较大影响，大班教学是高校思政课堂普遍采纳的教学形式，这有助于扩大同类课程授课的影响面，缓解高校思政课教师数量不足、授课压力大等问题，但也在一定程度上弱化了教学的实际效果。鉴于此，实施小班辅导研讨法是一个不错的选择。所谓小班辅导研讨法，就是使传统课堂上"教师为主体，学生为受众"的格局转变为"学生为主体，教师做专题辅导"的教学方法。这种教学方法旨在充分调动每位同学参与"原理"课学习的积极性。为了达到更好的效果，教师需要做好几个关键环节的准备工作：第一，精选优质选题。合肥工业大学"原理"课教学研究团队每年围绕当年国内重大现实问题，拟定出一定数量的基础性、前沿性的选题，这些选题还兼顾到课堂教学未涉及的某些内容。第二，尽早发布。教师要将拟定好的前沿性课题在每学期期初发布给学生，让学生自行组成团队，对问题开展研讨准备。第三，期中期后开展研讨。教师安排时间，组织学生专门讨论所选课题。第四，公平公正组织小班讨论。设定评委组、记录员、现场点评组，采取避嫌制度和成绩公示制度，让学生在公平公正的氛围中公开参加讨论，公平获得成绩。第五，成果总结。小班研讨结束后，每个学生团队完成一份研讨成果汇报。学生在研讨过程中，把辩论赛、诗歌朗诵、案例分析、小品表演、小型学术研讨会等形式融入其中，有助于调动学生学习"原理"课的积极性和主动性，丰富分众式教学法的形式。

三、"深厚踏实"的经典研读探究法

新时代大学生自我意识凸显、思维活跃、个性鲜明、容易接受新事物，"原理"课教师如果仅仅依靠传统的课堂"理论灌输式"、教师"单向传授式"的教学方法，已难以适应时代需求和大学生需求。"原理"课教师在践行"内容为王"的教学法、分众式教学法、"问题式"教学法和体验式教学法的同时，

还要注重运用经典研读探究法,引导大学生回归马克思主义经典著作的"本真语境",原汁原味地学习马克思主义基本原理,踏踏实实地研读探究马克思主义基本原理的深刻内涵、主要内容、基本立场、基本观点、基本方法及其理论精髓,助力大学生将外在的马克思主义理论内化为理论认同和情感认同,并外化为实践自觉。

"深厚踏实"的经典研读探究法是"原理"课教学的重要环节,也是贯穿"原理"教学全过程的重要方法。教师要根据教材章节安排,拟定一定篇目的马克思主义经典文献供学生课后研读,然后有计划、有组织地引导大学生在课堂讨论、课后研讨等环节阐述对马克思主义经典著作中某个原理、某个观点、某个方法或某段话的理解。以阅读《共产党宣言》为例,教师可将教材中的唯物史观基本原理、剩余价值生产和资本主义发展趋势等重要内容与《共产党宣言》中关于唯物主义的论述、关于资本扩张和演进逻辑、关于马克思恩格斯对各种社会主义的分析批判、关于共产主义理论的发展与人的解放等经典著述相结合进行解读,并鼓励学生对《共产党宣言》中提到的"无产者和共产党人的关系"、"共产党人的最近目的和理论原理"、"共产党人对各种反对党派的态度"及"两个必然"理论等进行讨论,在此基础上引导学生深刻理解马克思主义理论的科学性和整体性,激励大学生在新时代新形势下树立共产主义远大理想和中国特色社会主义共同理想。

马克思主义经典文献是不断丰富和发展的。马克思主义的批判性、继承性、发展性和开放性特征,使其在马克思恩格斯之后的思想发展史上仍在不断汲取同时代人类思想精华而创新发展着。"原理"课教师要与时俱进地将反映马克思主义中国化进程的最新经典文献及时纳入教学过程。在新时代中国,如何把习近平新时代中国特色社会主义思想融入思政课教学过程,是思政课改革创新的重要课题。"原理"课教学也需在这方面作出系列探索和创新。首先,教师要思考和探索习近平新时代中国特色社会主义思想对马克思主义理论的丰富、发展和创新问题,思考和探索习近平总书记对辩证唯物主义和历史唯物主义基本原理的发展和运用问题,为保持马克思主义理论研究的中国化、大众化和时代化提供理论支撑。其次,教师要注重从习近平总书记系列重要讲话中精选授课素材。党的十八大以来，习近平总书记在国内外多种场合阐述了马克思主义的理论魅力，运用马克思主义基本原理分析国内发展形势及国际发展矛盾和出路问题，积累了大量的讲话稿，这些讲话稿被人民出版社、外文出版社等出版成书。这些讲话稿包含着丰富的马克思主义哲学思想、马克思主义政治经济学思想和科学社会主义思想等，蕴含着对人类社会发展趋势的思考。教师要把这些讲话稿的经典篇目如《在党史学习教育动员大会上的讲话》《在全国脱贫攻坚总结表彰大会上的讲话》等推介给学生，引导学生时刻关注中国发展大势，关注马克思主义中国化理论的最新发展动态，这将助力大学生培养时代责任感。最后，教师还要积极引导大学生学会运用马克思主义基本原理分析习近平新时代中国特色社会主义思想的科学性与价值性，深刻理解这一科学理论体系的现实解释力和蓬勃生命力。

此外，人类思想史上的经典文献研读在"原理"课教学中也具有重要意义。马克思主义是个博大精深、源远流长的思想体系，其不仅是对德国古典哲学、英国古典政治经济学和英法空想社会主义作出了深刻的批判性反思和创造性发展，还汲取了人类文明史上的诸多思想精华。所以，教师要合理科学地评估人类思想演进中不同时期对马克思主义的创新和发展产生过比较突出影响的经典著作，并将其推介给学生，引导学生学会客观地、辩证地、全面地理解马克思主义发展史及整个人类思想发展史。

四、"问题导向"的课外体验式教学法

实践教学是高校思政课教学过程之重要环节。马克思主义认识论揭示：认识的基本规律是"感性认识—理性认识—感性认识"的逻辑演进过程，人类的认识是从"感性的具体"向"抽象的具体"的升华。"原理"课教学也要遵循马克思主义认识论所揭示的认识发展规律，将实践引入教学过程，运用"问题导向"的课外体验式教学法，力求在实践教学中将马克思主义基本原理与"四个正确认识"统一起来，引领学生在社会实践中将两者"内化于心"并最终"外化于行"。2015 年，中央宣传部、教育部印发《普通高校思想政治理论课建

设体系创新计划》，其提出的思政课重点建设内容包括"努力强化实践教学，建设与课堂教学相互促进的思想政治理论课第二课堂教学体系"。2015年，《教育部关于印发〈高等学校思想政治理论课建设标准〉（暂行）的通知》中指出："实践教学纳入教学计划，统筹思想政治理论课各门课的实践教学、落实学分（本科2学分，专科1学分）、教学内容、指导教师和专项经费。实践教学覆盖全体学生，建立相对稳定的校外实践教学基地"。"原理"课程的理论性较强，学生难以理解，这使其与高校其他思政课程在实践教学的内容设计和教学方法上呈现出不同特色。在"原理"课教学中，教师要善于以实践教学为补充，运用"问题导向"的课外体验式教学法，增强大学生参与社会、关心社会、融入社会、服务社会的使命担当。在实践教学完成后，聚焦马克思主义基本原理对学生在社会实践中产生的所思所惑进行释疑答惑，加深学生对原理的理解和运用，及时升华学生的理论学习效果。

以合肥工业大学为例，"原理"课教研室在长期探索中，逐步形成了课堂实践和课外实践的二位一体，提炼出了"问题导向"的课外体验式教学法。"原理"课教研室每年都会根据当年国内外重大现实热点问题，拟定出多种大学生课外实践选题。在"原理"课教师的指导下，充分发挥大学生的主观能动性，围绕主题开展形式多样的课堂研讨。在课堂研讨基础上，鼓励大学生根据自己关注的热点问题选择相关的课外实践活动。例如，2020年新冠疫情全球大流行期间，"原理"课围绕新冠疫情主题，拟定出多维度的课外实践选题，涵盖新冠疫情背后人与自然关系，抗击疫情的中国制度优势，资本主义和社会主义两种制度在抗疫中的制度比较、价值观比较和国际比较等。教师鼓励学生选择自己感兴趣的选题，并依据教师提供的问题导向或带着自己的问题意识，积极开展社会调研、访谈、网上辩论、微视频制作、志愿服务等课外体验式活动，进而正确认识社会主义社会与资本主义社会的不同抗疫表现所折射出的制度差异，更加深刻地感悟马克思主义的科学性与价值性，坚定马克思主义信仰。

▶第三节
"原理"课程改革提升大学生"四个正确认识"之路径探赜

新时代国内国际环境的变化,使如何进行"原理"课程改革以提升大学生"四个正确认识"成为教学全过程比较艰巨的任务。这不仅要求"原理"课不断加强自身建设,打造"一体两翼"的"金课"建设,而且要求高校从国家顶层设计的层面出发,从整个教学体系的视角出发,更好发挥"原理"课在引领大学生提升"四个正确认识"过程中的基础性作用。

一、加强"原理"课"金课"建设

2018年8月,教育部发布《关于狠抓新时代全国高等学校本科教育工作会议精神落实的通知》,提出"各高校要全面梳理各门课程的教学内容,淘汰'水课'、打造'金课',合理提升学业挑战度、增加课程难度、拓展课程深度,切实提高课程教学质量"。建设好"原理""金课"的关键是要做好"一体两翼"建设。所谓"一体"是指"原理"课教学的教师群体,而"两翼"则是指充分发挥教学与科研的有机统筹。

(一)提升教师综合素养是关键

提升"原理"课教师的综合素养是加强"金课"建设的关键。2016年,在全国高校思想政治工作会议上,习近平总书记指出:"讲思想政治理论课,要让信仰坚定、学识渊博、理论功底深厚的教师来讲,让学生真心喜爱、终身受益。"在学校思想政治理论课教师座谈会上,习近平总书记指出,思政课教师要做到政治要强,情怀要深,思维要新,视野要广,自律要严,人格要正。[1]这些论述为"原理"课教学过程中教师素养的培养和教师发挥示范作用提供基本遵循。第一,坚定理想信念和政治立场。"原理"课教师只有保持对马克思主义的坚定信仰,认真实践马克思主义,才能在授课中有效引导大学生真学、

---

[1] 习近平.思政课是落实立德树人根本任务的关键课程[J].求是,2020(17).

真懂、真信、真用马克思主义,同时还要保持坚定政治站位,善于辨清大是大非,并且善于引导大学生在大是大非面前做好选择。第二,满怀热情开展教学。"思政课教师要有家国情怀,心里装着国家和民族,在党和人民的伟大实践中关注时代、关注社会、汲取养分、丰富思想。要有传道情怀,对马克思主义理论教育事业投入真情实感,对思政课教育教学有执着追求。要有仁爱情怀,把对家国的爱、对教育的爱、对学生的爱融为一体,心中始终装着学生,让思政课成为一门有温度的课。"① 第三,练就建设性和批判性统一的教学本领。"思政课教师给予学生的不应该只是一些抽象的概念,而应该是观察认识当代世界、当代中国的立场、观点、方法。……在教学中可以讨论问题,更要讲清楚成绩;可以批评不良社会现象,更要引导学生正面思考;可以讲社会主义建设的复杂性和艰巨性,更要引导学生对社会主义前景充满信心。无论怎么讲,最终都要落到引导学生树立正确的理想信念、学会正确的思维方法上来。"② 第四,不断开阔自己的视野。"原理"课教师要注重不断开阔知识视野、国际视野和历史视野。努力做到用各种哲学社会科学和自然科学知识解释、论证和分析马克思主义基本原理,做到对马克思主义基本原理的讲解更加适合教育对象的需求,还要和其他各门思政课一样,不断开阔国际视野,"要善于利用国内外的事实、案例、素材,在比较中回答学生的疑惑,既不封闭保守,也不崇洋媚外,引导学生全面客观认识当代中国、看待外部世界,善于在批判鉴别中明辨是非",更要注意时刻思考将中华文明史,世界社会主义史,中国近代斗争史,中国共产党奋斗史,中华人民共和国发展史和改革开放实践史等素材整合到日常教学中,引导大学生从历史变革中生动具体深入地理解马克思主义基本原理的科学性和生命力。第五,做到知行合一。"原理"课教师一方面要在掌握话语主动权、宣扬正能量的前提下分析学生提出的思想疑惑,"立足于引导学生坚定理想信念,全面客观看问题",另一方面要做到"遵守政治纪律和政治规矩,做到课上课下一致、网上网下一致",真正做到学高为师、身正为范,在实际生活中提高政治站位,践行职业道德,践行社会主义核心价值

---

① 习近平.思政课是落实立德树人根本任务的关键课程[J].求是,2020(17).
② 习近平.思政课是落实立德树人根本任务的关键课程[J].求是,2020(17).

观。第六，不断涵养高尚人格。"原理"课教师要不断"用高尚的人格感染学生、赢得学生"，"要有学识魅力，用真理的力量感召学生，以深厚的理论功底赢得学生"。第七，充分了解学生现实需要，不断从现实需要中寻找激发学生学习马克思主义基本原理的内在动力。"原理"课教师在开展每学期课程授课任务时，既可采取问卷调查、随机访谈、课堂互动、网络调查等方式，定期开展大学生思想动态研判和分析工作，把握他们对国际舆论变化，对现时代国家社会发展以及现实生活的态度，分析产生这些认识的原因，提出相应的解决对策；也可以在授课时随机穿插反映社会热点的社会现象和社会思潮，引导大学生运用已经学习的马克思主义相关基本原理辨析社会思潮，从而在课堂教学场域发挥思政课教学引领大学生思想动态走向的主动性。

（二）加强"原理"课内涵建设是根本

加强"原理"课内涵建设是加强"金课"建设的根本。第一，不断创新课堂教学话语。受马克思主义理论学科建设时间较短，思政课专门人才供给不足，以及思政课教师专业背景多元等现实因素的影响，当前国内许多高校思政课课堂教学话语范式受西方社会科学话语影响比较大。这虽然有助于高校思政课广泛吸纳各门学科资源从事课堂教学，但也在一定程度掣肘了高校思政课教学话语体系的创新。高校思政课教学需要在课堂教学的话语创新上作出努力。对于"原理"课教学来说，要注意围绕如何增强高校课堂教学的黏合力、亲切感和时代性问题不断推动话语变革，努力推动传统的"灌输式"话语向启发互动式话语转换，① 推动西式概念话语主导的课堂向符合中国特色社会主义发展特质的话语转化，推动传统的过时的旧话语向新时代解释、解决中国社会发展问题和揭示中国发展趋势的话语转变，推动"原理"课教学话语向更加符合当今时代大学生群体思想动态的话语方式转变。第一，推动课程教学内容的变革。国内部分高校曾在"原理"课教学过程中过度重视教学方法、教学形式的改革，忽视对教学内容的不断更新和创新。这虽然增强了"原理"课教学的吸引力，但是理论深度的把握和提升仍有所欠缺。为此，"原理"课应在合理使

---

① 刘西山,吴星源.高校思政课课堂话语创新浅探——以《马克思主义基本原理概论》为例[J].教育教学论坛,2020(01).

用教学方法的同时强化教学内容的创新，凸显"内容为王"的教学理念，尤其是要正确"处理好教学体系和教材体系的关系，处理好教学内容和教学对象的关系，处理好教学内容和重大社会现实问题的关系"①，防止教学任务主次不分，教学内容与教学目标发生偏离的现象。此外，"原理"课在教学内容中还应坚持政治性和学理性相统一，坚持价值性和知识性相统一，坚持建设性和批判性相统一，坚持理论性和实践性相统一，坚持统一性和多样性相统一，坚持主导性和主体性相统一，坚持灌输性和启发性相统一，坚持显性教育和隐性教育相统一。

（三）强化教学与科研有机协同是保障

强化"原理"课教学与科研的有机协同是加强"金课"建设的保障。长期以来，不少人认为高校思政课的教学和科研是分开的、割裂的，教师不可能同时做到教学成绩优秀和科研业绩突出。这种观点没有看到思政课的教学内容与它的理论研究之间的内在统一性。高校思政课教学是一种不断通达"学术、体悟、学科"②境界的过程。"原理"课教学是"科研基础上的教学"，而"原理"课的"科研"是"服务教学的科研"。将教学与科研有机统一起来，不仅对提升"原理"课教师的理论魅力、强化教学的理论深度和现实解释力有着重要作用，而且对增强大学生学习马克思主义的积极性和主动性有着示范作用。合肥工业大学马克思主义理论学科在长期发展过程中，逐步形成了马克思主义与生态文明、科技发展有机结合的，教学和科研二位一体的特色，教师在教学中形成了比较有特色的科研方向。例如，作为新发展理念之一的绿色发展理念，是中国共产党执政规律和社会主义发展规律的重要成果。教师不仅可以将其作为研究课题，而且要在教学中运用唯物辩证法来分析人与自然之间的紧密联系，并在此基础上引导学生把握资本主义生态危机及其全球生态问题，预判世界生态发展趋势。同时，要揭示社会主义生态文明和新发展理念的科学性。通过这种常态化和多维度的授课和分析，使"绿水青山就是金山银山""人与自然是生命共同体"的绿色发展理念深入学生心中，增强了学生保护自然、爱护自

---

① 杜新和.马克思主义基本原理概论课教学内容改革研究[J].高教学刊,2019(23).
② 张雷声.思想政治理论课教学的境界[M].北京:中国人民大学出版社,2018:2.

然、推动人与自然和谐共生的历史使命感。

二、推动"原理"课程体系立体式改革

我们要着手构建"'思政课程＋课程思政'＋育人环境＋实践教学"的教学体系，推动马克思主义基本原理和"四个正确认识"有机融入高校的所有课程、育人环境及理论教学和实践教学的全过程，推动高校"原理"课程体系立体式改革向纵深发展。

（一）构建"思政课程＋课程思政"体系

我们要致力构建"思政课程＋课程思政"体系，推进"原理"课等思政课程与课程思政同向同行。"原理"课的基础性和导向性功能使其在高校思政课程和课程思政协同中扮演特殊作用。高校各门课程在建设中要有意识地纳入高校思政课体系，尤其是纳入马克思主义的立场、观点和方法之中，融入"四个正确认识"教育之中。例如，传统文化与马克思主义"朴素的唯物论"和"辩证唯物主义"、"阴阳观"与"对立统一学说"、"知行观"与"马克思主义认识论"、"民本思想"与"群众史观"以及"大同世界"与"共产主义理想"等在诸多内容上存在着契合与相通之处。这就为历史、文学、中国哲学等相关课程与"原理"课程的融合提供了契合点。再如，人工智能与马克思主义的关系，科技创新与真理价值的关系，对增强马克思主义基本原理的现实解释力有着重要作用，我们要深入挖掘理工类课程所蕴含的马克思主义理论资源。

"原理"课教学要结合高校办学特色和大学生的学科专业特征开展教学。2020年5月，教育部印发《高等学校课程思政建设指导纲要》，对文学、历史学、哲学类，经济学、管理学、法学类，教育学类，理学、工学类，农学类，医学类，艺术类课程以及高职院校如何做好思政教育做了具体谋划。例如，理学类专业课程，要注重科学思维方法的训练和科学伦理的教育，培养学生探索未知、追求真理、勇攀科学高峰的责任感和使命感。工学类专业课程，要注重强化学生工程伦理教育，培养学生精益求精的大国工匠精神，激发学生科技报国的家国情怀和使命担当。以此达到寓价值观引导于知识传授和能力培养之

中。当前，历史学、文学、管理学、理学和工学等各类专业课、通识课或选修课，都要深入梳理教学内容，结合不同课程的特点、思维方法和价值理念，深入挖掘其中的思政元素，把对马克思主义的立场、观点和方法的教学与科学精神的培养结合起来，达到润物无声的育人效果，使思政课程与课程思政同向同行、共同发力，旨在提升大学生正确认识、分析和解决实际问题的能力。

（二）营造助力"原理"课教学的良好育人环境

高校要加强马克思主义理论学科整体性建设，多维度地加大对马克思主义理论学科和"原理"课程的建设力度和支持力度。包括：从顶层设计上优化"原理"课程与其他思政课程和专业课程之间的协同关系；打造优质的校园文化环境，以文育人、以文化人；创立马克思主义理论学习社团，为大学生在课堂之外学习马克思主义提供多样化平台；开展与"原理"课程相关的知识竞答比赛、主题研讨、主题演讲、课堂教学成果展示、实践教学成果展示、情景剧演出、学生主题社会实践等各项活动；将名师讲堂、学生典型、优秀学生作品等融入校园环境；等等。力求为"原理"课教学营造良好育人环境。

（三）形成实践教学与课堂教学协同效应

2020年12月，中共中央宣传部、教育部印发《新时代学校思想政治理论课改革创新实施方案》，明确指出"各高校要规范实践教学，把思想政治教育有机融入社会实践、志愿服务、实习实训等活动中，切实提高实践教学实效"。高校思政课要在大学生的"四个正确认识"中发挥重要引领，既需要做到高校课程体系中课程思政的同向同行，形成协同效应，也需要创新实践教学方法，通过形式多样的实践教学，拓展课堂教学的"时空"，强化课堂教学在课外的影响力和辐射面，着力使实践教学与课堂教学形成有机协同，以满足学生成长的需要，培养德才兼备、全面发展的大学生。

三、认真贯彻落实思政课建设国家顶层设计

近年来，党和国家高度重视高校思政课建设的顶层设计，为全国思政课改革创新指明了方向，也为"原理"课程教学改革创新提供了重要历史契机。思

政课建设的国家顶层设计是"原理"课和思政课改革创新的根本理论遵循。

2019年8月，中共中央办公厅、国务院办公厅印发《关于深化新时代学校思想政治理论课改革创新的若干意见》，对深化新时代学校思想政治理论课改革创新的重要意义和总体要求、完善思政课程教材体系、思政课教师队伍建设、思政课内涵建设、思政课建设的组织机制等问题做了总体谋划。为深入贯彻中共中央办公厅、国务院办公厅《关于深化新时代学校思想政治理论课改革创新的若干意见》精神，2020年12月，中共中央宣传部、教育部印发《新时代学校思想政治理论课改革创新实施方案》，指出了应如何充分发挥思想政治理论课在立德树人中的关键课程作用，循序渐进、螺旋上升地开设好大中小学思政课，强调要"按照循序渐进、螺旋上升的原则，立足于思政课的政治性属性，对大中小学思政课程目标进行一体化设计，以了解学习、理解把握习近平新时代中国特色社会主义思想为课程主线，在政治认同、家国情怀、道德修养、法治意识、文化修养等方面提出明确要求，引导学生坚定'四个自信'，做德智体美劳全面发展的社会主义建设者和接班人"，并为如何做好大中小学思政课一体化建设提供了具体思路。这从课程目标体系建设、课程体系建设、课程内容建设等方面为拓展和强化"原理"课教学、引导大学生提升"四个正确认识"提供了具体思路。

首先，从课程目标体系看，大中小学学生在培养目标上各有侧重点。小学阶段重在培养学生的道德情感，初中阶段重在打牢学生的思想基础，高中阶段重在提升学生的政治素养，大学阶段重在增强学生的使命担当。"原理"课程教学目标应以此为理论指导，帮助大学生系统掌握马克思主义基本原理和马克思主义中国化理论成果，引导大学生了解党史、新中国史、改革开放史、社会主义发展史、中华民族发展史，认识世情、国情、党情，使大学生深刻感悟中国特色社会主义制度的优越性，培养运用马克思主义的立场、观点、方法分析和解决实际问题的能力，确立起为实现中华民族伟大复兴和社会主义现代化强国而学习奋斗的使命担当。

其次，从课程体系建设看，构建大中小学一体化思政课程体系。各类学校要"根据学生成长规律，结合不同年龄段学生的认知特点，构建大中小学一体化思政课程体系。在小学及初中阶段'道德与法治'、高中阶段'思想政治'、大学阶段'思想政治理论课'中落实课程目标要求,重点推进习近平新时代中国特色社会主义思想融入课程,实现整体设计、循序渐进、逐步深化,切实提高课程设置的针对性实效性"。当前,就高校思政课程体系建设而言,我们要力求使五门思政课程有机融合、优势互补,形成一种立体化、系统化的思政课程体系,使其在"四个正确认识"教学中多维度发力,形成协同效应和教育合力。

最后,从课程内容看,各学段有其共性目标,高校"原理"课则要引导学生树立共产主义远大理想和中国特色社会主义共同理想。《新时代学校思想政治理论课改革创新实施方案》要求"在各学段现有课程内容基础上,重点强化习近平新时代中国特色社会主义思想进课程进教材,培育和践行社会主义核心价值观,推进法治教育、劳动教育、总体国家安全观教育、公共卫生安全教育等方面内容的全面融入"。"原理"课主要讲授"反映马克思主义世界观和方法论的最基本的原理,帮助学生深刻领会、准确把握马克思主义的根本性质和整体特征,学习掌握贯穿其中的马克思主义立场观点方法,提升运用马克思主义基本原理分析世界的能力,增强对人类社会发展规律、特别是中国特色社会主义发展规律的认识和把握,树立共产主义远大理想和中国特色社会主义共同理想"。我们在"原理"课教学中要以思政课建设国家顶层设计为指导思想,引导大学生正确认识人类历史发展规律和中国特色社会主义发展规律,深刻感悟"马克思主义为什么行、中国特色社会主义为什么好、中国共产党为什么能";引导大学生运用马克思主义基本观点深入分析国际经济、政治、文化、生态等热点问题,提升其分析全球治理问题、当代科学技术前沿问题、当代重大社会思潮和理论热点问题的能力,增强其正确分析、研判当代世界重大问题的能力;引导大学生自觉培养并践行社会主义核心价值观,树立法治意识、劳动意识和国家安全意识;引导大学生以马克思主义实践观为指导,自觉将远大抱负付诸脚踏实地。

第四章

"毛泽东思想和中国特色社会主义理论体系概论"课程改革提升大学生"四个正确认识"之内在逻辑

2016年12月,全国高校思想政治工作会议召开,习近平总书记在会上指出,要做好高校思想政治工作,必须教育引导学生正确认识世界和中国发展大势,正确认识中国特色和国际比较,正确认识时代责任和历史使命,正确认识远大抱负和脚踏实地。① "四个正确认识"成为新时代高校思想政治工作的新目标和新要求。"四个正确认识"内涵丰富,层层递进,环环相扣,形成了严密的逻辑体系,其从多个维度提出对新时代大学生的新要求,不仅涉及国际与国内,而且涉及历史与现实、个人与国家,并最终落脚于理想与实践。"四个正确认识"既有理论上的重要指导意义,更为高校思政课改革创新提供了新目标和新思路。

高校思政课程包含"思想道德与法治"、"马克思主义基本原理"、"中国近现代史纲要"、"毛泽东思想和中国特色社会主义理论体系概论"和"形势与政策"五门课程。"四个正确认识"对于任何一门必修课和选修课具有同等的指导意义,是思想政治理论课程改革的重要逻辑线索。但是,具体到每一门思想政治理论课程,在共性问题的基础上,我们又不能忽视课程的个性化部分。每一门思想政治理论课程,从教材内容到讲课方法再到实践环节,都存在各自的特殊性和重难点。所以在根据"四个正确认识"的目标进行课程改革的过程中,绝对不能忽视课程自身的个性和特点。

"毛泽东思想和中国特色社会主义理论体系概论"(以下简称"概论")课程的开设"是为了使大学生对马克思主义中国化进程中形成的理论成果有更加准确的把握;对中国共产党领导人民进行的革命、建设、改革的历史进程、历

---

① 把思想政治工作贯穿教育教学全过程 开创我国高等教育事业发展新局面[N].人民日报,2016-12-09(01).

史变革、历史成就有更加深刻的认识;对中国共产党在新时代坚持的基本理论、基本路线、基本方略有更加透彻的理解;对运用马克思主义立场、观点、方法认识问题、分析问题和解决问题能力的提升有更加切实的帮助"①。因此,"概论"课程的重点和特点,既不同于"原理"课程强调对于马克思主义基本原理的认识和运用,也不同于"纲要"课程对于历史进程的详细解读,而是更加注重马克思主义中国化的理论解析,更加注重运用马克思主义中国化的理论成果指导新时代的社会实践,建设社会主义现代化强国。基于此,"概论"课程对于指导大学生树立理想信念、正确认识中国梦及引导大学生勇敢承担时代重任,具有更加突出的针对性和实效性。

▶第一节
"概论"课程模块化教学改革提升大学生"四个正确认识"之主要形式

合肥工业大学"概论"课程模块化教学改革以提升大学生"四个正确认识"为根本目标,立足思政课的总体政策性、政治性原则,立足合肥工业大学自身的办学特色和地域特色,立足当代大学生的自身特点,创建课堂教学、课外教学、实践教学三个教学模块,以期推动课程内涵建设,提升教学效果,真正发挥"概论"课程服务国家、服务社会、服务学生的重要作用。

在模块化教学改革中,课堂教学模块通过教师有计划地向学生传授理论知识,调动学生的理论思维能力,夯实学生的理论基础,有助于奠定大学生"四个正确认识"之理论基石。在课堂教学模块之外设立课外教学模块,作为对课堂教学模块的延伸。课外教学模块充分发挥学生的主观能动性,教师居于辅导和指导的地位,学生居于教学主体地位。通过学生小班讨论、小组研究、演讲比赛、小组辩论、读书报告、学术研讨等方式,充分调动学生的积极性、主体性和创新性。课外教学模块帮助学生将课堂教学的理论知识转化为自身的情感

---

① 毛泽东思想和中国特色社会主义理论体系概论[M].北京:高等教育出版社,2018:4.

觉悟和思想道德素养，将理论知识内化为自身的能力，以强化大学生"四个正确认识"之切身感知。在课堂教学模块与课外教学模块之外，单独设立实践教学模块，以期完成学生将理论知识内化于心后又外化于行的过程，达到"概论"课程模块化教学最终的目标。实践教学模块既要利用校内资源也要利用社会资源，力求将教学从校园扩展至社会，实现课内与课外、理论与实践、教师与学生的多元联动，最大程度地提升学生的综合能力，促进学生积极提升并践行"四个正确认识"。

一、课堂教学模块奠定学生"四个正确认识"之理论基石

高校是各类思潮、思想交流、交融和交锋的前沿阵地，思政课又是高校思想政治教育的主阵地。因此，能否占领高校思政课堂，对于思想政治教育工作至关重要。课堂教学模块在整个思政课教学过程中居于主导地位，发挥主要作用，也是推进"四个正确认识"教育的主渠道。

在课堂教学模块中，教学过程不是教师对学生进行理论灌输的单向传授过程，而是教师在提升自我理论储备和综合素养的基础上，有计划、有目的的与学生进行思想交流的双向互动过程。课堂教学模块既包含了教师对于教材理论知识的讲授，也包含了教师对于教学方式、方法的设计，更包含了师生互动环节。当然，教师对于理论知识的讲授在课堂教学中依然处于主导地位，因此，如何选取、阐释并升华理论知识，在课堂教学模块中成为重中之重。教学方式、方法的选取和师生互动，主要服务于理论讲授，这三个部分要做到相辅相成、相得益彰。

"概论"课堂教学模块以马克思主义为根本指导，以马克思主义理论和习近平新时代中国特色社会主义思想为理论基础，旨在帮助大学生提高理论素养和政治觉悟。以马克思主义为根本指导，既是由马克思主义理论自身的优越性决定，更是人民的选择、历史的选择。"思想文化阵地，马克思主义、无产阶级的思想不去占领，各种非马克思主义、非无产阶级的思想甚至反马克思主义

的思想就会去占领。"① 因此，作为社会主义大学的思政课程，"概论"课程首要的和根本的原则就是坚持马克思主义指导地位。教师在教学内容选取中不能违背和偏离马克思主义基本原理，在教学方法运用中不能脱离马克思主义的方法指导，在师生互动过程中必须坚持马克思主义的立场、观点和方法。

"概论"课程内容丰富，无论是教材部分还是联系现实的部分，都蕴含着丰富的思想内容，既突显了课程的思想性，也为教学增加了难度。在如此庞大的理论内容框架下，重难点的选择和主要观点的阐释，需要教师认真论证并不断研磨。教学内容的选择既要突出理论性，又要彰显时代性。在国际国内形势不断发展变化的大背景下，"概论"课程的理论教学需要随着时势发展不断调整。当前，中国特色社会主义进入新时代的历史方位，使得教学重点需要突出习近平新时代中国特色社会主义思想。习近平新时代中国特色社会主义思想作为马克思主义中国化的最新成果，要成为"概论"课堂教学的重要内容和价值旨归。

"四个正确认识"作为习近平新时代中国特色社会主义思想的重要内容，既是"概论"课堂教学的理论内容，又是课堂教学的目标要求。因此，在课堂教学模块中，教师必须精准阐释"四个正确认识"的深刻内涵和现实意义，引导学生正确领悟并自觉提升"四个正确认识"。同时，教师要遵循时代性原则，结合新时代思政课程的新情况和新发展，引导学生把握"四个正确认识"的具体要求和发展趋势，完成课堂教学模块"目标—路径—效果"的完整闭环，使学生在课堂学习中从理论学习发展到理论感悟，继而进入知行合一的境界。"概论"课堂讲授需注重对世界和中国发展大势的理论分析，注重对中国特色和国际比较的阐释，注重对时代责任和历史使命的强调，注重对远大抱负和脚踏实地的论证，既要帮助学生形成全球视角和民族情怀，又要激发学生的远大梦想，更要开启学生的逐梦之旅。既要从全球视野和社会历史视域讲清楚国际国内局势，又要从人民视角和国家维度阐释大学生应当肩负的时代责任和历史使命，更要从人生价值和知行合一的角度论证个人梦和中国梦之辩证统一。

课堂教学模块不仅包含教师传授理论知识，也包含教师对学生答疑解惑、

---

① 江泽民文选(第三卷)[M].北京:人民出版社,2006:97.

引导学生树立正确的世界观、人生观和价值观。具体而言，教师在理论讲授中要注重理论阐释的感召力、说服力和吸引力，讲授内容要深入浅出，贴近学生生活实际和思想实际，并运用问题导入法、典型案例法、交流讨论法等帮助学生理解深奥理论；要突出马克思主义中国化发展进程，阐明马克思主义中国化理论既是全党智慧的结晶，也是中国人民集体智慧的结晶；要让学生了解新中国诞生、改革开放和新时代的伟大成就是党带领人民通过上下求索、不懈奋斗而取得的；要引导学生明确中国共产党领导是中国特色社会主义制度最大的优势，坚定中国特色社会主义必胜的信念。概述之，教师要通过课堂教学模块奠定大学生"四个正确认识"之理论基石。

二、课外教学模块强化学生"四个正确认识"之切身感知

课外教学模块是课堂教学模块的重要补充，专指在学校范围内、课堂教学外，以学生为教学主体的教学模块。如果说课堂教学模块以教师为主导，那么课外教学模块是以学生为主体，教师则起着指导作用。不同于课堂教学必须按照固定的时间和地点开展，课外教学形式多样，也没有固定的教材和教案指导，用生动活泼的方式和丰富多彩的形式开展思想政治教育，能够给予学生充分的学习主动权，发挥学生的主观能动性。课外教学源于课堂教学，又不局限于课堂教学，其更加符合素质教育的要求，能够最大限度利用学校资源、丰富教学形式。当前，合肥工业大学"概论"课程的课外教学模块已日趋成熟，课外教学形式多样，通过小班讨论、研究小组、演讲比赛、小组辩论、读书报告和学术研讨等方式，充分发挥学生自身的积极性、主体性和创新性。课外教学模块能促使学生将课堂教学的理论知识内化为自身的思想觉悟和道德素养，助力大学生提升"四个正确认识"之切身感知。

课外教学模块通过学生自己主导学习过程、主动获取理论知识、以多种形式开展学生间的知识交流和思想碰撞等方式，帮助大学生对社会主义核心价值观和中国特色社会主义主流意识形态等形成理论认同和情感共鸣。课外教学较之枯燥单一的课堂教学而言，更能激发学生的学习兴趣和创造力，达到知行合

一的教学目的。新时代大学生接受新思想新事物的能力较强，但也存在比较自我、团队合作意识较弱的问题，课外教学模块注重培养学生的团队合作意识，有助于增强学生间的思想碰撞，助力学生凝聚共识。良好的学习氛围是"概论"课程实现教育目的的重要保障，而学习氛围的营造不能通过硬性要求或者制度规范来实现，其需要学生的自愿认同并在潜移默化中形成。课外教学模块的创建有利于营造良好的学习氛围。

课外教学模块要求"概论"课程教学全过程全方位覆盖全体学生，不同于实践教学的少数人参与，也不同于课堂教学的有限性师生互动。课外教学突出学生个性培养，不同的学生选择不同的形式参与，充分发挥不同专业学生的专业优势，有助于激发每位学生的参与积极性和个性特长。例如，合肥工业大学开展的特色课外教学形式是小班讨论，按照专业自然班为单位，学生自由分组，每组自己选择主题，主题可以是思想政治教育教材的内容，也可以是社会现实的热点问题，由组长代表小组以课堂情景模拟的形式向全体同学进行主题说课，然后全班同学按照组长的说课内容进行讨论和评分。这种小班讨论形式既能培养学生对于教材内容和社会问题的思考和辨析，也能培养学生的团队合作意识和组织协调能力。合肥工业大学还进行了研究小组的教学形式，学生依据兴趣爱好自愿组成研究小组，在校内通过线上线下的方式，开展课题研究，定期撰写研究报告和调研日记。研究小组的研究课题既包括马克思主义基本原理问题，又涵盖中国特色社会主义理论体系相关问题。研究小组这种教学形式既加深了学生对于理论知识的理解和把握，又能引导学生在实际研究中发现问题并解决问题，有利于提升学生的实践创新能力和辩证思维能力。此外，合肥工业大学还激励学生在课堂教学之外自发进行延展学习，将原著选读、知识竞赛、校园辩论赛、主题微电影等活动嵌入课外教学。学生可以根据自身的知识结构和兴趣爱好，用自己设定的方式加深理论研究和思想感悟。这种将课堂教学内容嵌入课外教学的方式，使课外教学与课堂教学有效衔接和融合，以达到从理论学习到实践体验的循序渐进和层层推进的教学效果，深化学生对理论知识的理解和把握。

课外教学模块以思政育人为宗旨，延续课堂教学"时空"，以学生为教学主体，以更广阔的空间为载体，开展系列丰富多彩的课外教学活动，助力学生"正确认识世界和中国发展大势，正确认识中国特色和国际比较，正确认识时代责任和历史使命，正确认识远大抱负和脚踏实地"。通过课外教学模块和课堂教学模块的相辅相成、优势组合，既能强化"概论"课堂与校园的空间互补，线上与线下的平台共享，又能促进学生的"学习"与"研究"之方式协同，"听"与"用"之方法协同、"理论"与"实践"之思想协同，助力学生将理论内化于心并最终外化于行，提升大学生"四个正确认识"之切身感知。

三、实践教学模块推进学生"四个正确认识"之积极践行

新时代高校思政课程面对新形势新挑战，需要探索新的教学模式以将"四个正确认识"更好地融入教学过程，需要更加凸显思政课程的实践性。基于此，合肥工业大学在课堂教学模块与课外教学模块之外，单独设立实践教学模块，突出思政课程的实践性，这也契合"概论"课程模块化教学改革最终的目标。实践教学模块旨在增强大学生的问题意识和解决问题的能力，特别是工科性质的高校，更要注重为社会培养专业性高素质的应用型人才。在课程模块化教学改革中，合肥工业大学单独创建实践教学模块，就是要打破以往重理论轻实践、重说教轻应用的灌输式教学模式，充分利用社会资源，强化实践教学环节，实现课内与课外、理论与实践、教师与学生的多元联动，最大程度地提升学生的实践能力，推进学生"四个正确认识"之积极践行。

实践教学形式多样，拓展了课堂教学和课外教学的"时空"界限，既可在高校范围内，亦可走出校园、走向社会；既可是学生主导的丰富多彩的校内实践活动，也可是教师或学校管理人员组织的形式多样的社会实践活动。实践教学内容广泛，既包括影视鉴赏、专家讲座、实地参观和红色基地考察等认知感受型的实践活动，又包括校园微电影、暑期"三下乡"、社区志愿者服务、社会调研调查和校外生产实习等拓展实操型的实践活动。实践教学模块依托"概论"课程教学目标，将理论与现实紧密结合，引领学生走出校园、走向社会大课堂，脚踏实地开展学习活动，能够充分调动学生的参与积极性，激发学生关

心时事,提升学生分析、解决问题的能力和实践能力,助力学生真正成长为社会需要、国家需要的人才。

合肥工业大学地处安徽省省会合肥市。安徽省拥有数量较多的红色教育基地,合肥市又是科教城市、文明城市,因此,合肥工业大学在开展实践教学的过程中,充分发挥地域优势,突出学校特色,开展了系列有影响力、有创造力、有推广力的实践教学品牌项目,不断推进实践教学模块建设。比如合肥工业大学的品牌实践项目"红色教育基地参观与学习",教师有组织、有计划地分批次组织学生到红色教育基地进行革命文化学习。学生在参观学习后,总结心得,结合教材内容进行学术研讨,以增强学生的民族自尊心和自豪感,强化学生的责任意识和创新能力。又如合肥工业大学的品牌实践项目"体验式实践教学",教师分批次带领学生重走长征路,让学生全方位立体式地体验革命前辈的热血和奉献;带领学生去安徽小岗村,体验改革开放之初的艰难岁月;带领学生去安徽创新馆,感受新时代中国的科技创新实力和大国崛起的自信。通过体验式实践教学,有助于强化学生对红色文化和红色精神的切身感受、情感共鸣和自觉传承。在体验式实践教学结束后,学校还组织学生撰写红色日记、红色论文、红色调研报告,制作红色微电影,并开展评比活动。再如合肥工业大学的品牌实践项目"社区志愿者服务",教师指导学生深入社区乡村,开展公益活动,以便了解社区人民和乡村人民的真实生活,探寻国家发展的伟大成就及其现存问题,激励学生为社区和乡村发展出谋划策,为祖国发展献计献策。在自媒体时代,学生还可通过对互联网的熟练应用,在网络上进行"微宣讲",积极宣传国家大政方针,积极传播社会正能量,积极营造激浊扬清的网舆空间。

实践观是马克思主义的基本观点。列宁曾说过:"学习共产主义只限于领会共产主义著作、书本和小册子里的东西,那我们就很容易造就出一些共产主义的书呆子或吹牛家。"①"概论"课程的落脚点就是引导学生应用理论指导实践。实践教学作为学与用的桥梁、学校与社会的纽带,是开放式教学,其将课堂延伸至校外、覆盖至全社会、辐射至每位学生的日常生活,拓展了"概论"

---

① 列宁选集(第四卷)[M].北京:人民出版社,1995:282.

课教学范围的广度，助力学生真正做到致知与力行、理论与实践的辩证统一，有助于落实思政课程"立德树人"根本任务，有助于激发学生弘扬"四个正确认识"主旋律，推进学生"四个正确认识"之积极践行。

▶第二节
"概论"课程模块化教学改革提升大学生"四个正确认识"之深刻内涵

思政课程是大学生思想政治教育的主渠道和主阵地，"概论"课程作为高校思政课程的重要组成部分，是一门政治性强、目的性强、理论性强的重要课程，要注重引导学生将自我价值和社会价值相结合，将个人梦想与国家梦想相统一，将小我融入大我，为中国特色社会主义建设贡献力量。

"概论"课教学围绕"四个正确认识"积极开展模块化教学改革，旨在培养政治坚定、能担重任、素质全面的新时代大学生。在风云变幻的国际背景下，能否提升新时代大学生"四个正确认识"，是关系到高校思想政治工作改革成败的一个关键问题。具体到"概论"这门课，一是需要引领大学生"正确认识世界和中国发展大势"。教师要引导学生正确把握人类社会发展和中国特色社会主义的历史必然性。二是需要引导大学生"正确认识中国特色和国际比较"。教师要引导学生准确把握中国特色，并在中国和世界的国际比较中树立"四个自信"。三是需要引导大学生"正确认识时代责任和历史使命"。教师要激励学生亲身参与国家建设，用实际行动践行中国梦，为实现中华民族伟大复兴、全面建设社会主义现代化强国而不懈奋斗。四是需要引导大学生"正确认识远大抱负和脚踏实地"。教师要引导学生正确理解个人与国家的关系，认识中国特色社会主义建设的艰巨性，认清个人在社会中的重要作用，激励学生勤奋学习、奋力拼搏，将实现中国特色社会主义共同理想和共产主义远大理想的远大抱负付诸脚踏实地。

一、模块化教学改革助力学生"正确认识世界和中国发展大势"

提升大学生"正确识世界和中国发展大势",是"概论"课程的重要任务。在"概论"课程模块化教学改革中,无论是课堂教学的理论传授,还是课外教学的学生自主学习,或是实践教学中学生的感同身受、勇于践行,都是为了引导学生认清中国和世界发展的规律和趋势;把握中国人民为什么选择了社会主义而不是其他什么主义;感悟中国人民选择中国共产党领导并走上中国特色社会主义道路既是人民的选择也是符合人类社会发展规律的必然选择;明确个人发展定位和社会发展历史方位,坚定并践行共产主义理想信念。

教师通过课堂教学、课外教学和实践教学,要讲清楚马克思主义所揭示的人类社会发展规律,讲清楚五种社会形态的更替具有历史必然性,讲清楚共产主义社会是人类美好的终极社会形态,讲清楚在实现共产主义的历史进程中,道路是曲折的,但前途是光明的,人类社会发展趋势不会改变。通过讲解,引导学生准确把握人类社会发展的规律和趋势,"正确识世界发展大势"。

课堂教学模块对于引导大学生"正确识中国发展大势"具有非常重要的作用。"概论"课程教材将中国共产党领导中国人民进行革命、建设和改革的历史进程分为三个阶段:改革开放前、改革开放后和新时代。教师要通过对三个阶段的课堂讲授,引导学生"正确认识中国发展大势"。第一阶段是改革开放前,主要是以毛泽东同志为主要代表的中国共产党人带领中国人民进行革命和建设的艰难岁月。在这部分内容的课堂教学中,教师要引导学生明确我们为什么走上社会主义道路而不是其他道路;明确以毛泽东同志为主要代表的共产党人带领中国人民建立新中国,走上社会主义道路,符合人类社会发展规律;坚定社会主义必胜、共产主义必然会实现的理想信念。第二个阶段是改革开放后,主要是以邓小平同志为主要代表的共产党人带领中国人民走上改革开放的道路并取得了诸多成就。教师需要讲清楚中国和世界的关系;讲清楚改革开放以来,无论是邓小平理论、"三个代表"重要思想还是科学发展观,都认为中国的发展离不开世界,提出了扩大对外开放、要在经济全球化中发挥中国作用等；讲清楚中国作为世界的一部分，在发展国内经济的同时不能脱离世界经济大环境，要努力成为世界经济链条上的重要一环；讲清楚中国的发展能够为世界贡献力量、提供动力，世界的发展也为中国带来新机遇。第三阶段是中国特色社会主义进入新时代，主要是以习近平同志为主要代表的共产党人带领中国人民不断推进新时代中国特色社会主义建设，并取得了政治、经济、文化、社会和生态领域的诸多伟大成就，包括脱贫攻坚的胜利，全面建成小康社会的实现等。新实践开创新征程，新征程书写新辉煌。教师要讲清楚中国特色社会主义建设的新任务，激发学生自觉参与国家建设；讲清楚无论国际形势如何变化，我们都要始终坚定"四个正确选择"、坚定"四个自信"；讲清楚中国共产党无论经历了多少磨难和艰辛，依然"不忘初心、牢记使命"，始终不忘为什么出发、不忘为了谁出发，始终坚守"人民至上"的人民情怀；讲清楚新发展理念、新发展格局、新发展阶段和高质量发展等问题，从而引导学生深刻感悟中国共产党领导是中国特色社会主义最大的优势，激发"跟着党走、强国有我"的内生动力。

概言之，"概论"课程模块化教学不仅要从理论视角帮助学生认清中国和世界的发展规律，也要从实践角度让学生了解个人在中国发展进程中的作用；不仅要让学生知道中国和世界的昨天，也要让学生了解中国和世界的今天及未来发展趋势；不仅要培养学生的中国情怀，也要培养学生的世界情怀，使学生努力成长为奉献祖国并引领世界潮流的人才。

二、模块化教学改革引导学生"正确认识中国特色和国际比较"

"概论"课教师在教学过程中要引导学生明确"中国特色"是什么、为什么、怎么做。不同于"原理"和"纲要"课程，"概论"课程更加注重对中国特色的阐释，更加强调中国特色和国际比较，这既是课程的重难点，也是课程教学的方向和目标。教师要引导新时代大学生全面把握中国特色社会主义所具有的独特的经济优势、政治优势、文化优势，尤其是制度优势；要让学生在国际比较中更加深刻地领悟中国特色社会主义道路的正确性；要引领学生坚定道路自信、理论自信、制度自信和文化自信，勇于展现当代大学生的责任与担当。

首先，"概论"课程课堂教学要向学生讲清楚：我们为何要"正确认识中国特色和国际比较"。教师要通过课堂教学让学生明确，只有"正确认识中国特色和国际比较"，我们才能立足于正确的政治立场，了解我们选择中国特色社会主义道路、理论、制度和文化的正确性，才能在国际比较中形成中国自信，打破西方中心主义，不被短时间内西强东弱的局势所迷惑。国际比较有纵向的有横向的，纵向比较主要在"纲要"课程中呈现，"概论"课程更多的是从横向比较。尤其是课堂教学过程中，我们知道马克思主义与中国具体实际相结合出现了两次飞跃，形成了毛泽东思想和中国特色社会主义理论体系。在两大理论成果指导下，中国无论是经济还是政治、文化、生态都取得强势发展，我国一跃成为世界第二大经济体，成为带动世界经济发展的重要推动力。尤其是在全球性新冠疫情笼罩的国际形势下，中国成为首个经济正增长的主要经济体。横向的比较，让我们更加坚信中国特色社会主义道路的优势，更加坚定我们的中国道路和中国方向。

其次，"概论"课程课外教学要引导学生明确：我们如何"正确认识中国特色与国际比较"。中国作为世界大家庭的一员，既有世界各国发展的共性问题，又有自身发展的个性问题。因此，在正确认识中国特色和国际比较的过程中，必须明确中国与世界发展的同中有异、异中趋同。改革开放40多年，中国的巨大发展离不开国际局势的稳定助力。尽管部分西方国家实行霸权主义和单边主义，处处以中国为竞争对手，限制中国的发展。但是国际局势整体稳定和谐，经济全球化是大势所趋。因此，中国提出建立人类命运共同体的主张，得到多数国家的支持和认同。学生在课外教学过程中，需要明确国际比较要具体问题具体分析，要强调"与谁比"和"怎么比"的问题，既要看到当前中国发展的不平衡和不充分，在比较中找差距寻求进一步的发展，也要看到我们的优势和强项，在比较中突出我们的中国特色，坚定不移地走中国发展成长的特色之路。

最后，"概论"课程实践教学要激发学生以实际行动践行"正确认识中国特色与国际比较"。教师要激发学生在实践教学环节用实际行动努力讲好中国故事,传播好中国声音。在实践教学过程中,要通过红色教学基地的参观和考察,让学生体会中国特色,坚定中国特色社会主义道路的决心和信心。在社区服务、微电影等教学环节中,通过微电影、视频、图片、文字等形式展示中国的发展,弘扬中国特色。在辩论赛、学术研讨等环节,要让学生充分对比中国与世界的发展,尤其是对比中国和西方主要资本国家的发展,用数据说话,用案例论证。让学生切实感悟到中国特色社会主义道路、理论、制度、文化不断发展,拓展了发展中国家走向现代化的途径,给世界上那些既希望加快发展又希望保持自身独立性的国家和民族提供了全新选择,为解决人类问题贡献了中国智慧和中国方案。

通过"概论"课程的模块化教学改革,不但助力大学生"正确认识中国特色和国际比较"。通过正确认识中国特色,引导学生面对复杂因素变动的时候,能够冷静分析内外部矛盾,抓住关键,坚定自信。通过正确认识国际比较,既要有横向比较又要有纵向比较,在比较中高举中国特色社会主义伟大旗帜,激励中国人民焕发新的力量,化解新的危机,在中国共产党领导下坚持自己的道路毫不动摇,对中国特色社会主义的发展充满信心。

三、模块化教学改革激励学生"正确认识时代责任和历史使命"

"青年兴则国家兴,青年强则国家强,青年一代有理想、有本领、有担当,国家就有前途,民族就有希望。"[①] 责任和担当是一个人的积极的人生态度,也是重要的人生价值取向,是检验一个人的道德素质和精神修养的重要标尺。同时,一个国家的青年人是否有责任和担当精神,也是检验这个国家是否有发展潜力和希望的重要指标。因此,"概论"课程模块化教学改革旨在推动大学生"正确认识时代责任和历史使命",培养大学生的责任意识和担当精神,让中国青年一代真正承担自己的责任和使命,推动国家和民族的发展,为实现中华民

---

① 习近平.决胜全面建成小康社会 夺取新时代中国特色社会主义伟大胜利——在中国共产党第十九次全国代表大会上的报告[M].北京:人民出版社,2017:70.

族伟大复兴中国梦贡献力量。

　　首先,"概论"课程课堂教学让学生认识自己的时代责任和历史使命是什么。通过课堂教学,尤其是对教材内容的传授,学生应该在教材中明确知道,作为新时代的大学生,必须做到继往开来。每一代青年人都有自己的历史使命,前辈们已经实现了中国站起来和富起来的重要发展,那么当代青年就应该接过历史的接力棒,努力为了实现国家的强起来而奋斗。新时代处于"两个一百年"的重要时间节点,实现百年梦想不仅仅是青年一代的使命,更是青年一代的责任。当代大学生通过"概论"课程的课堂学习,必须明确到2035年中国要基本实现社会主义现代化,要为建成社会主义现代化强国打好基础,到2050年我们要建成社会主义现代化强国,要跻身世界前列,引领时代发展。因此,大学生应该明确自己在这一发展进程中的历史使命和时代责任,明确自己身上的重担,自觉用课堂教学中学到的新思想武装头脑,锤炼意志,勇于担当。

　　其次,"概论"课程课外教学让学生明确自己为什么要肩负时代责任和历史使命。马克思曾指出:"人的本质并不是单个人所固有的抽象物,在其现实性上,它是一切社会关系的总和。"① 既然人是社会关系的总和,那么人的发展必然离不开社会的发展,人的发展程度与社会的发展程度有密切关系,甚至可以说是同频共振的关系。大学生作为青年群体,处于人生发展的最关键阶段,能否在这一阶段提升自己,决定着一个人的发展高度和广度。大学阶段无论是对未来的择业就业,还是对未来的婚姻家庭,抑或是为国家为民族发挥作用的多少,都起着至关重要的作用,起着扣好第一粒纽扣的作用,起着走好人生第一步的重要作用。人的价值与社会价值密切相关,因此,勇于承担时代责任和历史使命,对于实现个人价值亦有重要作用。"概论"课程的课外教学模块,就是要让学生在理论学习的基础上,进行自我探索,切身感知自己的人生价值,明晰自己的历史使命。通过自我价值的探索,自觉抵制不良风气的侵蚀,努力形成正确的世界观、人生观和价值观,树立为中华民族实现中国梦而努力奋斗的人生追求。

---

① 马克思恩格斯选集(第一卷)[M].北京:人民出版社,2012:135.

最后,"概论"课程实践教学让学生探索如何用实际行动践行时代责任和历史使命。通过各种实践活动,让学生感受人民在中国梦实现过程中的伟大创造精神和奋斗力量,并以此为榜样,提升自己的觉悟和行动力。大学生尤其要在实践教学过程中,将个人价值与社会价值紧密结合,将个人梦与中国梦紧密相连,用一个个改造实践的小行动汇聚成改变时代的大力量。在实践中,不仅要懂得利用新媒体分辨各类信息,积极探索新思想和新举措,还要拓宽相关专业知识,提升创新水平,激发创新能力,为实现中国梦贡献个人的聪明才智。从古至今,一代代中国青年书写了一个个英雄故事,当代的大学生也应该用自己的真实行动,书写属于当代青年人的英雄故事,传承中国精神,传递中国力量。时代在发展,英雄的定义有所改变,英雄的行动也不再是杀敌报国,而更多的应该是为人民服务。尤其是随着时代的变化,服务人民的方式也在改变,当代大学生应该在具体实践中,通过各种新媒体、新渠道、新方式、新题材、新形式,传递正能量,践行社会主义核心价值观,真正做到"撸起袖子加油干"。

中国梦的实现需要青年一代的共同努力,每一个青年人的努力参与,都是为实现中国梦添砖加瓦。青年学生要勇于担当,敢于担当,学好专业知识,提升创新能力,培养为国为民的情怀,成为国家发展道路上不可或缺的一块基石。不要看不起每一个小小的举动,正是无数小小的举动,最终汇聚成磅礴之力,推动中华民族实现伟大复兴。

四、模块化教学改革鞭策学生"正确认识远大抱负和脚踏实地"

远大抱负是一个人精神世界和心灵生活的核心,围绕远大抱负开展的人生,才是有价值有意义的人生。唯有拥有远大抱负的人,才真正将生活谱成了诗歌,真正将人生写成了著作。无论是伟人还是平凡的人,都应该拥有自己的抱负,书写自己独特的人生。当然,只拥有远大抱负还远远不够,远大抱负需要付诸实际,用脚踏实地的行动去落实。就个人发展来说,"业精于勤荒于嬉",因此,脚踏实地对于人生发展至关重要。就国家发展来说,"空谈误国,实干兴邦"，因此，国家的发展不能停留在理论阐释层面，更多的要靠现实的实践去推动。所以，无论是个人还是国家发展，唯有把理论应用于实践，用理论指导实践，将理论落脚在实践，才能真正实现远大抱负和长足发展。也正是如此，脚踏实地才是远大抱负的最终归宿。

习近平总书记对青年一代充满希望，他曾经指出青年一代应该"把远大抱负落实到实际行动中，让勤奋学习成为青春飞扬的动力，让增长本领成为青春搏击的能量"。这就是要让年轻人真正做到既有远大抱负，又能脚踏实地，既要仰望星空，又要脚踩大地。"概论"课程作为思想政治理论课的重要组成部分，归根结底还是要引导学生正确处理远大抱负和脚踏实地的关系。既要帮助学生形成远大抱负，又要引导学生坚持脚踏实地，要让学生心中有梦，脚下有路。

首先，"概论"课程课堂教学要给学生讲清远大抱负与脚踏实地的关系。教师在课堂教学的过程中，要让学生明白只有把理论和学识落实在行动上，才能提高自身的实践能力，把理论转化为现实的力量。理论只有用于实践，理论才真正发挥了思想武器的作用。马克思主义告诉我们，认识世界固然重要，但是更重要的是要去改造世界。光说不做，只能是行动的矮子，空有远大抱负，不去行动，也只能是空谈理想。无论是以毛泽东为代表的中国共产党革命一代，还是以邓小平为代表的中国共产党的改革一代，还是以习近平为代表的中国创新一代，都是在拥有远大抱负的基础上，在正确理论的指导下，勇于实践，敢于拼搏，将理论应用于中国的革命、建设和改革，才有了今天的中国面貌。行动永远比空谈更能打动人，实践永远比说教更有说服力。前辈们用行动告诉我们实践是检验真理的唯一标准，新时代的大学生，更应该懂得实践是实现抱负的必由之路。

其次，"概论"课程课外教学要让学生认清自己的远大抱负。抱负是人的奋斗目标和理想追求，目标是人生行动的动力和方向，因此，只有拥有远大抱负的人，才有生活的方向，才有奋斗的动力。如果缺少了抱负，那么理想信念的缺失会使人变成行尸走肉，变得毫无生气。大学生处在人生的关键阶段，如果不能找准和认清自己的远大抱负，就会在人生道路上失去方向，变得迷茫，失去活着的价值和意义。"人生贵追求，志当存高远。"因此，"概论"课程的课外教学模块，就要力求帮助学生树立抱负并且认清自己的抱负。无论是扎根乡村建设家乡的抱负，还是立足科研造福人类的抱负，还是坚守平凡岗位服务人民的抱负，都应该在学生心中拥有崇高的地位，都应该成为他们毕生追求为之努力的梦想。不是每一个人都能彪炳史册，但是胸怀远大抱负的人，必然能够成为一个不懈奋斗的人，必然能在自己的人生画卷上涂上靓丽的颜色。

最后，"概论"课程实践教学要让学生脚踏实地去践行自己的远大抱负。千里之行始于足下，再远大的抱负只有不断努力，才有实现的可能。唯有一步步脚踏实地，才能一点点接近梦想的终点。抱负毕竟是外在的虚化的理论化的诉求，与现实存在差异，如何将理论上的诉求转化为现实，才是"概论"课程实践教学环节的重点。实践教学过程，就是要让学生从脚踏实地做起，用行动把抱负转化为现实。要让学生们在社区实践、乡村实践、企业生产实践的过程中，真正把课堂所学知识用于建设社区、建设乡村、建设国家。要把自己的专业知识，把自己的科研成果书写到祖国大地上，把自己的青春激情，把自己的远大抱负挥洒到民族复兴的实践进程中。以梦为马，不负韶华，大学生自觉主动投身社会主义现代化建设的实践，才是践行自己的远大抱负。"概论"课程一定不能只是简单传授学生理论知识，而是应该引导学生将远大抱负付诸行动中去，让学生做到知行统一，真正成为国家和民族的希望。

▶第三节
"概论"课程模块化教学改革提升大学生"四个正确认识"之路径探赜

"概论"课程是思政课程的重要组成部分，需要引导大学生提升"四个正确认识"。"概论"课程模块化教学改革对于加强高校思想政治教育工作，提升大学生"四个正确认识"具有重要意义。在模块化教学改革中，不论是课堂教学、课外教学抑或实践教学，都要以提升大学生"四个正确认识"为契机，着力探赜模块化教学改革的具体路径，通过科学实践制度的尝试和具体实践方式的运用，规范"概论"课程模块化教学改革的进程，升华"概论"课程立德树人的作用，提升教学的吸引力和实效性，坚持在改革中强化教学效果，促使大学生完成知行合一的塑造，自觉提升"四个正确认识"。

一、激活课程主体：契合"概论"课程主体发展需求

对于"概论"课程教学来说，课程主体主要是指在整个教学过程中全程参与的教师和学生。教师和学生在整个教学过程中的参与程度以及参与效果，是考核"概论"课程改革成功与否的重要指标，也是模块化教学改革的重要方向。"概论"课程的模块化教学改革，改革出发点是为了契合课程主体的发展需求，改革过程需要课程主体的积极参与，而改革最终结果是为了提升课程主体的素质。可以说，课程主体在整个模块化教学改革进程中，是最重要的因素，因此，通过契合课程主体的需求，调动课程主体的积极性，激励课程主体参与模块化教学改革，才能真正提升"概论"课程的教学效果。

从教师层面来看，课堂教学模块需要教师发挥主导作用，但是教师的教学过程需要以学生为出发点和落脚点，需要立足提高学生的理论基础和实践能力，主要是对学生心智水平的开发。在这个教学过程中，教师自身的素养与教学效果密切相关，同时，教师自身的发展诉求也直接影响到教师对于教学的投入和付出，直接影响着教学效果。因此，课程模块化教学改革前提应该加强师资队伍建设。对于"概论"课的教师，首先应该提高教师自身的理论水平，加强教师专业知识和技能的培训，尤其是对于党的方针政策和国际国内形势的熟悉和深入研究至关重要。要把习近平新时代中国特色社会主义思想融入教学，把引导大学生树立"四个正确认识"作为理论基础，用科学理论武装自己，更加深入清晰地传授学生理论。其次，要充分调动教师的教学积极性。现如今很多高校重视科研轻视教学，在职称评定和工资待遇方面更多看重科研成果，教学水平及教学效果在考核环节的认定相对缺乏或者说存在制度不完善，造成很多思想政治理论课教师投入到教学中的精力和时间受限，很难提升教学水平。因此，要改变考核制度，增加对于教学考核的奖励，充分激发教师的教学热

情,让教师热爱教学、投入教学、珍惜教学。最后,应该加强教师与学生的互动。"概论"课程课堂教学应该强调教师主导与学生主体的结合,将师生互动作为提升教学效果的重要途径。不断激发学生的参与度,让学生积极反馈学习情况,帮助教师发现问题,解答问题,也帮助教师反思教学,提高教学。

从大学生层面来看,课外教学和实践教学都需要发挥学生的主体作用,学生是主要参与对象,教师起辅助作用。众所周知,大学生是一群拥有巨大发展潜力的人,尤其是当他们聚在一起,通过思想的碰撞和各种才能的相互启发,总能创造很多的未知和可能,往往能够带来巨大的惊喜。但是,大学生也是一群心智还未完全成熟的人,冲动和片面是他们的缺点。因此,不断提高大学生的心智水平与增强大学生的专业技能同样重要。就"概论"课程的特殊性来说,首先应该激活大学生主导课程的积极性。要充分尊重大学生的课程主体地位,让他们自主设计课外教学环节、教学流程、教学方式等。同时,注重不同学生的个体差异,充分调动不同专业、不同年级、不同兴趣爱好的学生,开展不同类型的实践教学。让他们将个人才能与"概论"课程的理论知识相结合,增加自主阅读、专题研讨和独立研究,全面提升主导课程的能力。其次,学校相关部门和思想政治理论课教师要倾听学生的诉求,尽力提供物质和基础设施的供给,为大学生的教学服务。尤其是实践教学环节,例如红色教育基地和企业生产实践等环节,学校相关部门一定要开展前期沟通,进行课程实践和地点的协调与安排,为学生的参观考察和生产实践保驾护航。最后,改变简单粗暴的课程考核标准,激励学生主动参与课程。"概论"课程不同于一般的专业课,它是帮助学生心智成长,培养社会主义接班人的重要课程。因此,决不能简单地以60分考试及格要求学生,而是要让学生真正在课程学习的过程中提升自我,立志为国家为人民奉献终身。这门课程的考核既要注重理论知识的考察,又要注重过程考核,更要注重实践能力的考核。要让学生全程主动参与教学各个环节,真正做到知、情、意、行的辩证统一。

"概论"是一门集思想性、知识性、政治性、实践性于一体的综合性课程。这门课程既对教师提出了高于一般专业课程教师的要求,要求教师既要有很强的理论知识,又要有坚定的政治信念,更要有以学生为本的教学热情。这门课程也对学生提出了更高的要求，既要求学生学会学懂理论知识，又要求学生自觉运用理论知识指导社会实践，还要求学生将所学转化为内在素质，成为国家和社会的栋梁。因此，"概论"课程的模块化教学改革必须首先针对课程主体采取一系列改革措施，力争激活课程主体，提升教师素养，提高学生素质，真正使"概论"课程成为师生喜爱的特色课程。

二、挖掘课内资源：精准设置"概论"课程教学专题

课堂教学作为主渠道，在整个思想政治理论课教学改革中分量很重，受到高度重视。为构建有效的课堂教学模块，需要改变传统教学模式，不仅仅需要从教育主体的角度进行改革，也需要在教学内容方面进行改革。课堂教学以内容为王，因此，课堂教学改革的重点需要深入挖掘课内资源，尤其是要精准选取教学专题。通过教学内容的改革创新，通过合理设置课堂教学专题，增强课堂教学的操作性和契合性，真正凸显"概论"课程的理论性、政治性、时代性。

首先，系统创新教学内容。教学内容的选取要以学生成长成才为目标，不同于学生专业课程的专业性内容的选择，"概论"课程尤其要根据学生的人生发展，选取能够为学生的专业知识和道德素质服务的内容。"概论"课程更多要关注培养学生正确的世界观、人生观和价值观。因此，教学内容必须以马克思主义为指导，系统体现毛泽东思想和中国特色社会主义理论体系的思想内涵。要以实现"四个正确认识"为方向，将国际与国内，历史与现实，个人与国家，理想与实践融入教学内容，纳入课程内容体系，不断更新教学内容，为学生成长成才奠定科学的思想基础。同时，教学资源的挖掘不能简单局限于教材的内容，而应该结合实际，将最新的理论和国际国内形势融入课堂教学。"概论"课程不能局限在理论层面，也要凸显社会实践层面，因此，教学内容要囊括国内外政治、经济、文化、生态等各方面建设与发展的情况，结合新时代新阶段国家发展面临的新情况和新问题，把握时代发展的脉搏，探寻社会发展规律，准确预测国家发展趋势，以此构建具有中国特色的课程内容体系。

其次，深入挖掘教材内容。教材是课堂教学的重要依据，也是重要的课内资源，教材内涵丰富，理论性强。"概论"课程的教材是由中宣部、教育部统一指定的，拥有相对完善的教学体系，因此，教师在把握大纲的基础上，必须吃透教材，科学、规范地使用教材。新版《毛泽东思想和中国特色社会主义理论体系概论》注重引导大学生形成"四个自信"，坚定理想信念。"四个正确认识"相应进入思想政治理论课课堂教学，成为引导学生树立正确世界观、人生观和价值观的重要内容。但是由于中国特色社会主义理论体系是不断发展变化中的理论，因此教材会有相对滞后性。同时，为帮助教师深入挖掘教材内容，吃准吃透教材内容，"概论"课程教材还配套了教育部社科司组织编写的专题教学指南。专题教学指南不仅指出了教材内容的重难点，帮助教师理解教学内容的重难点。还指明了授课过程中学生可能存在的疑难点，帮助教师理解和解答学生的疑惑，为课堂教学规划了清晰的授课内容。为拓展教材教学，帮助教师拓宽课堂教学的广度和深度奠定了基础。

最后，精准设置教学专题。传统教学模式，教师依据教材从头讲到尾，多以灌输为主，并不能依据学生的个性特点，进行重难点的解析。填鸭式的教学，学生毫无重点头绪地从头听到尾，学生接受了大量理论知识，但是有效转化为学生内在素养的内容却较少。因此，课程改革要做到精准设置教学专题，精简理论教学内容。教师应在课程大纲的基础上，围绕课程目标，设置若干的教学专题，每个专题，突出教学重难点，帮助学生更好地理解理论，指导实践。"概论"课程内容主要对应毛泽东思想、邓小平理论、"三个代表"重要思想、科学发展观等内容，具体阐释毛泽东思想和中国特色社会主义理论体系的具体内涵、科学体系、形成发展过程、历史地位、指导意义、基本观点等内容。力求让学生清晰掌握每一个思想的精神实质和立场观点方法，帮助学生在日常生产生活中，能够运用这些理论指导人生、指导实践，明白自己应该往何处去，成为什么样的人。

总的来看，通过系统创新教学内容，深入挖掘教材内容和设置教学专题，可以有效提升教学效果，让学生对课堂教学有更清晰的认识，也更乐于接受课堂教学的理论传授。最重要的是，通过把教材内容分为几个专题模块，有利于精简教学内容,帮助学生梳理教学内容,利于调动学生的学习积极性和主动性。使得课堂教学不再是教师一个人的声嘶力竭,而是师生有爱互动的大合唱。

三、拓展课外资源:"概论"课外教学与时代同频共振

教育改革强调"以学生为中心",要打破传统教育模式中的教师主导教学,转而鼓励学生主导教学。传统的教学模式,教师满堂灌,偏重理论的灌输,忽视学生的参与,对于学生真正能够在课堂中学到学懂多少知识,很难考察,也很难把握。因此,为了提高学生的参与度,提升学生的学习兴趣,就要改变灌输的模式,鼓励学生主导课堂。"概论"课程的模块化教学改革,尤其是课外教学模块,正是坚持学生主导教学的原则,充分调动学生教与学的积极性和创造性。在课外教学模块,教师只是起到辅助作用,大学生在整个教学环节中,自主设计教学主题、教学模式、教学方法等,真正让学生自己主动学习、乐于学习、珍惜学习。

以合肥工业大学的"概论"课程为例,课外教学模式主要是学生主导的"小班讨论"。因为"概论"课程是全校的公共政治课,限于师资力量和学校的教学安排,课堂教学基本上是150人左右的大班教学。大班教学由于学生人数较多,很难保证每名学生都能参与课堂教学的讨论环节,也不能保证所有学生都能同等接收课堂信息,不能保证学生的学习积极性。很多高校都曾经做过相关调研,发现大班教学的过程中,学生存在睡觉、玩手机、看课外书等行为。这都是课堂教学不能保证全员参与的弊端造成的。为了弥补课堂教学的弊端,"概论"课程模块化教学改革提出了单独的课外教学模块,从课堂教学中抽出相应的学时,转而开展学生自主主导的"小班讨论"。"小班讨论"的方式,融合了讨论式、启发式、研究式等生动活泼的教学方法,给予每一名学生参与课堂的机会,也给了不同专业学生发挥专业特长的机会,有效增强学生的学习热情,促进学生融入课堂。

合肥工业大学的"概论"课程经过多年的课外教学实践,可以发现"小班

讨论"的课外教学模式，确实提升了"概论"课程的教学效果，学生成绩整体有所提高，这一做法也得到其他高校的支持和效仿。"小班讨论"具体的做法，是让学生自主选择讨论主题，自发分组搜集和整理资料，然后在课堂讨论中，每个人发表自己的观点，大家集中讨论所有观点，争取最终达成一致意见，形成共识。当然，为了进一步推进"四个正确认识"，教师也会辅助学生，引导学生选择跟时代同步的热点话题、社会话题、民生话题。让学生在讨论话题的过程中，能够坚持辩证唯物主义和历史唯物主义，能在合理、合法、合规的范畴内，百家争鸣，集思广益。"小班讨论"真正将学生放在首位，给予学生发言权和主导权，让学生体验了教师的角色，也让学生在备课的过程中，不断学习理论知识，在课堂讨论中提升了语言表达能力和组织协调能力。这种教学方式，既能够培养学生发现问题、独立思考的能力，又能够锻炼学生分析现实、解决问题的能力；既能够把学生的业余时间利用起来搜集资料，自主研究，又能够让学生珍惜课堂时间，发表观点，展示自己的思想，有利于学生综合素质的提升和个性化发展。

新时代针对课外教学模块的改革，要争取拓展课外资源。不仅要更多地利用学校相关的基础设施，还要争取利用社会上的各种资源，要延展学生课外教学的时间和空间，也要拓展课外教学的形式和方法。通过更多样的场地和更多样的组织形式，开展更加多样的"小班讨论"。同时，要注重"小班讨论"主题内容的与时俱进，更多地将课外教学的内容与新时代相结合。通过对新时代的热点问题的讨论，对国家发展"十四五"规划的讨论，对"两个一百年"的奋斗目标的讨论，甚至是对于高校思想政治理论课模块化教学改革的讨论，对全球性新冠疫情的讨论，等等。针对性地设计教学主题，让学生将课堂教学中所学的理论知识与这些专题相结合，进行深入思考和激烈辩论，在每位同学的发言中寻找亮点，在多种思想中碰撞火花，真正得出属于学生自己的思维成果，得出属于班级或者团队的理论果实。通过"小班讨论"，将抽象的概念具象化，将枯燥的学习生动化，将沉闷的课堂活跃化，将滞后的理论时代化，将被动的学习主动化，实现课程模块化教学改革的初心，让学生主导教学，更多参与其中，成为新时代需要的合格建设者和可靠接班人。

四、创新实践形式：营造体验式教学场景打造品牌活动

实践教学形式灵活多样，传统的实践教学形式包括在校园内的辩论赛、主题演讲、金工实习、生产劳动等形式。这些传统的实践教学形式，可以提升学生的积极性，培养学生某一项或者几项能力。但是，在模块化教学改革中，为了引导学生形成"四个正确认识"，也为了丰富实践教学的形式和内容，更需要创新实践形式，尤其是引导学生走出校园走向社会，打造一些有影响力的品牌项目和活动，起到更广更强的思想引领作用。2019年3月18日，习近平总书记在学校思想政治理论课教师座谈会上发表重要讲话，指出"要坚持理论性和实践性相统一，用科学理论培养人，重视思想政治理论课的实践性，把思想政治教育小课堂同社会大课堂结合起来，教育引导学生立鸿鹄志，做奋斗者"。这就为模块化教学改革的实践教学建设指明了方向和道路。实践教学要让学生从思想政治理论课堂的小教室走向社会实践的大舞台，让学生走入乡村、社区、街道、企业、机关单位，亲身去体验劳动，真切感受改革开放以来国家的发展，全面提升学生的责任担当意识和爱国爱民精神。

实践教学模块，让学生从校园走出，提前进入社会，既能帮助象牙塔里的大学生发现自身的不足，从而促进他们查漏补缺，对学生个人有重要的提升作用。同时，也帮助学生开阔视野，认清国家建设需要什么样的技能和人才，促使大学生在校园学习中精准发力，强化能力。而且学生进入社会大环境，才能真实感知国家发展的进程，感受新时代国家的制度优势和全面建成小康社会的成就，利于让学生形成"四个自信"，树立"四个正确认识"。所以说，实践教学不仅对学生个人重要，对学校建设和国家发展同样重要。因此，依照"概论"课程的教育教学的目标，以社会为大课堂，引导学生开展社会实践是必不可少的环节。

当前，"概论"课程不断探索多样化的实践教学形式，既包括时间相对集中的寒暑假"三下乡"、企业生产实习见习，也包括时间分散自由的社区志愿服务、乡村社会调查、红色教育基地参观调研；还有学生自发组织的小范围

社区宣讲、中小学支教、机关单位实习；更有新时代独有的网络实践形式，例如网络调研、网上宣讲、线上公益、线上支教等形式。这些实践形式有的侧重于感知和思考，有的侧重于操作和体验，因为侧重点的不同因此适合不同性格、不同爱好、不同专业、不同特长的大学生参与其中。实践教学由于形式多样，空间时间灵活，线上线下融合，因此能够满足各类学生的需求，可以实现人员的全覆盖，真正做到因材施教，让学生乐于参与，珍惜参与。

当然，实践教学模块的过程管理是极其复杂的，从学生甄选适合自己的教学方式开始，到师生论证实践形式的合理性以及可操作性的前期准备，到学生真正参与其中开展实践，在实践中不断调整具体操作和方法，再到梳理实践结果、总结实践经验，再到学生反馈实践工作，提交实践报告，再到教师评价学生的实践报告，以及学校对于师生实践教学的评价和优化建议。这里面每一步都需要耗费人力物力，每一环都需要精心策划和严谨治学的态度，每一项都需要师生的全情参与以及共同遵守规则制度。只有层层推进、环环相扣，才能真正达成实践教学的创新和教学效果的提升。只有真正做到致知与力行、理论与实践的辩证统一，才能达到"概论"课程的首要目标即立德树人，为国家培养社会主义接班人。

为进一步规范和改革"概论"课程实践教学模块，在原有基础上，需要争创品牌项目，更大范围、更强有力地影响更多高校和更多师生。在创建品牌实践项目方面，为了迎合新时代的大学生需求，应该更多增强实践教学的体验性，增强学生的参与度，真正让学生全过程、全方位、全身心地参与其中，从而发挥学生专业优势，调动学生的主观能动性。创建品牌化的社会实践活动，引导师生创办品牌项目，增大项目投入力度，推广项目的影响力，从而形成长期、稳定、有效的项目输出效果，感染更多的师生参与其中，成为实践教学的主体。通过创建品牌实践项目，也为师生提供施展才华的空间和平台，为"四个正确认识"提供理论指导和实践平台，利于学生践行"四个正确认识"，弘扬"四个正确认识"。正如马克思在《关于费尔巴哈的提纲》中指出："人应该在实践中证明自己思维的真理性，即自己思维的现实性和力量，自己思维的此岸性。"① 因此，实践教学模块在未来的思想政治理论课改革中，一定会占据更大的比重，获得更多的关注，在整个"概论"课程教学过程中发挥不可替代的重要作用。

---

① 马克思恩格斯选集(第一卷)[M].北京:人民出版社,2012:134.

第五章

"中国近现代史纲要"课程改革提升大学生"四个正确认识"之模块化教学体系构建

　　进入新时代，面临新形势，习近平总书记在 2016 年全国高校思想政治工作会议上明确提出了"四个正确认识"，即高校思政课教师要引导大学生"正确认识世界和中国发展大势""正确认识中国特色和国际比较""正确认识时代责任和历史使命""正确认识远大抱负和脚踏实地"，这为新时代高校思政课改革创新提出了新要求，指明了发展方向。习近平总书记在提出"四个正确认识"的同时，也强调"思想政治工作从根本上说是做人的工作"。这是我们理解"四个正确认识"的要点所在。"四个正确认识"不仅立足于新时代新形势，反映了社会发展需要，而且契合了青年学生对于个人发展的追求，反映了学生群体成长成才所必备的基本能力和素养，是我们党对于青年学生全面发展的要求在新时代的精准表达，能够激励大学生在学习过程中不断强化自己的历史使命与责任担当，不断强化为实现中华民族伟大复兴而读书奋进的实践自觉。

　　"中国近现代史纲要"（注：以下简称"纲要"）课程作为本科生必修的五门思政课之一，在提升大学生"四个正确认识"过程中要积极作为。"纲要"课教师要认真遵循并落实习近平总书记对于思政课改革创新提出的根本目标和战略要求，顺应时代需要，充分了解新时代国内国际形势，紧密关注大学生群体的思想动态，以提升大学生"四个正确认识"为着眼点和切入点，在内容设计、方法探索和路径探赜三个方面不断推进"纲要"课程模块化教学改革的理论研究和实践研究，为"纲要"课程引导大学生提升"四个正确认识"提供必要支撑。

▶第一节
"纲要"课程模块化教学改革之内容设计

"纲要"课程模块化教学改革在内容设计上不仅要突出以史为鉴的特点,也要充分调动学生的主动性和积极性,强化学生的系统化学习过程。在"纲要"课程模块化教学改革中,创建课堂理论教学模块是根本,创建网络平台自学模块是依托,创建社会实践教学模块是关键,网络平台自学模块和社会实践教学模块是对课堂理论教学模块的补充和强化。模块化教学改革能够有效拓展和延伸课堂教学"时空",做到课内与课外相结合、理论与实践相贯通。同时,模块化教学更加注重对学生在课堂内外整体性学习过程的管理,更加注重对学习各个环节考核的力度。我们要整合并运用各种教育教学资源,积极推动三个模块的创建和发展,并致力推动其三位一体的整体性发展,助力大学生提升"四个正确认识"。

一、创建课堂理论教学模块是根本

在模块化教学改革中,聚焦"四个正确认识"创建课堂理论教学模块,是推动"纲要"课程模块化教学改革的根本。课堂理论教学是必备的传统教学方式,也是迄今进行"纲要"课程教学所必需的基本形式。游离于课堂理论教学形式,"纲要"课程将无法开展。因为在目前的科技水平条件下,课堂理论教学仍是教师对学生进行知识传导的最有效形式。对于青年学生群体来说,学习的自主性尚在培养中,课堂理论教学的方式可以帮助学生克服思想惰性和缺乏自主学习动机的弊端,使其快速进入学习状态。在课堂理论教学中,教师占有主导地位,而学生则处于被动的受教育位置。受制于"时空"和形式,课堂理论教学虽然有其局限性,但这种师生面对面的教学方式能够有效拉近师生距离,教师能系统化地向学生传授知识、阐明理论、厘清概念、梳理观点,还能通过讨论等方式进行现场互动,让青年学生群体开启对课程新内容的系统化学习,获得基础知识,把握教学的重点难点。在课堂理论教学过程中,教师通过随堂作业和期末考试等方式对青年学生学习效果进行检测，能够获知学生的学习效果和教师的教学效果等信息，从而在以后的教学过程中有的放矢地进行改进。总之，课堂理论教学在当前"纲要"课程教学中仍是主要的、基本的形式。基于此，我们要创建集科学的教学内容、多样的教学方法和多元的教学手段等为一体的课堂理论教学模块，以引导大学生通过课堂理论学习提升"四个正确认识"。

二、创建网络平台自学模块是依托

网络平台自学模块作为课堂理论教学模块的延伸和强化，其建设是推动"纲要"课程模块化教学改革的重要依托。在当今信息技术迅速发展的时代，网络平台包含有大量的知识和信息资源，利用好网络平台庞大的信息资源可以助力"纲要"课程的课堂理论教学。从教学形式来说，课堂理论教学受制于场地、时间的限制，而网络平台教学的"时空"弹性较强，也是青年学生喜闻乐见的、易于接受的教学形式。学生在课堂教学外可以根据自身的学习情况合理安排时间，通过网络平台进行自学，利用大量的网络资源库对课堂知识进行补充学习。在网络平台自学中，学生可以阅读大量与课堂教学内容相关的文献、史料和数据资源库，可以浏览中国近现代史方面的纪录片、电影和专家、名师的教学视频，从而加深对所学知识的理解。教师也可利用网络平台来加强对学生学习的指导和思想的引导。在"互联网＋思政课教学"的新时代思政课改革创新过程中，创建网络平台自学模块是"纲要"课程教学必不可少的方式，也是推动"纲要"课程模块化教学改革的重要依托。

三、创建社会实践教学模块是关键

社会实践教学模块作为强化课堂理论教学模块的重要方式，其创建在推动"纲要"课程模块化教学改革中居于无可替代的关键地位。从各个高校多年的教学效果来看，在"纲要"课程教学中，仅仅通过对教材知识的讲授和各种史料的阅读所产生的实际效果仍是不够的，这主要表现在学生对历史的代入感和体验感不强。政治类和历史类学科涉及人与社会、人与人之间的关系，对于社会和人生阅历有限的学生群体来说，单纯通过听讲和读书类型的学习，也许能够做到对历史人物、历史事件及发生的原因、过程等的理解，但是难以有深刻的体验感，难以体会到历史的波澜壮阔，更难以把握历史发展规律。基于此，我们要通过社会实践教学模块建设，拓宽课堂理论教学"时空"，对课堂理论教学模块进行补充和完善。

在课内，教师可运用情境教学法等教学方法引导学生在亲身的角色扮演中加深对历史事件和历史人物的了解，这也让学习过程变得更加丰富，易于为青年学生所接受。在课外，教师可以组织学生进行参观考察、实地调研，如带领学生亲身走访历史文化资源地，如展览馆、革命纪念馆、历史人物纪念馆等，引导学生更深刻地把握历史演进过程和社会变迁历史。社会实践教学不是让学生在故纸堆里埋头学习，而是通过组织学生参观、考察、调研等方式，丰富青年学生的社会阅历，让他们了解周边环境，提升综合素养，进而加深对"纲要"课程内容的领会。通过实践教学模块建设，教师开展形式多样的社会实践教学形式，可以激发青年学生的学习兴趣，调动学生的学习主动性，让学生在社会实践中亲近历史，感受过往与当下的关系，更多地了解中国共产党领导中国各族人民革命、建设和改革的奋斗历程，加深对历史发展进程和历史发展规律的深层理解。

总体而论，我们要通过课堂理论教学模块、网络平台自学模块和社会实践教学模块等多种形式，推动"纲要"课程模块化教学改革，实现各种模块的优势互补、共同发力，切实引导青年学生在多种形式的学习中提升"四个正确认识"。

▶第二节
"纲要"课程模块化教学改革之方法探索

推进"纲要"课程模块化教学改革需从深化理论教学内涵、开展网络平台教学和开拓社会实践教学三个层面着手。

一、着力深化理论教学内涵

课堂理论教学是"纲要"课程教学的基本形式,教师需要着力深化理论教学内涵以推动课堂理论教学模块的创建。"纲要"课堂理论教学主要是基于历史知识层面,教师通过对中国近现代历史及其基本问题的阐释,引导青年学生把握国史和国情,在此基础上深刻认识中国共产党的领导是历史的选择和人民的选择,"四个正确选择"具有深邃的历史必然性和正确性。教师通过对中国近现代史历程和重要事件的讲解,让青年学生体验历史情景,收获历史经验,牢记中国共产党领导中国人民进行革命、建设和改革的历史,做到不忘初心、牢记使命,坚定为中华民族伟大复兴而奋斗、为社会主义现代化建设而奋斗的决心和信心。课堂理论教学通过面对面讲解的方式传授知识,能及时了解青年学生的学习状态,也可以及时发现学生的所思所想所困所惑,从而对学生进行知识层面的释疑答惑,或对学生进行及时的心理疏导和思想引导,帮助学生确立正确的世界观、价值观、人生观。课堂理论教学是一种系统化的教学方式,有完整的知识传授、学习过程、课堂和课后检测等系列行之有效的步骤,既便于教师开展教学工作,也便于学生进行知识学习。在"纲要"教学中,创建"纲要"课堂理论教学模块的一个重要方法就是要深化理论教学内涵。针对"四个正确认识"思想的要求,教师要通过对历史发展脉络的梳理和历史知识、历史观点、历史规律的阐释,指导学生从理论上理解中国取得诸多伟大功绩的深刻缘由,提升"四个自信"。

(一)厘清中国道路的开辟与探索

"纲要"课程在内容设计上首要的问题就是要讲清楚中国道路是如何开辟的。因为道路决定命运。不论是革命还是建设都面临着选择一条什么样的道路的问题。"纲要"课程在内容上向青年学生群体阐述清楚中国近现代革命和建设乃至改革的道路选择问题,能够让青年学生清晰地感到中国共产党带领中国人民追寻中华民族伟大复兴的历程及其伟大,让青年学生深刻认识到中国共产党今天的执政地位是历史的选择,是人民的选择。从道路问题上来说,中国共产党领导我国人民先后开辟了"新民主主义革命道路、社会主义改造和社会主义建设道路、中国特色社会主义道路"①。因此,从历史时期来看,近现代中国道路问题既涉及革命道路,建设道路,也包括改革道路等一系列问题。而且,道路的开辟并不是一帆风顺的,而是不可避免地受到多种因素的影响。人们总是在自己已有认知的基础上进行发展和创造。可是,近代中国社会是农业社会,落后于已然是工业文明的西方社会。当时,从我国古代的农业文明中并不能找到真正地能够进行制度设计的文明成果,导致在革命历程中遭遇了一系列惨痛的失败。最终,直至马克思列宁主义传入中国,中国共产党的诞生,中国人民在中国共产党的带领下才逐步找到一条实现革命胜利的新民主主义革命道路。到建设时期,对于如何建设社会主义也并没有统一和明确的答案,在中国共产党的领导下,我国人民不畏艰险、艰苦奋斗,取得了许多伟大的成就,但与此同时也积累了许多一时难以解决的问题,最终难免遇到挫折。直至改革开放后,以邓小平同志为主要代表的中共中央领导我国各族人民逐步探索出中国特色社会主义发展道路。党的十八大以后,以习近平同志为核心的新一届中共中央领导我国人民进入新时代,强调全党和全国人民要坚定道路自信。经历多年的探索,中国共产党人对于革命、建设、发展道路问题作出了大量的研究和实践,取得卓越的成果,为中华民族伟大复兴作出了重大贡献。

　　对此,我们需要关注的是中国共产党领导我国各族人民对革命、建设和发展等道路的探索不是凭空出现的,而是将马克思主义基本原理成功运用于中国社会,以中国的国情现实为基础,与中国社会实际相结合,从而探索到适用于中国革命、建设和发展的道路。同时,在此过程中也发展了马克思主义,不断实现和推动着马克思主义的中国化。例如,在革命时期,新民主主义革命道路的开辟正是以毛泽东同志为主要代表的中国共产党人将马克思主义基本原理运用于中国社会之中,指导中国的革命问题,因而最终探索出了无产阶级领导下,工农联盟,实行"农村包围城市"的革命道路,并最终取得了新民主主义革命的胜利,建立了新中国。新中国成立后,中国共产党领导我国人民进行社

---

① 十八大以来重要文献选编(上)[M].北京:中央文献出版社,2014:117-118.

会主义改造和建设过程中,我们先后开展了对民族资产阶级的和平"赎买"政策,优先发展重工业的"一五计划",在农村发展通过集体经济形式进行水利兴修、农田整修等,逐步建立了独立完整的国民经济体系。改革开放之后,在以邓小平同志为核心的党的第二代领导集体领导下,实行了家庭承包责任制,所有制结构改革等,发挥市场在资源配置中的作用,逐步探索出中国特色社会主义道路。

纵观整个历史过程,"纲要"课程在道路问题上先后涉及几个阶段,分别是:从鸦片战争到五四运动,从五四运动到新中国的成立,新中国成立后至改革开放前,以及改革开放以来至今。首先,鸦片战争后,中国有志之士依据以往经验开始探索国强民富的办法。作为统治阶级的地主阶层最先登上历史舞台,认为当时中国之所以在战争中难以取胜的原因是武器装备的落后,而制度层面仍然是先进的,继而提出"中体西用"的思想,在妄图不改变封建君主制度的前提下,采用当时和西方一样的武器装备来对抗西方列强。最终,洋务运动的发展,使晚清政府建立了一支近代化武装力量,但最终甲午战争的失败让地主阶级的改革自救彻底失败。甲午中日战争的失败让中国人民意识到武器装备落后的原因在于制度的落后。随后,民族资产阶级改良派开始登上历史舞台,企图通过自上而下的变法改良运动走上资本主义的道路。但是我国封建守旧势力过于强大,将希望寄托在封建统治者身上的做法必然难以成功。维新变法的失败让民族资产阶级开始转变自上而下的改良办法为自下而上的革命运动,企图通过推翻晚清政府来建立新的资产阶级式的民主政权,进而改造中国社会。但是,中国民族资产阶级毕竟实力弱小,又是在封建主义与外国列强的夹缝中生存下来的,他们没有力量推翻和改造旧社会。窃取辛亥革命果实的袁世凯称帝,让中国民族资产阶级妥协退让的幻想被打破。值此之时,许多中国知识分子逐步明白,当时世界上唯有的民主革命道路就是西方的资产阶级式的道路,然而中国民族资产阶级力量太过弱小,不足以领导中国革命的胜利,因此,似乎中国的革命难以成功。就在许多人几近绝望之时,我国北方俄国爆发了"十月革命"。中国有志之士们突然发现这个世界出现一种新的不同于西方旧式的资产阶级革命的道路,也能够实现民族独立、国家富强,这就是在马克思主义指导下，走无产阶级革命，以实现社会主义为目标的道路。之后，中国共产党成立，领导中国人民经过不懈斗争，终于探索出新民主主义革命的道路，即无产阶级领导的民主革命道路，其前途是社会主义方向的。新中国成立后，对于如何过渡到并发展社会主义的问题，中国共产党人也经历了多方探寻。以毛泽东同志为主要代表的中国共产党人先后提出"论十大关系""正确处理人民内部矛盾"等思想，在其指导下，我国迅速建立了国民经济基础，在中国原有落后的农业国的底子上建立了雄厚的工业基础，大大推动了我国社会主义建设的发展。然而，探索中也出现许多需要进一步解决的问题。改革开放后，以邓小平同志为主要代表的中国共产党人总结新中国成立以来的经验教训，要求全党和全国工作重心转移到经济建设上来，坚持四项基本原则，坚持改革开放的伟大决策，推动了我国经济社会的进一步发展，也促进了我国社会主义现代化建设的进程。经过多年的探索，中共十八大以后，我们对于发展道路问题越发清晰，在中国共产党领导下，中华民族伟大复兴必将成为现实。

总之，正如习近平总书记所指出的，"中国必然走适合自己特点的发展道路"①。"纲要"课程教学首要的就是要讲清中国的道路问题。在中国共产党领导下，中国人民不屈不挠、不畏艰险，探索出适合自己的发展道路，这是"中国特色"的深刻体现。

（二）讲解中国制度的发展与完善

进入新时代，随着国内外形势的发展变化，"纲要"课程在讲述近现代中国历史进程中要特别侧重中国的制度话题，要特别注重向青年学生阐释中国的制度形成和特色。在中国近现代史上，"建立什么样的国家制度，是近代以来中国人民面临的一个历史性课题"②。通过阐释清楚中国制度的形成及特色，让青年学生能够更加深刻地认识到中国制度的优势。

教师在课程讲授过程中，要着重将道路开辟和制度完善发展作为贯穿始终的主线。从1840年鸦片战争后开始，我国就开启了制度发展的探索。自古以来，由于我国是一个国土面积广大的多民族国家，因此在国家管理层面存在许

---

① 习近平.在布鲁日欧洲学院的演讲[N].人民日报,2014-04-02(02).
② 习近平.坚持、完善和发展中国特色社会主义国家制度与法律制度[J].求是,2019(23).

多困难，特别是每个地区不同民族间的各种差别的客观存在，使得我国在漫长的封建时代逐步形成了一套稳定的制度管理方法。但是，随着世界资本主义的发展，晚清中国遇到以往历史上从未有过的历史大变局。我国尽管古代文明长期领先于世界，其制度形式也长期为周边国家所崇拜和效仿，但是毕竟属于农业文明的范畴。农业文明天然落后于工业文明，这使我国一时间大大落后于西方资本主义列强。因此，从鸦片战争后，我国制度发展的主要问题就是围绕着工业化的议题。实现国家工业化是近代化的核心，其制度的构建与发展必然以此为前提和标准。

自进入近代后，最早对此作出思考的是作为当时统治者的地主阶级。地主阶级对此给出的方案是"中体西用"，这一办法还是以维护封建君主统治为前提的，在其基础上开展洋务运动，大量购买西方的工业制成品。但是，此时购买的工业制成品主要是武器装备和制造武器装备的机器设备等，尽管后期为了解决财务危机洋务运动者开办一些营利性工厂，但是本质上封建制度是不适应，甚至是排斥资本主义发展的。所以，兴办洋务的地主统治者们没有也不可能去从整个生产方式层面改变社会，没有庞大的统一的国内市场，没有大量技术娴熟的劳动工人，也没有引入西方资本主义世界的科学技术，等等，封建制度仍然将大量的普通百姓束缚在土地上，过着自给自足的生产生活方式，因此，西方资本主义列强开展科技革命，不断推陈出新之时，晚清封建政府仍然保持着之前通过洋务购买的落后的生产技术和装备，直至甲午战争中的惨败让几十年的洋务运动彻底告以破产。之后，民族资产阶级登上历史舞台。然而，从工业化的角度来说，当时世界上唯一的工业化方式就是西方资本主义工业化方式。然而，这种方式一般是要首先通过侵略掠夺或长时间发展轻工业或者两者兼具进行资本原始积累，当获得大量资本原始积累后进行产业升级，同时将殖民地作为原料产地和商品倾销市场，维护本国经济发展。但是，对于当时晚清中国来说，完全不具备这样的条件，弱小的民族资产阶级根本无力通过这样的方式来实现中国的工业化，因而，建立资本主义制度也只能完全成为幻想。因此，近代中国建立资本主义制度的尝试在辛亥革命失败后即被人们认识到是不可能实现的。

随着1921年中国共产党的成立,领导中国人民逐步开启并实现了新民主主义革命的胜利,在中国建立起新民主主义制度。但是,新民主主义制度毕竟只是一种过渡形式,作为无产阶级政党的中国共产党领导下的新中国,必然要逐步走向社会主义。此时,向社会主义过渡是必然的,但是如何向社会主义过渡存在着争议。经过一段时间的争论后,毛泽东同志指出"既然西方资本主义在其发展过程中有一个工场手工业阶段,即尚未采用蒸汽动力机械,而依靠工场分工以形成新生产力的阶段,则中国的合作社,依靠统一经营形成新生产力,去动摇私有基础,也是可行的"。由此,全党被毛泽东同志说服。与此同时,全国人民对于建立和建设社会主义也是充满着无限的热情。因此,在中国共产党的领导下,通过对农业、手工业和资本主义工商业的社会主义改造,在1956年我们基本实现了在中国建立起社会主义制度的目标。社会主义制度的建立极大地鼓舞了全国人民,随之掀起来建设社会主义的热潮,推动了我国经济社会的发展。改革开放后,邓小平同志指出"计划和市场都是手段,社会主义可以有市场,资本主义也可以有计划",这一论断推动了我们加深对社会主义的认识,开启了公有制为主体,多种所有制共同并存的所有制结构改革。其后,随着改革开放的深入,我们逐步探索出中国特色社会主义制度。直至党的十八大以后,随着中国特色社会主义进入新时代,制度建设的要求更加迫切。到党的十八届三中全会,中共中央再次提出要全面深化改革,要逐步完善中国特色社会主义制度,提升国家治理能力。党的十八届五中全会更是明确指出要促进各方面制度的更加成熟。党的十九大再次强调了制度建设,并作出了明确的目标规定,指出到2035年将各方面制度建设更加成熟。① 党的十九届四中全会继续强调国家制度建设的重要性,进一步指出中国特色社会主义制度是一个严密完整的科学制度体系。

"纲要"课程教学要十分关注从革命到建设到改革开放以来,中国共产党领导中国人民建设我国制度所作出的努力和成果。要抓住制度变迁的缘由,讲清楚各个时期制度是如何变迁的以及变迁的推动力,呈现出我国制度发展的内

---

① 习近平.决胜全面建成小康社会 夺取新时代中国特色社会主义伟大胜利——在中国共产党第十九次全国代表大会上的报告[M].北京:人民出版社,2017:28-29.

在逻辑。除此之外,"纲要"课程的教学中我们还应当剖析中国特色社会主义制度的优势。在历史上有很多这样的实例,例如新中国成立初期集中力量修建了许多水利工程,即使到今天这些工程仍在恩泽我们的农业发展。另外,在应对新冠肺炎疫情中,我国始终坚持以人民为中心。在"纲要"课程教学中,用这些实例进一步彰显中国特色社会主义制度的优势,提升青年学生对制度自信的感悟,并引导学生深刻理解:始终立足于人民立场的中国共产党自诞生以来就一直是中国人民可靠的主心骨,是代表中国最广大人民根本利益的政党,只有中国共产党才能救中国,才能发展中国,才能带领中国人民实现中华民族伟大复兴。从而引领学生自觉拥护中国共产党领导。

(三)阐述中国智慧的总结与运用

不论是道路的开辟还是制度的创新,都是中国共产党领导中国人民运用智慧的结果。在近现代中国历史上,我们遇到的情况是前所未有的。中国古代有着璀璨的文明,但也屡次遭遇挫折,严重的时期甚至整个民族都面临着亡国灭种的巨大危机。对此,尽管遭遇磨难,但我们中华儿女从未丧失过信心。然而,近代中国遭受的危机与之前是完全不同的。西方资本主义的发展是工业文明的成果形式,而晚清时期我国仍然是一个自给自足的农耕文明。农耕文明相对于工业文明是落后的,致使晚清时期中国被卷入资本主义世界体系之中,日渐成为资本主义世界市场体系的原料产地和商品倾销市场。在这一时期内相当长的时间中,我们难以找到实现农耕文明演进到工业文明的可靠途径,与之相应的是我国人民的民族自信心受到前所未有的打击。究其缘由,我国封建守旧势力和西方侵略者势力强大,而民族资本主义力量弱小,难以承担实现发展工业文明的重任。与此同时,当时世界上可见的工业文明成果其形式只有西方资本主义工业文明成果。对此,要实现工业文明,在当时来说,只有发展资本主义,而中国又被屡次证明无法走资本主义发展道路。如何解决这一问题成为当时中国无数有志之士探索的关键。

直至俄国"十月革命"爆发,给中国送来了马克思列宁主义,使得中国有志之士开始认识到中国虽然无法发展资本主义,但是可以通过社会主义实现国家工业化,而且社会主义工业文明是比资本主义工业文明更加先进的工业文明形式。然而，新的问题又出现了。那就是在中国当时半殖民地半封建社会，如何才能实现社会主义。先进的中国共产党人坚定信念、奋发图强，成功地将马克思主义与中国实际相结合，走出了一条前所未有的新民主主义革命道路，联合国内外一切可以联合的力量成功实现了民族独立，建立了新中国，为国家富强打下了坚实的前提基础。其后，在向社会主义过渡和建设社会主义的问题上，中国共产党领导中国人民作出许多创举，快速实现了向社会主义过渡的目的，建立了社会主义制度，并且超额完成"一五计划"，奠定了我国工业基础，大大推动了我国的工业化进程。改革开放后，以邓小平同志为主要代表的中国共产党人提出了一系列创造性论断，发展社会主义市场经济，推动了中国特色社会主义的形成和发展。经过改革开放四十多年的奋斗，中国特色社会主义已经进入新时代，我国人民在中国共产党的领导下必将实现中华民族的伟大复兴。

纵观整个历程，中国共产党领导中国人民成功将马克思主义基本原理运用于中国社会现实之中，取得了一系列的具有重大指导意义的成果。首先，从革命层面来说，中国共产党领导新民主主义革命的胜利为世界民族民主革命提供了一种新的革命形式。新中国的成立促进了第二次世界大战结束后世界殖民主义体系的瓦解。同时，中国共产党领导的中国革命也破解了类似我国这样的长期遭受帝国主义侵略的殖民地、半殖民地等国家实现工业化上的后发劣势。对于殖民地、半殖民地等国家和地区必须优先实现民族独立，才有可能推动工业化进程。不然都只能成为世界资本主义体系中资本主义强国的原料产地和商品倾销市场。其次，对于第二次世界大战后实现民族独立的国家，由于基础薄弱，就像新中国成立初期我国几乎无工业一样，许多新独立国家的发展能力较弱。对此，中国共产党领导的新中国通过走社会主义道路，集中力量发展工业，广泛发动人民群众建设社会主义中国，同时加强文化认同等，推动了国家经济社会的迅速发展，并且在一个较短的时间内为建立独立自主的国民经济体系打下了坚实的基础。再次，针对已经占据优势的资本主义发达强国，如何实现国家工业化是个难题。作为发达资本主义国家会尽全力打压后发国家的工业进程。比如民国时期的我国就难以发展重工业，仅有的工业也只是部分轻工业。发达资本主义国家不会将技术、资金等注入后发国家，甚至会进行技术封锁。因此，后发国家想要发展工业十分困难，想要建立完整的国民经济体系更是难上加难。在发达资本主义国家已经对世界完整瓜分的前提下，走资本主义工业化道路已经是不可能的事情，因为不具备实现资本原始积累的条件。对此，我国在中国共产党的领导下仅仅依托社会主义制度，充分做到集中力量办大事，走社会主义工业化发展道路。尽管存在起步晚，资金少，甚至技术难度大等种种难题，但是我国仍然通过制定阶段性的战略计划，成功实现了建立完整工业体系的目标，为落后国家和地区的发展提供了借鉴。到改革开放后，中国共产党人再次作出许多创举，充分利用市场的手段，发展社会主义市场经济。这些创举活跃了经济形式，极大地推动了我国经济社会的发展。面对中国经济腾飞的奇迹，越来越多的国家开始认为中国的经济社会发展有着自身独特的模式。这正是中国对世界经济发展的巨大贡献。最后，作为一个社会主义国家，我国在中国共产党领导下始终坚定地走社会主义道路，在发展中不断加深对社会主义的认识，完善发展社会主义制度，引领了世界社会主义的发展。

学习历史是为了为现实的发展提供借鉴。中国共产党领导中国人民在革命、建设和改革的各个时期所取得的诸多成就是中国智慧的体现。教师要注重引导青年学生去了解这一要点，从而促进青年学生更加坚定"四个自信"。中国共产党领导中国人民建立新中国后，逐步开始社会主义改造和建设活动，取得了巨大的历史性成就。课堂教学对这一部分的讲授，一定要坚持历史唯物主义观点，对中国共产党领导我国人民建设社会主义中取得成就的原因进行剖析，并且要从整体上讲清历史发展脉络。新中国成立后，我们取得的诸多建设成就是改革开放后我们继续发展的基础。改革开放后，以邓小平同志为主要代表的中国共产党人总结新中国成立以来正反两方面的经验教训，推动了中国特色社会主义的发展。通过讲解这些历史过程和历史成就，引导青年学生充分感受中国走社会主义建设道路的历史必然性，引领青年学生热爱中国共产党、热爱社会主义中国，增强民族自豪感，并自觉树立起为实现中华民族伟大复兴而奋斗的时代责任和历史使命。

二、积极开展网络平台教学

网络平台教学是课堂教学的延伸和补充，也是课程模块化教学改革的重要依托，教师需积极开展形式多样的网络平台教学来推动网络平台教学模块的创建。网络平台教学是现代教学中十分普遍的教学形式。特别是受新冠疫情的影响，网络平台教学形式得到进一步发展。传统的单一课堂教学本身由于时间、场地等的限制，存在一些难以解决的教学问题，如学生自主学习文献和史料的问题。对于历史学科来说，网络平台存在大量的知识和信息资源，网络平台教学可以成为"纲要"课程课堂教学力量的必要延伸。青年学生可以通过网络平台发挥学习主动性，阅读大量与课堂教学相关的资源，加深对课堂理论知识的理解。这种主动性的学习状态与课堂教学中被动接受的状态是完全不同的。同时，通过网络平台主动自学，青年学生也可以培养自己独立学习、独立思考的能力。

网络平台教学方式虽然强调以青年学生为主体，但并不能忽视教师对学生的引导与启迪作用。"纲要"课程是思想政治理论课，对于世界观、人生观、价值观正在形成的青年学生来说，教师要时刻作好引导工作，帮助青年学生走在正确的成长道路上。因此，在网络平台教学中，教师应该明白这是课堂教学的延伸，设置好网络自学的具体内容，切实做到网络平台学习能够成为课堂教学相关主题的有力补充。同时，要和青年学生积极沟通，将原本课堂教学的静态模式转变为网络平台教学的动态模式，从而促进教学效果的实质性提升。

历史学习作用在于从过往的经历中吸取经验教训，为今天的发展提供历史的借鉴。从这一点来说，"纲要"课程需要通过教学让青年学生在历史的长河中感悟到中国共产党领导中国人民英勇奋斗的伟大历程，自觉树立并坚定共产主义理想信念，努力成为社会主义现代化建设者和共产主义接班人。这一过程一定要唤起青年学生的内在热情，因此，教师在教学过程中要通过网络平台学习内容的安排激发青年学生的兴趣与渴望，不能让青年学生被动接受，而是要让青年学生自觉参与进来。"纲要"课程作为思想政治理论课教学的主要课程之一，是青年学生获得思想政治教育的主要渠道。由于课程本身内容较为严肃、涵盖不同专业的学生群体等原因，整个课程学习过程容易变得枯燥乏味。对此，采用网络平台教学的方式可以有效克服这种弊端。因为网络平台教学中，教师起到引导作用，而主体是参与学习的青年学生自身。这样，可以根据学生的具体情况来设置教学的情境，让参与学习的青年学生有更多的代入感。同时，网络平台教学不受场地限制，时间上也比课堂教学更易于统一安排。这就便于进行各种学习项目的设置，组织青年学生进行讨论。例如，针对"纲要"课程中所涉及的历史人物、历史事件、历史故事等各种专题形式，均可以在网络平台中通过设置进行分小组讨论，教师也可以在网络平台中与学生及时进行互动，也可以安排参与学习的青年学生课前准备，然后在网络平台讨论中以发言的方式表达自己的观点、看法等，通过教学相长的方式来提升青年学生群体的学习效果。另一方面，进入新时代，我国社会主要矛盾已经转化为人民对于美好生活的追求与发展不平衡不充分之间的矛盾。由于我国经济社会的迅速发展，相比于迅速变化的生活方式，人们的价值观念则呈现明显的多元化状况，包括资本主义腐朽的金钱、享乐价值观念等。青年学生缺乏辨别力，容易受到有心群体的迷惑，如不加引导，任其自由发展，他们就极易受到这些腐朽价值观念的影响。通过网络平台教学，教师可以组织青年学生积极参与，引导学生通过自主学习认识学习党史、国史的重要性，提升辨别各种社会思潮的能力，培养独立思考的能力，树立正确的党史观、历史观、国家观、民族观以及正确的世界观、人生观和价值观，坚定人民立场，坚定"四个自信"。

当然，网络平台教学绝不是将课堂教学的内容简单粗暴地搬迁到网络上，而是要充分发挥学生的主体作用，加强师生互动。在"纲要"网络平台教学过程中，教师不能采取传统的单向传授方式，而是要坚持以人为本，将青年学生作为主动参与者引入教学过程，加强与学生的互动。教师要引导学生主动阅读相关历史资源，主动参与网上的讨论、辩论、演讲和微宣讲等活动。在"纲要"教学改革过程中，要注重创新具体的教学方法。课堂教学的传统教学方式十分单一，虽然经过多年改革，但是受限于基本的授课形式，难有大突破。网络平台教学则可以进行更多的探索。当今时代，由于信息技术的迅速发展，网络平台涌现出多种交流形式,如各种手机应用软件的开发,网络电脑端资源平台的出现等,利用好这些技术可以有效推动"纲要"教学的改革创新。合肥工业大学的"纲要"课程除了课堂理论教学,还积极采用学堂在线、慕课等形式,或让青年学生自己准备专题讲解红色故事、中国故事,然后以演讲的形式做成微视频,组织学生进行网上交流。目前也有教师采用微课形式对课堂理论教学进行补充,效果显著。目前,网络平台教学作为课堂理论教学的延伸和补充,与课堂理论教学同向同行,成为合肥工业大学"纲要"课程模块化教学改革的重要组成部分。

三、有效开拓社会实践教学

社会实践教学能够加深青年学生对于历史的体验感,教师需要积极开拓社会实践教学以推动社会实践教学模块的创建。社会实践教学是一种必要的教学方式,也是对课堂理论教学和网络平台教学的补充和完善,能助力学生更好地理解理论知识,更深刻地把握中国历史发展进程及其发展规律。

首先,"纲要"课程社会实践教学要有效整合并充分利用校园周边的本土历史文化资源。近年来,各地的历史文化资源在"纲要"课程教学中日益得到重视和利用。将城市中已有的历史文化资源融入"纲要"课程教学,能够极大地增强学生群体对思想政治教育的现实体验感,从而提升教学质量。比如合肥本身是一座拥有两千多年历史的古城,对中国近现代历史同样有着丰富的实地文化记载,近些年合肥更是新建了安徽名人馆、安徽科技馆、渡江战役纪念馆、革命烈士陈列馆等多个展览馆。这些展览馆等充分展现了中国近现代革命和建设的进程,体现了中国共产党领导我国人民不畏艰险的高贵品格和伟大精神,是进行"纲要"课程实践教学的绝好素材。合肥工业大学马克思主义学院和"纲要"课教研室充分利用这些历史文化资源,并以此为依托建立了相关实践教学基地,开展了丰富的社会实践教学,有计划、有组织地带来学生进行实地参观、考察和调研,让学生回顾历史,拉近历史与现实的距离,使枯燥的书本理论知识通过真实的历史实物、历史实景的形式变得生动形象。学生通过实地考察，将书本知识与现实联系起来，能够真切地体验到中国共产党带领中国人民开辟革命道路、进行社会主义建设和改革的艰苦卓绝，体验到革命先烈的坚定信念和大无畏牺牲精神，从而增强道路自信、理论自信、制度自信和文化自信，坚定共产主义理想信念，拥护中国共产党领导。利用本土历史文化资源进行社会实践教学，能够引发学生群体的情感共鸣，他们愿意积极参与。今天，中国人民在中国共产党的领导下，生活越发美好，许多青年学生都愿意甚至是渴望了解中国革命和建设的伟大历程，在对历史的了解中增进民族自信心。以本土历史文化资源为切入点开拓社会实践教学，让学生充分了解中国近现代史，深刻理解我国的国情现实，能够在潜移默化中激发学生的责任感和使命感。同时，利用学校周边的本土历史文化资源开展实践教学的成本较低，也方便操作，可以很好地保障实践教学的可持续性，增强学生的学习效果。

其次，"纲要"课程社会实践教学要紧扣社会现实和当下时事。学习和研究历史归根结底是为现实服务的。"纲要"课教师引导学生学习、了解中国革命、建设、改革的历史，旨在梳理历史发展脉络、总结历史经验及其教训，做到博古通今，更好地为现实发展提供资鉴。我们要结合社会热点问题开展实践教学，从学生关注的热点问题入手，比如新冠疫情问题，引导学生深入了解抗疫斗争中的各种英雄事迹，搜集整理防疫抗疫的相关资料，深入领会以习近平同志为核心的党中央始终强调"把人民生命安全和身体健康放在第一位"的重大意义，理解中国共产党始终坚持全心全意为人民服务的根本宗旨。学生通过这些现实生活和现实事件，能够更加真切地感受到中国共产党领导全国各族人民不忘初心、牢记使命，为实现中华民族伟大复兴而不懈奋斗的人民情怀，能够更加深刻地领会到没有中国共产党就不会有中国革命的胜利和中国建设的伟大成就，进而激发学生发自内心地热爱中国共产党、热爱社会主义中国，坚定共产主义理想信念。

最后，"纲要"课程实践教学的开展要善于借鉴最新科技成果。当今时代，是个信息化技术迅速发展的时代。互联网等信息科技成果已经成为我们每个人必不可少的生产生活工具。在这样的社会背景下，加快教育信息化也已成为当今教育改革的重要内容之一。对此，"纲要"课程实践教学的开展需要顺应形势，广泛采用各种网络平台、采用数字技术，有效利用互联网资源，占领意识形态领域网络阵地，实现思想政治理论教育"立德树人"的根本任务。比如，在讲解"纲要"有关专题时，我们可以通过互联网资源和信息技术，模拟历史场景，再现历史事件与英雄人物，让学生身临其境地瞻仰革命遗址，进行角色体验，为学生呈现生动直观的形象，增加学生对历史过程的立体化感知。这不仅可以增加学生的获得感和体验感，而且有助于提高学生的参与度，有效推动学生学史知史爱党爱国，提高教学实效性。

▶第三节
"纲要"课程模块化教学改革之路径探赜

在"纲要"课程模块化教学改革的具体推进过程中，学校和马克思主义学院需要着眼于从整体上推动课程改革、加强师资队伍建设，学校相关教学实体机构也需做好各项后勤保障建设。多方同向同行，形成协同效应，真正将课程模块化教学改革落至实处。

一、整体推动"纲要"课程教学改革

"纲要"课程是高校思政课的重要组成部分，也是开展大学生思想政治理论教育的关键课程之一，其教学全过程都应紧紧围绕思政课"立德树人"根本任务而展开。在推动"纲要"课程模块化教学改革时，我们一方面要从教师队伍建设、教学方式层面整体推动课程教学改革，另一方面要避免仅从"纲要"课程或思政课程的单一层面看待问题，而是要将"纲要"课程改革置于大中小学历史课程的学习现状及高校思政课程与课程思政的大背景下来整体推动其教学改革。

一是从教师队伍层面看，要不断吸收与马克思主义理论相关的各专业、各领域优秀的思想政治理论工作者加入"纲要"课程教学，拓展教学的师资力量，强化教学效果。

二是从教学方式层面看，要努力促进课堂教学、网络教学与实践教学的融合。三者都不免受限于所属模式或空间平台等的影响，有其缺点。而促进三种教学方式的融合能够有效弥补三者的缺陷，使三者优势互补，形成一个整体性教学过程，相互融会贯通，提升教学效果。比如，在课堂教学中进行专题讲解，其后学生通过网络平台进行史料的补充学习，能够更加充分地领会到所学专题的知识内容，再经过实践教学，如引领学生走近与专题内容相关的红色革命圣地、聆听相关党史工作者的讲座、采访相关革命者后代等，拉近现实与历史的距离，让学生们更进一步地感受到相关专题的内容和意义。

三是从大学生接受思政课教育的整体层面看，高校"纲要"课程教学应与中小学相关历史教学内容有效结合起来，而不能仅仅是以前内容的重复讲解。"纲要"课教师应统筹规划大中小学历史教学的整体状况，特别是要加强学习和把握中学历史教学的内容和要求，将大学生群体从中学到高校的历史学习过程当作整体来看待，并在此基础上科学设置高校"纲要"课程的教学目标、教学要求、教学内容和教学方法等，实现"纲要"课程与中学历史教学的有效衔接，提升教学实效。

四是从思政课程与课程思政的层面看，"纲要"课程不仅要加强本身的思政课程建设，也需加强与其他专业课程的多元联动。其他专业课程教师要积极进行课程思政建设，将思想政治教育目标有效地与专业课程相融汇，充分挖掘本专业课程蕴含的思想政治教育元素。如，理工科教师可将专业课程教学与大国工匠精神、科技强国、数据强国、科技伦理等思政教育思想相结合。包括"纲要"课程教学在内的思政教育要与课程思政相互贯通，着力推动思政课程与课程思政同向同行，形成协同效应。

二、不断加强师资队伍建设

教师在教学中的主导性作用是不可替代的。做好任何一门课程的教学工作都离不开从事教学的教师队伍，"纲要"课程的发展也不例外。当前，我们要推动"纲要"课程模块化教学改革，必须不断加强师资队伍建设。

第一，要积极扩充"纲要"课程师资力量。由于经济社会发展等原因，重理轻文的现象在不少地方依然存在。十多年前的高中生在文理分科的时候就多存在优先选择理工科、其次选择文科的状况。而就在文科的选择范畴内，多数学生高考后选择专业时基于将来就业等原因，多倾向于经济政法类专业，较少选择就读或研究马克思主义理论和历史、政治类专业。特别是马克思主义理论学科，长期以来人才较为缺乏，导致目前从事"纲要"课教学和研究的教师队伍中马克思主义理论专业或与之相关专业的教师比较紧缺。"纲要"课程教学改革首先就是要吸纳相关专业的人才进入教学队伍，以扩充"纲要"课程模块化教学改革必需的师资力量。

第二，要全面提升"纲要"课教师综合素质。一是要增强教师进行思想政治理论教育的意识。马克思主义学院要激励教师紧密围绕"立德树人"根本任务，深入思考"培养什么人、怎样培养人、为谁培养人"这一根本问题，并结合当前国内外形势，思考如何进行思政课教学改革的问题。二是要提升教师队伍的学术科研能力。"纲要"课程毕竟是高校思想政治理论课的一部分，其中，课程各个专题的教学都对教师的学术科研能力提出了较高要求。如果教师不在学术科研层面下功夫，不能深化理论研究，将难以适应形势的发展。马克思主义学院要督导教师在学术研究上推陈出新，要对教师的教研与科研活动提供必要支撑，给予物质奖励或精神激励，同时为青年教师配备导师。三是要提升教师的教学能力，包括课堂驾驭能力、网络管理能力、对现代教育信息技术的运用能力和社会实践组织能力。教师在课堂理论教学中要紧扣教学目标，找到易于被学生接受的教学方式，根据自身和不同学生群体的状况掌控好教学节奏，善于引导学生融入历史情境，理解专题教学内容。教师还应注重提高开展网络教学和实践教学的能力。要根据课堂教学主题来设置网络教学和实践教学的内容，通过网络补充必要的史料读物和影像资料及组织学生参观红色遗址、革命纪念馆等地，促使学生深刻理解中国近现代的理论知识、主要观点和历史规律，并在此基础上"正确认识世界和中国大势"。

三、积极推进教学保障建设

"纲要"课程教学过程不仅需要教师积极开展课堂教学、网络教学和社会实践教学等工作，也要求学校内部的相关教学实体机构加强各种软硬件建设，为教学工作提供各项经费、互联网技术、实践教学基地和教学过程组织管理等各项支持。比如，网络教学的开展涉及网络平台的开发和建设，学校相关机构要提供购买网络平台使用权的经费和互联网技术支持。学校还要提供给教师维护好自身网站所需的技术支持，以及提供学生进行上网所需的设备条件。在实践教学中，相关教学实体机构需要建立"纲要"课程教学所需的成果展览室、学生竞赛活动场所等，为社会实践教学提供各种组织和后勤保障等。教学所必需的技术、设备和场地等得到有效保障，整个教学过程才能完整有序地开展。此外，学校相关教学实体机构还应做好每个教学环节的考核工作。如在教学大纲制定中明确学生的目标任务和考核标准等。还要对教师教学能力和教学实际效果进行评价与考核，促使教师高度重视并积极完成各项教学工作，自觉提升"纲要"课程的整体教学质量。

第六章

"思想道德与法治"课程改革提升大学生"四个正确认识"的思考

"四个正确认识"的提出，是以习近平同志为核心的党中央站在中华民族伟大复兴的全局和战略的高度，立足当下世情、国情、社情的时代特征，对高校"培养什么样的人"、"怎样培养人"、"为谁培养人"和如何"做人的工作"提出的新目标、新要求。① 合肥工业大学马克思主义学院"思想道德与法治"（注：以下简称"德法"）课程组积极进行课程改革，不断提升大学生"四个正确认识"，从而培养时代新人。

▶第一节
以"四个正确认识"推动高校"德法"课程改革

2016 年 12 月，全国高校思想政治工作会议在北京召开。习近平总书记强调，要教育引导学生正确认识世界和中国发展大势；正确认识中国特色和国际比较；正确认识时代责任和历史使命，用中国梦激扬青春梦，为学生点亮理想的灯、照亮前行的路，激励学生自觉把个人的理想追求融入国家和民族的事业中，勇做走在时代前列的奋进者、开拓者；正确认识远大抱负和脚踏实地，珍惜韶华、脚踏实地，把远大抱负落实到实际行动中，让勤奋学习成为青春飞扬的动力，让增长本领成为青春搏击的能量。"四个正确认识"是习近平总书记立足办好中国特色社会主义大学这一核心要求，对新形势下提高大学生思想政治素质，加强大学生思想政治工作提出的总目标、总原则、总要求。作为大学生思想政治教育的主渠道，"德法"课程应以实现"四个正确认识"为根本目

---

① 李忠军.高校思想政治理论课教学应以实现"四个正确认识"为根本目标[J].思想理论教育导刊,2017(2).

标，不断在课程改革中，提升大学生"四个正确认识"。

"四个正确认识"契合"德法"课程的教学目标与培养目标。党的十九大提出了"培养担当民族复兴大任的时代新人"的战略要求。大学生应该以有理想、有本领、有担当为根本要求，夯实综合素质基础，着力提升思想道德素质和法治素养，这是"德法"课程的教学目标与培养目标。具体来说，我们要教育新时代的大学生具有崇高的理想信念，牢记使命，自信自励；我们要教育新时代的大学生要有高强的本领才干，勤奋学习，全面发展；我们要教育学生要有天下兴亡、匹夫有责的担当精神，讲求奉献，实干进取，从而"不断提高学生思想水平、政治觉悟、道德品质、文化素养，让学生成为德才兼备、全面发展的人才"。"德法"课程的这些目标与习近平总书记提出的"四个正确认识"高度契合。要培养有理想、有本领、有担当的时代新人，在教学中提升大学生的"四个正确认识"是非常关键的。学生只有正确认识世界和中国发展大势，才能从我们党探索中国特色社会主义历史发展和伟大实践中，认识和把握人类社会发展的历史必然性，认识和把握中国特色社会主义的历史必然性，不断树立为共产主义远大理想和中国特色社会主义共同理想而奋斗的信念和信心，才能真正从理性上认知认同、从内心深处树立坚定的马克思主义信仰；大学生只有正确认识中国特色和国际比较，才能全面客观认识当代中国、看待外部世界，才能在社会主义市场经济和经济全球化的大潮中，在多元的思维方式和价值观的冲突中，坚定对中国特色社会主义道路自信、理论自信、制度自信与文化自信，才能找准自己的人生目标，确立正确的成才理想和职业理想，并找到达到理想的正确途径。而正确认识时代责任和历史使命、正确认识远大抱负和脚踏实地，与"德法"课程培养目标中的"有担当""有本领"高度一致。

"德法"课程要以"四个正确认识"作为目标，不断在教学改革中提升大学生的"四个正确认识"能力，不断提高大学生思想水平、政治觉悟、道德品质、文化素养，让学生成为德才兼备、全面发展的人才。

▶第二节
"德法"课程改革提升大学生"四个正确认识"之内容设计

"德法"课作为帮助大学生树立正确世界观、人生观、价值观、道德观和法治观的一门课程,在引导大学生提高思想道德素质和法治素养,成长为自觉担当民族复兴大任的时代新人的过程中,起着重要作用。教师在教育教学过程中,更应责无旁贷提升大学生的"四个正确认识"。合肥工业大学"德法"课教研室经过认真学习、审慎思考和集体讨论后,设计了提升大学生"四个正确认识"的内容。

一、聚焦"四个正确认识",提炼各章教学主题

"德法"课教师聚焦"四个正确认识",凝练本门课程每一章的主题,把"四个正确认识"紧密融入教学内容及教学过程。对于大一学生来说,由于他们的世界观、人生观、价值观正在定型之中但不稳定,而且由于他们身心发展特征与社会大环境的影响,他们在思想上有一定的困惑,在人生的发展中有时处于迷茫之中,如如何认识自己的时代责任与历史使命,如何确立远大抱负理想,又如何去实现之,等等,这需要在本门课程教学中予以解答和疏导。我们在教学内容的梳理中,紧密结合"四个正确认识",以青年大学生的特殊人生阶段的各种发展性问题为导向,以"四个正确认识"为教材主线,"遵循从理论到实践,从生活实际到品德养成,从至善追求到底线守护的基本逻辑"把教材体系内容依次提炼为"新时代新征程新使命""人生价值""理想信念""中国精神""社会主义核心价值观""道德养成""法治意识"7个教学主题,按照大学生成长发展和思想品德形成的规律,循序渐进地进行教育和启发,力求提升大学生的"四个正确认识",提高大学生的思想道德素质和法律意识。每一个主题均从"问题解析—问题链形成—重点难点—影响教学内容设计因素—教学方法选用—课堂教学(理论教学)过程设计—课外实践教学设计"的逻辑线条依次展开。

我们把"绪论"的主题提炼为"新时代新征程新使命",该主题以"新时代大学生的历史使命"为核心问题,帮助大学生正确认识世界和中国发展大势,使大学生认识并透彻理解中国特色社会主义进入新时代,把握进入新时代的伟大意义和深刻内涵,在此前提下,清醒地意识到作为新时代的大学生,肩负着怎样的时代责任与历史使命,并在微观上回应新时代大学生在适应大学生活中所面临的问题和困难,帮助大学生认识大学,尽快适应大学新生活,明确与树立成才目标,转变学习理念与学习方法,为今后的成长成才打下良好的基础。形成的问题链是:我国所处的历史方位是什么?→这种历史方位赋予大学生怎样的重任与使命?→大学生应树立怎样的成才目标?→要实现成才目标大一新生应该如何做?

又如,在"理想信念"这一主题中,该主题以"我们为什么需要科学的理想信念?如何化理想为现实?"为核心,回应当代大学生对理想信念的迷失或疑惑等一些问题,旨在帮助大学生在当前纷繁复杂的各种社会思潮面前,认识到什么是理想信念,为什么要树立科学的理想信念,从而引导大学生树立马克思主义的理想信念,在为实现中国特色社会主义共同理想而奋斗的过程中实现自己的理想信念。所形成的问题链是:理想信念是什么?→为什么要有理想信念?→要树立怎样的理想信念?→如何实现我们的理想信念?通过对这些问题的解答,帮助大学正确认识远大抱负和脚踏实地,使他们既能树立共产主义的远大理想,又能脚踏实地,在实现中国梦的实践中放飞青春梦想。

二、围绕"四个正确认识"对"问题链"做理论与实践双重分解

教师们围绕"四个正确认识"确定了每章的问题链后,会根据这个问题链进行教学设计。这个教学设计既包括课堂教学内容的安排,也会根据具体教学内容来安排相应的社会实践教学设计,把各章问题具体分解为理论与实践双重向度,做到"德法"课理论教学与实践教学的统筹规划。

如,在"新时代新征程新使命"这一部分,我们设计了一些实践教学环节,以帮助大学生正确认识世界和中国发展大势,正确认识中国特色和国际比

较，正确认识中国特色社会主义处于新时代。如组织学生进行"三下乡"社会实践活动，组织学生参观合肥创新馆、小岗村等课程实践教学基地，组织学生在观察思考的基础上，进行"微创作"等，以帮助学生认识到世情、国情及时代赋予个人的使命。

再如，在"理想信念"这一部分，除了认真设计课堂教学教案之外，我们也精心设计了一些实践环节，以帮助大学生确立坚定而崇高的理想信念。如开展座谈讨论会请同学们结合自身实际，谈谈自己的理想信念，及其对自己的重要意义；讨论或辩论——共产主义一定能实现 VS 共产主义不可能实现；参观考察小岗村、社会主义新农村等，增进中国特色社会主义共同理想；暑期"三下乡"主题设计——重走长征道路，感悟信仰力量；等等。

又如，在"中国精神"这一主题的理论讲解中，我们以"中国精神的培育与弘扬"为核心，从理论到实践，在帮助大学生深入理解中国精神主要内容的基础上，明确弘扬中国精神的时代任务。围绕经济全球化背景下的爱国主题，引导大学生认识中华民族爱国主义的优良传统和时代价值，认清爱国主义作为民族精神核心的地位，引导大学生做忠诚的爱国者；围绕以改革创新为核心的时代精神，引导大学生主动创新创业，把弘扬时代精神与弘扬民族精神有机结合起来，形成了问题链中国精神是什么？→爱国主义的民族精神是什么？→如何做忠诚的爱国者？→改革创新的时代精神是什么？→如何做改革创新的实践者？在实践教学设计中，有爱国随手拍（微视频）、小班讨论、演讲比赛及爱国主义教育基地的红色基因及其传承教育等。

▶第三节
"德法"课程改革提升大学生"四个正确认识"之路径探赜

合肥工业大学"德法"课教研室为了提升大学生"四个正确认识"，探索出了多元化路径，并在践行这些路径的过程中取得了一些实效。

一、激励教师聚焦"四个正确认识"加强理论学习

加强马克思主义理论学习,是思政课教师引导学生提升"四个正确认识"的前提条件。理论的力量是强大的,马克思就曾说过:"理论只要说服人,就能掌握群众;而理论只要彻底,就能说服人。"① 马克思主义,包括中国化的马克思主义,都是科学的理论。习近平同志曾指出:"马克思主义是在批判吸收人类全部知识的基础上产生并且随着时代、实践和科学的发展而不断丰富发展的,是人类迄今为止最先进的思想论体系。"加强马克思主义理论学习,具有重要意义,"一个政党要走在时代前列,一刻也离不开理论指导;一个领导干部要做好本职工作,一刻也离不开理论学习"。② 同样,思政课教师要引导学生提升"四个正确认识",就必须加强理论修养,提升自己的"四个正确认识",这一刻也离不开学习马克思主义理论。

习近平总书记在全国高校思想政治工作会议上指出,教师作为传道者,自己首先要明道、信道。"德法"课教师要不断加强理论学习,提升自己各方面的素养,担负得起大学生健康成长的指路者的责任。我们只有加强马克思主义理论学习、做到明道,才能信道,才能对马克思主义理论真懂、真信,才能透彻理解与把握习近平新时代中国特色社会主义思想,才能在理论上武装自己,提升自己的政治素养和理论素养,从而在教学中释放理论魅力,以高度的理论影响力引导学生提升"四个正确认识"。

教师只有不断开拓自己的理论视野、历史视野和国际视野,才能有知识和能力引导学生提升"四个正确认识"。为了不断激励教师聚焦"四个正确认识"加强理论学习,合肥工业大学"德法"课教研室每周三下午开会,双周政治学习,单周业务学习,不断提升教师的理论素养及教学水平;同时,教研室还会邀请全国知名专家学者现场或远程开展学术讲座或教学讲座,并积极组织教师聆听;此外,还会定期安排思政课教师有计划地参加一些培训,比如组织教师

---

① 马克思恩格斯全集(第三卷)[M].北京:人民出版社,2002:207.
② 习近平.领导干部要认认真真学习老老实实做人干干净净干事[N].学习时报,2008-5-14(01).

到安徽省委党校培训,积极鼓励教师参加各种学术会议或教学会议。在此基础上,教师也主动自觉加强政治和业务学习,学习的重点是如何使习近平新时代中国特色社会主义思想进教材、进课堂、进头脑,如何提升大学生"四个正确认识"的能力,如何使自己成为"政治强""情怀深""思维新""视野广""自律严""人格正"的思政课教师。在此过程中,教师的理论水平和教学能力不断提升,为提升思政课教学质量、提升大学生"四个正确认识"提供了有力度的师资保障。

二、围绕"四个正确认识"开展"集体备课—个性化教学"

合肥工业大学"德法"课教研室积极推进集体备课常态化,不断钻研教学方式方法,集思广益探讨如何提升大学生的"四个正确认识"。教研室实行"集体备课—个性化教学",通过这一形式,教师之间相互分享经验,相互学习,彼此支持,既能促进大家的共同成长,又能显著地提升大学生的"四个正确认识"。集体备课之前,每个教师会提前研究教材,独立备课,琢磨如何将"四个正确认识"融入教学之中。集体备课时,大家相互探讨、相互启发,在思想的碰撞中擦出智慧的火花,进一步修改完善自己的教学设计。通过这一过程,能有效凝聚集体的智慧。由于教师的教学年限、业务水平、研究方向和教学经验各有不同,从而导致教学水平的差异,而集体备课就解决了这一问题,有助于提高教师的教学水平。同时,也能显著提高教育教学效果,通过教师们的博采众长,进一步提升大学生的"四个正确认识"。前述的"主题式""问题链"的教学方式方法就是集体备课的智慧结晶,教师们将之应用于实际教学过程,教学效果显著。

在集体备课的基础上,教研室也鼓励教师在集体备课成果的基础上,根据自己的知识视野、理论视野、国际视野及收集资料的情况,结合自己的教学优势和本班学生的学习状态和个性特征等,开展"个性化教学",做到"因班而异",以增强教学的针对性和实效性。

三、以多样化教学法推动"四个正确认识"的"三进"

经过深入学习和集体备课,在"德法"课教学中,教师运用多种教学方法与手段,紧密结合教学内容宣讲习近平新时代中国特色社会主义思想,解析"四个正确认识",使之进教材、进课堂,更进学生的头脑,使同学们从理论上深刻把握"四个正确认识"。老师们采用讲授法、启发法、案例教学法、讨论法等教学方法,深入讲解习近平新时代中国特色社会主义思想视域中的"德法"课,充分调动学生学习的积极性、主动性,最终通过学生自身内部的学习力解决学习中的问题,使学生深刻理解并切实把握"四个正确认识"。

在教学中,教师根据集体备课中形成的主题式与问题链式教学方法,层层深入,提出一个又一个环环相扣、引人深思的问题。如在"绪论"这一章里,教师在讲授之前,提出我国所处的历史方位是什么,这种历史方位赋予大学生怎样的重任与使命,我们个人发展与国家发展是怎样的关系,应树立怎样的成才目标,要实现成才目标我们应该如何做等一些问题,这些问题与"四个正确认识"密切相关。教师引导学生先思考这些问题,必要时,可以组织学生讨论,然后教师再来答疑解惑,进行理论上抽丝剥茧的讲解。这种教学方法达到了孔子所说的"不愤不启,不悱不发"的教学效果,学生主体作用得到了充分的发挥,学生带着老师提出的问题,产生了疑点、有了认识的障碍和自己的想法,动用自身已有的知识经验,使自己的思维处于主体积极的思维状态,有可能对于一些问题认识上比较模糊,于是向老师请教,与教师交流、沟通、探讨,教师发现学生们思想上的疑惑或理论上的盲点,再进行理论讲解、思想点拨,能使同学们透彻理解"四个正确认识"。

四、以课外实践强化学生对"四个正确认识"的实践自觉

"德法"课教研室定期举办形式多样的课外实践活动,引导学生积极参与进来,促使学生对"四个正确认识"和"德法"课教学的基本知识点、重点和

难点问题既产生理论认同，亦产生情感共鸣，并提升学生的时代责任感和历史使命感，强化学生将远大抱负付诸脚踏实地的实践自觉。中宣部、中央文明办、教育部、共青团中央《关于进一步加强和改进大学生社会实践的意见》指出："理论联系实际是党的优良传统和作风，教育与生产劳动和社会实践相结合是党的教育方针的重要内容，理论教育和实践教育相结合是大学生思想政治教育的根本原则。"要想大学生从情感上坚定、行为上践行"四个正确认识"，课外实践活动是必不可少的。课外实践活动有助于学生了解社会、认识国情、培养品格，增强学生的历史使命感和社会责任感。

其一，我们利用实践教育基地，组织学生开展"时代之旅"和"红色之旅"。我们组织大学生到南京雨花台、南京大屠杀纪念馆、渡江战役纪念馆、金寨革命博物馆等地参观，也带领学生到安徽凤阳小岗村调研，到安徽省科技馆、安徽省好人馆参观。通过这些活动，引导学生在实际中学习历史，他们切实体会到近代中国人民所遭受的灾难与苦难，了解中国人民寻求光明、争取民族独立的不屈的斗争历史，感受中国人民近代以来对实现中华民族伟大复兴中国梦强烈的期待；通过社会实践，他们了解中国革命、建设和改革开放的历史和成就，他们亲眼观察到中国一派日新月异、欣欣向荣、生机蓬勃的景象，也更强烈地认识到我国在中国共产党领导下，走社会主义道路的历史必然性与优越性，坚定对中国、对中国共产党、对社会主义的爱；也能更好地理解国情、社情、世情，激发他们为实现中华民族伟大复兴事业不断奋斗的内生动力。

其二，我们设定一些主题，鼓励学生聚焦主题展开讨论交流。主题根据当时的理论热点、社会热点问题来设定，学生们讨论的主题有有关爱国主义主题的"科学家有无国界"，有关道德法律生死观的"魏泽西之死"，有关大学生成长与社会责任的"大学生沉溺网络""如何看待抖音、快手"等。同时，每次组织学生参观调研之后，也会让同学们相互交流心得体会、提交调研报告。同学们通过文字、图片、视频等社会实践成果进行展示宣传，通过实践、讨论、交流，在思想碰撞的火花中找到灵感、厘清思路、坚定马克思主义立场，能更加深刻地感受到我们伟大祖国的进步发展，也能正确认识世界的发展，中国的过去、现在与未来，坚定中国特色社会主义道路自信、理论自信、制度自信、文化自信，在经济全球化的浪潮与多元文化竞争的环境中，坚定爱国主义立场、坚守中国情怀、坚持个人的使命与责任，促进自己的成长，为国家的发展贡献出自己的力量。

其三，我们组织大学生进行"道德情景剧"竞赛，开展沉浸式实践活动。具体是让学生找准社会生活中的一个视角，拍摄 5 至 10 分钟的微视频，主题要跟"德法"课密切相关，在此基础上，通过对视频的初步筛选，遴选一些小组进行决赛，进入决赛的小组，要根据剧本及微视频，以舞台剧的形式在舞台上实景演出。这极大地调动了学生的积极性，他们踊跃参加，涌现出大批主题健康向上、精神风貌良好、展现新时代大学生担当的优秀作品。参赛作品内容以积极宣传、贯彻社会主义核心价值观，坚定中国特色社会主义共同理想及共产主义远大理想为重点，在道德情景剧大赛这种实践活动中，大学生用马克思主义理论指导实践，仔细观察、分析现实生活，反思道德现象，通过小故事折射出大道理，展现出有理想、有本领、有担当的优秀大学生的形象。"道德情景剧"实践活动，用习近平新时代中国特色社会主义思想指引青年的发展，引导大学生关心国家大事，认真学习马克思主义理论，学思并重，提升自身素养，自觉担当起时代责任，把自身的发展与祖国的前途命运紧密结合起来，对于学生们学习、领会习近平新时代中国特色社会主义思想、树立正确的世界观、人生观及价值观起着积极的作用，极大地提升了同学们运用所学知识认识、分析及判断社会现象和社会问题的能力，有助于大学生分辨是非，汲取精神营养，获得真、善、美的心灵启迪，不断提高思想道德修养，为实现中华民族伟大复兴的中国梦而不懈奋斗。

丰富多彩的课外实践活动为学生提升"四个正确认识"提供了多样化的空间和多元化的实践活动，助力学生在实践活动中正确认识世界和中国发展大势、正确认识中国特色和国际比较、正确认识时代责任和历史使命、正确认识远大抱负和脚踏实地，不仅强化了学生对"四个正确认识"的理论认同与情感共鸣，而且强化了学生对"四个正确认识"的实践自觉。

第七章

"形势与政策"课程改革提升大学生"四个正确认识"之目标、内容、路径研究

在2016年12月召开的全国高校思想政治工作会议上,习近平总书记指出:"高校思想政治工作关系到高校培养什么样的人、如何培养人以及为谁培养人这个根本问题。"他强调:"要教育引导学生正确认识世界和中国发展大势","要正确认识中国特色和国际比较","要正确认识时代责任和历史使命","要正确认识远大抱负和脚踏实地"。"四个正确认识"是习近平总书记对高校思想政治工作的总目标、总原则和总要求。将提升大学生"四个正确认识"作为高校思想政治理论课教学根本目标,既具有自洽性和必然性又具有可能性与可为性。① 新时代高校"形势与政策"课应将"四个正确认识"贯穿于教学全过程,不断优化提升大学生"四个正确认识"的实现路径。

▶第一节
"形势与政策"课程目标要求

"形势与政策"课作为高校思政课之一,肩负着立德树人、培根铸魂的光荣使命。该课程集理论武装时效性、释疑解惑针对性、教育引导综合性于一体,教师要适时推动党的理论创新成果进教材、进课堂、进头脑。

一、"形势与政策"课程目标

"形势与政策"课是理论武装时效性、释疑解惑针对性、教育引导综合性

---

① 李忠军.高校思想政治理论课教学应以实现"四个正确认识"为根本目标[J].思想理论教育导刊.2017(2).

都很强的一门高校思想政治理论课,是帮助大学生正确认识新时代国内外形势,深刻领会党的十八大以来党和国家事业取得的历史性成就、发生的历史性变革、面临的历史性机遇和挑战的核心课程,是第一时间推动党的理论创新成果进教材进课堂进学生头脑,引导大学生准确理解党的基本理论、基本路线、基本方略的重要渠道,有助于引导大学生牢固树立"四个意识",坚定"四个自信",培养担当民族复兴大任的时代新人。高校开设"形势与政策"课的目标旨在教育引导大学生正确认识世界和中国发展大势,正确认识中国特色和国际比较,正确认识时代责任和历史使命,正确认识远大抱负和脚踏实地。"形势与政策"课程对于高校其他政治学习和其他四门思想政治理论课的教学,兼具融合、延展与扩充的作用。因此,"形势与政策"课程在大学生思想政治教育中担负着重要使命,具有极为重要的教育价值。

高校"形势与政策"课程教学目标包括:一是使大学生正确认识国内外政治、经济、文化等方面的发展形势,具有关注与正确分析国内外形势发展、变化的能力。二是使大学生深入了解国家改革与发展的实际情况,激发大学生的社会责任感,培养学生的民族自信心,树立为国家建设、发展勇于担当的国民意识。三是帮助大学生树立科学的世界观、人生观和价值观,培养马克思主义理论素养。四是使大学生掌握运用马克思主义的世界观和方法论观察分析国内外形势的能力。对应的专业培养目标在于:一是使大学生具有较强的政治鉴别能力和道德判断能力。二是培养大学生的辩证思维及法治思维能力。三是使大学生全面准确了解世情、国情、党情、社情。四是引导大学生树立科学的世界观、人生观、价值观,促进学生身心的和谐发展。五是使大学生具有运用马克思主义基本立场、观点和方法分析当代社会问题的能力。[①]

二、"形势与政策"课程与"四个正确认识"之内在关联

"形势与政策"课教师要根据教育部社科司每学期下发的"形势与政策"教育教学要点,以国际国内的新变化和广大师生关注的难点热点问题为专题设

[①] 该部分内容来自合肥工业大学 2015 版"形势与政策"课程教学大纲。

计依据，将"四个正确认识"有机融入课程教学，对学生进行中国化马克思主义的理论、方法教育。

自 2016 年以来，中共中央、国务院发布《关于加强和改进新形势下高校思想政治工作的意见》，高校的"形势与政策"教育教学步入规范化、创新性发展阶段。2018 年，教育部发布《关于加强新时代高校"形势与政策"课建设的若干意见》，提出了切实加强教学管理、充分保证规范开课、准确把握教学内容、规范建设教学资源等指导性意见。① 2020 年，中共中央宣传部、教育部发布关于《新时代学校思想政治理论课改革创新实施方案》，该方案明确了高校"形势与政策"教育教学在引导大学生"四个正确认识"中的价值与要求。② 2020 年，中共安徽省教育工作委员会发布关于《加强高校〈形势与政策〉课建设工作的通知》，提出要切实提高政治站位、准确把握教学内容、规范建设教学资源、创新设计教学方式、择优遴选教师队伍、注重考核学习效果等。在教学内容设置上，也明确提出了引导大学生树立"四个正确认识"。在教学方式上，提出要结合"四史"教育，贴近大学生思想实际，科学分析研判当前形势与政策，准确阐释习近平新时代中国特色社会主义思想。③

由此可以看出，高校"形势与政策"课程从教学目标、教学内容设置方面明确提出了"四个正确认识"的总要求，即引导大学生正确认识世界和中国发展大势，正确认识中国特色和国际比较，正确认识时代责任和历史使命，正确认识远大抱负和脚踏实地。"四个正确认识"为高校推动"形势与政策"课程规范化建设及课程教学内容、教学方式、教师队伍的改革与发展提供了方向。

---

① 中华人民共和国教育部.教育部关于加强新时代高校"形势与政策"课建设的若干意见[Z].教社科〔2018〕1 号.
② 中共中央宣传部,教育部.中共中央宣传部 教育部关于新时代学校思想政治理论课改革创新实施方案[Z].教材〔2020〕6 号.
③ 中共安徽省委教育工作委员会.中共安徽省委教育工作委员会关于加强高校"形势与政策"课建设工作的通知[Z].皖教工委函〔2020〕303 号.

表 30 "形势与政策"课程与"四个正确认识"的内在关联

发布年份	文件名称	相关内容要点
2016	中共中央、国务院《关于加强和改进新形势下高校思想政治工作的意见》	"广泛开展中国特色社会主义理论体系学习教育,深入学习习近平总书记系列重要讲话精神,引导师生深刻领会党中央治国理政新理念新思想新战略,坚定中国特色社会主义道路自信、理论自信、制度自信、文化自信"。
2018	教育部《关于加强新时代高校〈形势与政策〉课建设的若干意见》	"紧密围绕学习贯彻习近平新时代中国特色社会主义思想,把坚定'四个自信'贯穿教学全过程"。"要开设好全面从严治党形势与政策的专题";"开设好我国经济社会发展形势与政策的专题";"开设好港澳台工作形势与政策的专题";"开设好国际形势与政策专题"。
2020	《新时代学校思想政治理论课改革创新实施方案》	"'形势与政策',主要讲授党的理论创新最新成果,新时代坚持和发展中国特色社会主义的生动实践,马克思主义形势观政策观、党的路线方针政策、基本国情、国内外形势及其热点难点问题,帮助学生准确理解当代中国马克

续表

		思主义，深刻领会党和国家事业取得的历史性成就、面临的历史性机遇和挑战，引导大学生正确认识世界和中国发展大势，正确认识中国特色和国际比较，正确认识时代责任和历史使命，正确认识远大抱负和脚踏实地"。
每年2辑	高校"形势与政策"课教学要点	规定每半年教学专题设置方向，涵盖党的建设、我国经济社会发展、港澳台工作、国际形势与政策。

资料来源：笔者依据政策文件整理

▶第二节 "形势与政策"课程改革提升大学生"四个正确认识"之内容设计

"形势与政策"课程是一门时效性强、综合性强的高校思政课。教师在教学过程中，要依据教育部、安徽省关于"形势与政策"课程的相关文件进行教学专题内容设计。

一、教学专题内容设计依据与原则

教育部、安徽省关于"形势与政策"课程的相关文件中，均提及"准确把握教学内容"的总要求。教育部指出，要开设好全面从严治党"形势与政策"的专题，重点讲授党的政治建设、思想建设、组织建设、作风建设、纪律建设以及贯穿其中的制度建设的新举措新成效；开设好我国经济社会发展形势与政策的专题，重点讲授党中央关于经济建设、政治建设、文化建设、社会建设、生态文明建设的新决策新部署；开设好港澳台工作形势与政策的专题，重点讲授坚持"一国两制"、推进祖国统一的新进展新局面；开设好国际形势与政策专题，重点讲授中国坚持和平发展道路、推动构建人类命运共同体的新理念新贡献。各高校要依据教育部每学期印发的《高校"形势与政策"课教学要点》安排教学内容，要根据形势发展要求和学生特点有针对性地设置教学内容，及时回应学生关注的热点问题。中共安徽省委教育工委、安徽省教育厅指出，还要根据形势发展要求和学生特点有针对性地设置教学内容，及时关注学生提出的热点问题。

"形势与政策"课的特殊性在于其是一门时效性、综合性很强的思想政治理论课。主要依照教育部春秋两季印发的《高校"形势与政策"课教学要点》组织教学，根据形势的发展变化设置教学内容，形势的类型多元化、多样化。从内容上分为经济、政治、文化等形势；从地域上分为国际、国内、地区等形势；在层次上分为主流和非主流、主要和非主要、全局和局部等形势。与其他思想政治理论课相比，"形势与政策"课教学内容时效性强，不拘泥于相对稳定的教材，以灵活多变的教学内容第一时间推动党的理论创新成果进教材、进课堂、进头脑。内容是根本，决定课堂教学效果的成败，也是引导大学生树立"四个正确认识"的重要载体，要从根本上解决"形势与政策"授课内容的规范性问题，首先要以教学内容的专题模块化为抓手推进"形势与政策"课程改革。

党的十九届五中全会指出，当今世界正经历百年未有之大变局，新一轮科技革命和产业变革深入发展，国际力量对比深刻调整，和平与发展仍然是时代主题，人类命运共同体理念深入人心，同时国际环境日趋复杂，不稳定性不确定性明显增加。我国已转向高质量发展阶段，制度优势显著，治理效能提升，经济长期向好，物质基础雄厚，人力资源丰富，市场空间广阔，发展韧性强劲，社会大局稳定，继续发展具有多方面优势和条件，同时我国发展不平衡不充分问题仍然突出，重点领域关键环节改革任务仍然艰巨，创新能力不适应高质量发展要求，农业基础还不稳固，城乡区域发展和收入分配差距较大，生态环保任重道远，民生保障存在短板，社会治理还有弱项。"形势与政策"课程要紧紧围绕世界经历的百年未有之大变局，紧紧把握国际、国内时局进行形势政策教育，围绕大学生所需所惑所感进行专题教学设计，引导新时代大学生在百年未有之大变局中坚定"四个自信"。一方面，要给大学生讲清楚当今中国所处的日趋复杂的国际环境，使大学生正确理解和把握百年未有之大变局，明确当今世界正处于大变革、大调整时期，不稳定性不确定性明显增加；还要树立化危为机的辩证发展思维，看到大变局所蕴含的历史机遇，明白大变局给中国高质量发展阶段带来的多重影响。另一方面，要给大学生讲清楚当今中国的时代性、阶段性特征，使大学生进一步明确我国的制度优势和治理效能，要正确看待中国全面深化改革、推进国家治理现代化所担负的重任和面临的复杂国际局势，使大学生更加坚定对马克思主义和中国特色社会主义的信仰与信念。使大学生坚信有习近平同志作为党中央的核心、全党的核心领航掌舵，有全党全国各族人民团结一心、顽强奋斗，我们就一定能够战胜前进道路上出现的各种艰难险阻，一定能够在新时代把中国特色社会主义更加有力地推向前进。

  合肥工业大学"形势与政策"课程的教学内容设计一直依据国务院、教育部等部门出台的相关规定，按照每学期教育部出台的"形势与政策"教学要点，结合本校学科发展特色和大学生特点，进行教学专题的设计。教学专题内容设计的基本原则为：一是紧扣国际国内时政热点要点。重点关注与本课程高度相关的国家主流媒体时政热点，如中国政府网、外交部网站、学习强国平台、共产党员网等。二是引导大学生关注实际问题。结合时政热点要点，教育引导大学生关注当下国际国内经济社会发展大势中的实际问题，并从积极的视角全面正确看待我国经济社会发展中面临的问题与发展趋势。三是针对具体实践案例深度解析。在引导大学生关注实际问题的过程中，侧重结合国外国内相关的具体实践案例进行深度解析，增强大学生对教学内容的可理解性、可接受度。四是全方位多视角深入探究。从提升大学生"四个正确认识"出发，对教学专题的内容设计进行全方位、多学科视角的探究，增强大学生对教学内容的理解度、认同度。依据"形势与政策"课程教学专题内容设计原则，使教学内容实现入耳入脑入心，帮助大学生树立正确的历史观、大局观、责任观，使大学生澄清模糊认识、划清是非界限，真正把握好政治方向与价值取向。

二、教学专题内容设计思路

一般而言，教育部列出的"形势与政策"课程内容是大主题，每个主题下面又可以分成若干个小主题。对授课教师来说，需要精心选择授课内容，在大主题下面做"小文章"。内容精选之后，还需要区分重点难点和一般事实点，分清主要和次要，以确定哪些需要精心讲授，哪些只需要一般讲授。教师还可以在某个授课内容上精心设计，引导学生从古今中外、是非对错等层面深度思考、宽度分析，从而达到预期的授课效果。

合肥工业大学马克思主义学院"形势与政策"教研部2020—2021学年第一学期的教学专题设计依据为教育部办公厅印发的《高校"形势与政策"课教学要点（2020年下辑）》，参照教育部社会科学司、中宣部《时事报告》杂志社出版的《时事报告大学生版》（2020—2021学年度），将专题内容设计为携手共建人类命运共同体、决胜全面小康、共襄复兴伟业、众志成城书写抗疫"中国答卷"、后疫情时代中国宏观经济前景（见表31）。四个教学专题的设计旨在立足于国际国内疫情防控与经济社会发展的大背景，帮助大学生树立马克思主义的立场、观点和方法，提升"四个正确认识"，成为能够担当民族复兴大任的时代新人。

表31 2020—2021学年第一学期"形势与政策"教学专题设置

教学专题	教学要求	教学要点对应专题
携手共建人类命运共同体	让学生从四个方面了解和认识人类命运共同体,即人类命运共同体的内涵、意义与价值,人类命运共同体的鲜明旗帜、广泛认同,构建人类命运共同体的中国行动与担当,人类命运共同体的未来前景。	推动构建人类卫生健康共同体
决胜全面小康、共襄复兴伟业	熟悉小康社会概念的发展脉络,准确把握小康社会的内涵和要求,了解小康社会在诸多方面的表现。	决胜全面小康决战脱贫攻坚
众志成城书写抗疫"中国答卷"	教学中,通过对比中西方抗疫答卷,尤其是通过生动的教学案例凸显中国制度在抗疫过程中的优势,让大学生深刻认识到以习近平同志为核心的党中央"人民至上"的核心价值理念,认识到我国社会主义制度在抗疫过程中的全方位优势。	统筹推进常态化疫情防控和经济社会发展

续表

后疫情时代中国宏观经济前景	让学生了解疫情对中国经济的影响，理解疫情期间我国经济发展不具备历史可比较性，掌握我国政府针对我国经济的情况提出的"六保"政策及其积极作用，理解从长远来看，我国经济整体平稳向好的趋势不变。	统筹推进常态化疫情防控和经济社会发展

中国抗疫取得的明显成效为"形势与政策"课因事而化强化理论武装提供了有利契机，抓住青年学生"拔节孕穗期"精心培养，教育其充分认识中国制度的显著优势；世界百年未有之大变局为"形势与政策"课因时而进开展释疑解惑迎来了新机遇，围绕大学生所需所惑所喜进行教学引导，教育其做到"四个正确认识"，保持坚定的信仰信念信心。

以抗疫教学专题内容设计为例，合肥工业大学马克思主义学院"形势与政策"教研部教师团队着重从以下几个维度的设计思路进行教学专题内容设计。

一是全方位展现中国抗击新冠肺炎疫情取得的明显成效。一方面，以加强中国特色社会主义制度自信教育为主线，结合鲜活案例讲清楚抗击新冠肺炎疫情的中国实践。这次新冠肺炎疫情发展速度之快，波及的地域范围之广，影响的人口之多，对我国经济社会发展冲击的程度之深，在新中国历史上、在当代世界灾疫史上都是极为罕见的，这对我国国家治理体系和治理能力是一次大考。这就要求"形势与政策"课程要结合中国抗疫众志成城的生动实践，结合中国抗疫取得的显著成效强化制度自信教育，引导大学生全面、深入认识中国共产党在疫情防控斗争中所展现出的领导力和中国特色社会主义制度的显著优势。另一方面，要以传承和弘扬抗疫精神为核心，用好中国抗疫教材书。习近平总书记在全国抗击新冠肺炎疫情表彰大会上高度概括出中国的伟大抗疫精神"生命至上、举国同心、舍生忘死、尊重科学、命运与共"。要以伟大抗疫精神为教材，面向大学生开展理想信念教育、科学素养教育、社会责任教育、生命教育，把疫情危机化为教育契机，教育引导大学生的忧患意识和奉献精神。要深入挖掘疫情防控中涌现出的先进典型和感人事迹,尤其是讲好合肥工业大学的杨善林院士科技抗疫典型和在校大学生参与抗疫志愿活动的事例,引导大学生树立科技报国、科技强国的责任意识,激发大学生学好专业技术知识的报国动力,激励大学生向身边抗疫志愿者学习,争做新时代爱国主义最坚定的弘扬者和实践者。

二是结合全民抗疫、共克时艰的中国实践,讲清楚中国疫情防控的制胜法宝。在内容设计中,着力做到"三个讲清楚",使大学生深刻体会中国战胜疫情的制胜法宝。第一,讲清楚中国共产党的领导和中国特色社会主义制度的显著优势是战胜疫情的重要法宝。把党中央总揽全局、协调各方的领导核心地位和全国一盘棋、集中力量办大事的国家制度优势讲清楚,把危难时刻坚持"人民至上、生命至上"的坚定立场讲清楚,让大学生充分认识到中国共产党的坚强领导和中国特色社会主义制度的显著优势。第二,讲清楚伟大抗疫精神是凝聚人心、激发全民抗疫磅礴伟力的力量源泉。第三,讲清楚依法防控、科学防控、联防联控是应对风险挑战、赢得抗疫大考的有力保证。重点向大学生讲清楚中国共产党的群众路线是联防联控的重要实现载体。

三是结合全民抗疫的生动实践,努力塑造大学生的世界观、人生观、价值观、历史观。一方面,遵循客观规律,引导大学生理性看待中国抗疫实践。教育引导大学生理性、正确看待疫情防控期间的各种网络信息,正确看待疫情时期对经济社会的冲击和社会治理体系暴露出的短板与不足,使大学生树立正确的世界观、价值观。另一方面,引导大学生深刻认识中国制度优势。对比分析国外国内抗疫中所展现的制度特征与完全不同的抗疫成效,使大学生树立正确的人生观、历史观。

通过该抗疫专题的教学内容设计,使大学生明白马克思主义理论的指导性、中国共产党领导中国人民开展全民抗疫和经济社会稳步发展的能力、中国特色社会主义道路的优势,进一步认清中国抗疫实践所彰显出的中国特色社会主义制度优势,有效实现"四个正确认识"的教育引导。

第三节
"形势与政策"课程改革提升大学生"四个正确认识"之路径探赜

整体而言,合肥工业大学按照教育部关于"形势与政策"课程建设的工作部署,逐步规范和强化"形势与政策"课程的教学管理。2016年成立了"形势与政策"课教研室,以教研室为依托,负责排课、选拔和管理任课教师,召集集体备课,组织课程考核,安排师资培训,等等。在学分和课时设置上,实现本科生"形势与政策"课程教育教学"全覆盖、不断线"。我们通过深入探赜与积极践行,延展了"形势与政策"课程改革提升大学生"四个正确认识"的多元路径。

一、持续强化师资队伍建设

高校"形势与政策"课程建设的主体是教师。一门课程师资队伍的专业背景、知识结构、理论基础、教学能力是保障课程教学质量关键点。"形势与政策"课程从教育领域来看分布范围广泛,从党的建设、经济社会发展到港澳台工作等,课程教学要求的高标准和教学内容的多元化使这门课程对师资队伍的综合素质要求更高。2018年,教育部发布的《加强新时代高校"形势与政策"课建设的若干意见》指出,要配备高素质专职教师负责"形势与政策"课组织工作,并承担一定的教学和科研任务。坚持高标准,按照"优中选优"原则,从思想政治理论课教师、哲学社会科学专业课教师、高校辅导员等教师队伍中择优遴选"形势与政策"课骨干教师。

自2016年成立"形势与政策"教研室以来,合肥工业大学"形势与政策"课师资队伍学科背景更加多元化、师资稳定性也逐步提高。"形势与政策"教研部在处理好专职与兼职教师的关系基础上,充分挖掘学校思想政治教育相关工作的相关兼职教师。根据教育部要求,建设以专职教师为主导,兼职教师为主体的教师队伍,是"形势与政策"课的特点所决定的。"形势与政策"教研部邀请具有国际关系、政治学、思想政治教育等专业背景的马克思主义学院思政课教师、辅导员等组成"形势与政策"教学队伍共同承担课程的建设、教学内容安排和授课环节，注重整合和发挥各学科背景、各教学管理岗位的师资优势。在师资队伍组建的过程中，考虑到"形势与政策"课程覆盖的学科领域较为广泛，马克思主义学院和"形势与政策"教研部注重从专业背景、学科结构上，构建以政治学、社会学、哲学、思想政治教育、历史学、经济学、国际关系等相关背景的专兼职相结合的教学团队。目前，"形势与政策"教师队伍配比为：专职"形势与政策"课教师 6 人，兼职"形势与政策"课教师 15 人。专兼职"形势与政策"课教师学科背景覆盖马克思主义理论、社会学、教育学、哲学、管理学等，专兼职教师队伍的学科背景多元化有助于深度分析、解读、传授形势与政策各类教学内容。

二、推进集体备课常态化

"形势与政策"课程课前建立教学团队集体说课和备课制度。按照教师的研究领域进行分工，匹配、负责特定的专题，做到以透彻的学理阐释复杂形势；课中建立教学团队例会、教学研讨制度。明确教学要点，论证教学重点，分析教学难点，推敲教学逻辑，打磨教学环节。"形势与政策"课教师要深入全面理解"形势与政策"课的功能和定位，从思想上高度重视、价值上充分认同、教学中高度自觉，通过精心集体备课来促进育人目标的实现。

（一）集体备课会相关做法

从课程效果来看，影响教学效果的一个重要因素就是教师的素质和能力。因此，必须加强专题教学团队建设，根据"形势与政策"课的教学内容建立教研组，集中研讨、集中培训、集中备课。"形势与政策"课教师在讲授过程中应坚持"因材施教""教学相长"的原则，科学设计教学环节，自觉规范课堂用语，严格遵守教学纪律，增强"形势与政策"课教学的科学性、规范性和实效性，坚持增强获得感，打造有虚有实、有棱有角、有情有义、有滋有味的高校思想政治理论课堂。由此可以看出，实现"形势与政策"课教学效果的基础就在于教学团队整体教学能力。以教育部关于"形势与政策"教育教学要点为依据，以合肥工业大学工科专业为主的特点为基本出发点，"形势与政策"教研部认真贯彻教育部"形势与政策"备课会精神，充分发挥"形势与政策"教师团队的集体智慧，确立"形势与政策"教育教学的具体专题内容，于每学期开学第三周开展集体备课活动，以提升教学团队的教学能力，具体做法包括：

一是依托全国高校思政课集体备课平台开展集体备课活动。"形势与政策"教研部每学期开学之初组织课程全体教师认真学习教育部集体备课平台开展的相关教学专题集体备课会，学习由全国知名专家、学者讲授的"形势与政策"教学专题，从宏观上把握"形势与政策"教学专题的教学内容与相应的时政热点。

二是学校"形势与政策"教研部组织的集体备课活动实现常态化。每学期开展集体备课会之前，"形势与政策"教研部确定四位主备课教师，认真学习研究当年当学期教育部关于"形势与政策"教育教学要点要求、课程大纲、教材教参及其他相关材料。在集体备课会上，教学团队共同认真学习教育部社科司印发的《高校"形势与政策"课教学要点》，并对要点进行逐条学习领会。同时，每个教学专题的主备课教师进行说课，教学团队对每个专题教学难点、教学重点进行充分讨论与论证。通过集体备课会活动，将每学期四个教学专题统一重点、难点，统一一个教案，统一一个课件，对某些疑难问题统一认识，使"形势与政策"课程教学内容在统一的基础上更加规范。如，在讨论抗疫教学专题的过程中，有教学团队老师提到了展现科技抗疫的具体案例问题。经过一致讨论，将合肥工业大学教授、中国工程院院士杨善林研究团队事例作为典型案例。通过该案例，充分展现出合肥工业大学科技抗疫的力量，杨善林院士团队研发的"新冠肺炎防控远程交互服务系统"，有效降低了医护人员交叉感染概率，减少了医疗资源消耗，提高了救护效率，为疫情防控取得阶段性胜利注入科技力量。老师们一致认为，以身边的这一抗疫典型事例为素材，深入浅出地向大学生展现我国科技抗疫的成果，能够有效激发大学生科技报国的内在动力，增强大学生学习专业技术知识的热情。在讨论如何展现大学生在全民抗疫中的角色和担当时，经过讨论，大家一致认为选取合肥工业大学大学生王沛林、孙家兴在家乡作为志愿者参与基层抗疫的故事作为案例，以身边的事例激励大学生的社会责任感和奉献意识。

(二)集体备课会作用成效

与其他课程不同的是,"形势与政策"课教育教学内容多变,教师备课工作量大,同时教师队伍来源较广,除了专职教师外,还有大量的兼职教师。在兼职教师中,知识背景、教学经验差异性较大,兼职教师队伍稳定性也难以充分保障。"形势与政策"课程的规范性、统一性是提升教学效果的重要一环,通过集体备课可以充分发挥集体的智慧,来解决师资队伍学科背景多元、教学经验各异、对教学内容把握程度不同等问题。

一是发挥教学团队多学科知识背景合力,抓牢教学重点与难点。"形势与政策"教学内容极为丰富,涉及马克思主义形势观政策观、党的路线方针政策、基本国情、国内外形势及其热点难点问题。通过每学期常态化的集体备课活动,来自不同学科背景,学校各教学科研、管理岗位的教师队伍能够统一"形势与政策"话语体系,把握课堂教学关键内容。

二是推动"形势与政策"相关教学资源共享。通过集体备课,教师队伍能共享多元化教学资源,能够发挥每位任课教师特长,充分挖掘各专题教学素材,通过共同讨论斟酌,选取有代表性的典型素材纳入教学内容,提升课程的教学效果。

三是有利于教师共同提高教学水平。通过集体备课能集思广益,博采众长,发挥优秀教师、骨干教师的专业力量,提升各学科背景、各教学管理岗位"形势与政策"教师的教学能力。同时,通过分工合作,也有效提高了教师团队备课的教学经验与教学能力,也能够一定程度上提高教学支持力度,稳定师资队伍。

通过集体备课会,形成了较为稳定的模块化教学模式,依据四大专题模块组成相对稳定的教学团队,各模块主备课教师紧密跟踪本模块教学内容的变化,围绕所负责的专题在课堂教学开展过程中适时开展教学内容与教学案例的研讨,开展教学与科研活动,提升团队的教学水平。

三、拓展网络试题库教学方式

除了通过集体备课会制度统一"形势与政策"课程的课堂教学话语体系，我们还应通过互联网教育教学平台、大学生讲"形势与政策"课等多元化教育教学路径扩展教学内容，多维度提升教学效果。

（一）网络试题库教学的必要性

2018 年，教育部发布的《加强新时代高校"形势与政策"课建设的若干意见》指出，可采取灵活多样的方式组织课堂教学，积极运用现代信息技术手段，扩大优质课程的覆盖面，提升"形势与政策"课教学效果。中共安徽省委教育工委、安徽省教育厅也指出，采取灵活多样的方式组织课堂教学，积极运用现代信息技术手段，扩大优质课程的覆盖面。

信息化教学作为新型教学手段，在"互联网＋"时代建立数字化教学管理平台，是高校提升教学能力和教学效果的重要抓手。现代信息技术的开放性、交互性、便捷性有助于增强高校"形势与政策"教学效果，提升课程的吸引力、针对性、时效性。同时借助信息化教学平台，教师把"形势与政策"课程教学内容组合成多媒体技术以及人机交互有机结合，以师生之间互动、学生之间互助形式开展教学活动，更加注重学生对"形势与政策"自主学习和个性发展，是高校"形势与政策"教育教学重要的辅助手段。"形势与政策"课程最主要的特征就是时效性强，借助信息化教学平台，高校"形势与政策"课程能够一定程度上提升教学的直观性、生动性、可视性、互动性，有助于真正发挥出"形势与政策"教学效果，提升大学生"四个正确认识"。同时，信息化教育形式还可以突破教学的时空限制，学生可以在任何时间、任何地点选择相关内容进行学习，进一步提升了"形势与政策"课程学习的灵活性。

目前，国内多所高校开设了"形势与政策"课程 MOOC 平台，形成了一批"形势与政策"国家精品在线开放课程。如，南京师范大学"形势与政策" MOOC 自 2017 年 3 月上线以来，已完整开设七季，累计选课人数 31 万余人，辐射国内 200 多所高校①。

(二) 网络试题库教学的内容设计

网络教学资源是"形势与政策"网络教学的主要内容，是大学生进行自主学习和自我教育的基础，高校"形势与政策"网络教育体系的构建离不开网络教学资源的构建。"形势与政策"主流媒体网站资源、央视网等权威媒体的视频资源等都构成了"形势与政策"网络教学资源库的教学素材。自 2016 年以来，合肥工业大学马克思主义学院"形势与政策"教研部一直致力于网络教学资源的开拓工作，已逐步探索出学校特色性"形势与政策"网络试题库资源。"形势与政策"网络试题库与"形势与政策"教学专题的课堂教学模式紧密相关。在教学运行过程中，结合大学生阶段性学习能力、学习特点开展线上、线下教学。其中，大一、大二本科生采用课堂教学模式，大三、大四学生采用网络试题库教学模式。

在网络试题库的教学专题设置中，结合高校"形势与政策"教学要点，以及每学期四个课堂教学专题，网络试题库扩展性资料来自学习强国平台、共产党员网、旗帜网、新闻办、党建网、人民网、新华网、中国政府网、求是网、中国一带一路网、光明网、中国经济网、国务院部门网站等信息来源可靠的官方网站。"形势与政策"教研部将这些网络试题库素材设置成微专题，由教学团队分工出题（见表 32）。每学期更新试题由教研部指定教师负责题目审核，审核完毕上传到雨课堂"形势与政策"课程教学平台。

---

① 数据参考出自南京师范大学"形势与政策"课程 MOOC 平台[DB/OL]. https://www.icourse163.org/course/detail.htm? cid=1001753089。

表 32　2020－2021 学年第一学期"形势与政策"课程题库微主题及任务分解表

主题	微主题	备注
加强党的建设	制度治党	为最大限度避免和试题库已有试题的重复，本次出题的时政资料来源时间必须是 2020 年 3 月 20 日－2020 年 10 月 20 日
中国经济、政治、社会、教育等发展形势	"抗疫"的中国答卷	
	健全国家公共卫生应急管理体系、协同推进新冠肺炎科研攻关	
	决胜全面小康	
	两岸关系；香港、澳门发展形势	
	中共中央、国务院印发《新时代爱国主义教育实施纲要》	
	后疫情时代中国宏观经济发展	
	中共中央、国务院印发《新时代公民道德建设实施纲要》	
"一带一路"倡议	"一带一路"倡议阶段性发展	
大国外交（不含"一带一路"）	"抗疫"之中国大国责任担当	
	构建人类命运共同体	
	中国与缅甸、越南、日本、韩国等周边国家的关系	
	中国与美、英、法、德等大国的关系	

合肥工业大学"形势与政策"网络试题库课程开设时间为每学期的第 10 至 13 周，由大三、大四学生网络自主学习为主，任课教师网络教学引导与辅导为辅，充分发挥大学生自主学习意识和能力。

四、举办"大学生讲'形势与政策'公开课"展示活动

"形势与政策"教育教学是高校思想政治教育的主渠道,完成好这项教育教学工作需要学校相关党政部门共同协作,形成合力,其中学校党委宣传部、学生处(学工部)、团委等职能部门都肩负着形势政策的宣传教育工作,并在实际中发挥了重要作用。为激发大学生学习"形势与政策"课的内在动力,展现大学生学习"形势与政策"课的学习效果,2017 年,合肥工业大学党委宣传部、教务部、党委学工部、校团委、马克思主义学院协力举办第一届大学生讲"形势与政策"公开课展示活动。

1. 活动目标与要求。(1)全面推动习近平总书记系列重要讲话精神和治国理政新理念新思想新战略进教材、进课堂、进头脑,着力推动"形势与政策"课在改进中加强、在创新中提高。(2)激发学生学习"形势与政策"课的主动性和创造性,切实增强学生对思政课的获得感,彰显大学生的理论素养和精神风貌。(3)引导广大学生正确认识世界和中国发展大势,正确认识中国特色和国际比较,正确认识时代责任和历史使命,正确认识远大抱负和脚踏实地,不断坚定中国特色社会主义道路自信、理论自信、制度自信、文化自信。

2. 活动内容。学生参考范围为《高校"形势与政策"课教学要点》,选择一个主题进行 10—15 分钟的讲述,回顾党的十八大以来我国在经济、政治、文化、社会、生态文明、军事、外交、党的建设等领域,或者学生所在家乡、所学专业相关行业的真实变化和发展成就,阐述习近平总书记系列重要讲话精神和治国理政新理念新思想新战略的精髓,特别是其中蕴含的马克思主义立场、观点和方法。

3. 活动形式。鼓励学生在"形势与政策"课程教师的指导下,深化和拓展对"形势与政策"教育教学内容的认识,融入学生的独特视角和创造性表达,运用包括基于互联网信息技术在内的、学生喜闻乐见的方式进行展示,创作出构思精巧、创意独特的公开课。

4. 活动时间和步骤。通过公开课展示活动,党委宣传部、教务部、党委

学工部、校团委、马克思主义学院协力合作有效引领了广大青年学子掌握运用马克思主义的立场观点方法，分析解决现实问题，在刻苦的学习与实践中，不断正确认识世界和中国发展大势，正确认识中国特色和国际比较，正确认识时代责任和历史使命，正确认识远大抱负和脚踏实地，不断坚定中国特色社会主义"四个自信"，激发学生学习"形势与政策"课的主动性和创造性，切实增强学生对"形势与政策"的获得感，彰显大学生的良好理论素养和精神风貌。

在探索"形势与政策"课教育教学改革创新过程中，上海理工大学也开设了"新时代·中国说"思政课选拔大学生讲师走上"形势与政策"课讲台，让他们立足自身的专业背景，向同辈讲述所学专业、所在领域的发展动向和自身专业为社会进步、国家发展所能带来的贡献，向全体学生传播专业的正能量和核心价值，促进"专业中的思政"和"课程中的思政"相结合，从而极大地增强了思政课的针对性和有效性。通过这一思政课改革模式，有效促进思政课教师、专业课教师、辅导员三支队伍协同育人。由此可以看出，通过大学生讲"形势与政策"课的公开课形式，有助于实现高校多个部门有效协同，合力提升"形势与政策"课程教学效果，有助于大学生提升"四个正确认识"。

五、探索课程多元化考核方式

2018年，教育部发布《加强新时代高校"形势与政策"课建设的若干意见》，提出要保证课程覆盖所有在校本专科生，学生听课要涵盖教学内容中的四大类专题。成绩考核以提交专题论文、调研报告为主，重点考核学生对马克思主义中国化最新成果的掌握水平，考核学生对新时代中国特色社会主义实践的了解情况。按照学期进行考核，缺课学生要及时补课，各学期考核的平均成绩为该课程最终成绩，一次计入成绩册。

合肥工业大学一直严格按照教育部要求规范开足"形势与政策"课程，每个学期全校本科生"形势与政策"教育教学全覆盖。在教学考核过程中，探索多元化考核方式。

（一）课堂教学考核方式

按照教育部发布的《加强新时代高校"形势与政策"课建设的若干意见》，

合肥工业大学"形势与政策"课程课堂教学成绩考核方式为两次随堂小论文，依据"形势与政策"教学专题由课题组统一讨论出题（见表33）。

表33　2020—2021学年第一学期"形势与政策"课程作业及测试题

教学专题	作业及测试题
携手共建人类命运共同体	（2019级）结合所学知识，谈谈你对中国的抗疫外交推动人类健康命运共同体建设的体会。 （2020级）结合所学知识和事例，阐述中国抗疫实践对推动构建人类命运共同体的作用和价值。
决胜全面小康、共襄复兴伟业	（2019级）全面建成小康社会体现在哪些方面？ （2020级）如何准确理解全面建成小康社会的内涵？
众志成城书写抗疫"中国答卷"	（2019级）对比中西方抗疫答卷，结合自身的切实体会，谈一谈让你印象最深刻的中国制度优势。 （2020级）习近平总书记在全国抗击新冠肺炎疫情表彰大会上提到，"青年是国家和民族的希望。在这次抗疫斗争中，青年一代的突出表现令人欣慰、令人感动"。请谈一谈作为大学生的你如何向这些抗疫青年学习。
后疫情时代中国宏观经济前景	（2019级）请选择一个具体的角度分析为什么我国后疫情时代的经济基本面并未受到损害。 （2020级）请简要陈述疫情防控常态化前提下，中央提出的"六保"工作内容。

成绩考核构成方式为：随堂平时作业占比50%，随堂测试占比50%，具体评价内容和评价标准如下（见表34）。

表 34 2020—2021 学年第一学期"形势与政策"课程评价内容和评价标准说明

评价内容	评价标准
作业	能够紧扣作业题要求，准确把握教学核心内容，有条理地阐述问题内容；能结合实际深入理解并清楚表述自己的认识。观点正确占 50%、论述清晰占 20%、认识深刻占 30%。满分为 100 分，在总成绩中占比为 50%。
测试	在认真听讲与理解的基础上，主动思考并选择自己所关注的某个教学要点，深刻阐释自己对这一要点的认识和理解，并能够结合实际进行拓展分析。观点正确占 50%、论述清晰占 20%、与实际联系紧密占 30%。满分为 100 分，在总成绩中占比为 50%。

（二）网络试题库教学考核方式

当前，多所高校"形势与政策"网络课程考核方式都呈现灵活性、多元化的特点。如南京师范大学"形势与政策"MOOC 国家精品课程的考核方式为：网络学习总成绩为 100 分，其中单元测验占总评成绩的 50%，期末考试占总评成绩的 40%，参与论坛讨论及活跃度，占总评成绩的 10%。① 北京科技大学"形势与政策"MOOC 课程的成绩构成为：视频的驻点问题（视频播放中的题目）、随堂测试、单元测试、单元讨论题（在课堂交流区中由老师发起的，会置顶）、作业互评（课程过半后会公告通知）、期末考试（客观）、参与论坛讨论。电子证书获得的最低成绩为 60 分，60—85 分合格证书，85 分以上优秀证书。② 由此可以看出，"形势与政策"网络课程考核方式注重评价大学生知识获得性与互动参与性。

合肥工业大学网络试题库答题卷组合方式为系统自由组卷，试卷题目类型构成为单选题、多选题、判断题。最大限度保障考核的覆盖面和公平性。合肥

---

① 资料参考出自南京师范大学"形势与政策"课程 MOOC 平台[DB/OL]. https://www. icourse163. org/course/- 1001753089。
② 资料参考出自北京科技大学"形势与政策"课程 MOOC 平台[DB/OL]. https://www. icourse163. org/course/USTB- 1001720006。

工业大学网络试题库课程成绩由自测、讨论和提问、考试三部分组成：自测由二次规定的计分自测和一次规定的期末模拟测试共同构成，三次测试成绩的平均值占比35%；提问和讨论达到2次及以上，成绩占比5%；考试成绩占比60%。每次自测仅有1次提交机会，共计13次自测，其中10次为不计分自测（鼓励同学们尽可能多地进行自主选择测试，以更熟练掌握学习内容），2次为计分自测，1次为期末模拟测试。考试只有1次答题机会，限时80分钟答卷，一旦进入考试，时间会自动计时，断网、断电计时仍会继续，80分钟到将会强制交卷。通过这种考核方式，一方面增强大学生对网络试题库各教学专题知识点的熟练度，另一方面尽可能保障考核方式的公平性。

▶第四节
以"四个正确认识"为本优化"形势与政策"教学的思考

近年来，有研究认为，新时代高校"形势与政策"课建设同样存在一些制约因素，包括多样化的教学管理有待统一、授课内容的规范性亟待提升、师资力量相对薄弱。① 还有研究认为，应以马克思主义中国化学科为主体，筑牢"形势与政策"课程规范化建设的学科支点，从"形势与政策"课程内容上看，其与马克思主义理论一级学科下设的"马克思主义中国化"二级学科的内容最为接近，② 应将"形势与政策"课程作为马克思主义理论的课程体系的重要构成来进行学科建设。"金课"概念的提出为"形势与政策"课的改革创新提供了全新思路。要通过明确"金标准"、提升"含金量"、打造"金课堂"，变"形势与政策"课建设的薄弱环节为发展动力，不断增强课程的思想性、理论性和亲和力、针对性，将"形势与政策"课建成学生想学、爱听、笃信的思想政治理论课"金课"。③ 在具体的"形势与政策"课程教学改革中，要进一步规范和强化教学管理，做好制度保障；通过提升授课内容的规范性，增强课堂的

---

① 何兰萍.新时代推进高校"形势与政策"课改革创新的思考[J].思想理论教育导刊,2019(10).
② 巩茹敏,姜昱子.新时代加强高校"形势与政策"课规范化建设的再审视[J].思想教育研究,2020(6).
③ 程琼,王洛忠."形势与政策""金课"建设的标准与路径[J].思想理论教育,2020(5).

实效性；加快建设一支专职教师队伍。①

一、持续优化教师队伍结构

目前，合肥工业大学"形势与政策"课程师资队伍来自教研部以及马克思主义学院各系部的专职思政课教师、部分优秀的辅导员及各部门积极支持"形势与政策"课程教学工作的工作者。尽管专兼职教师主体队伍相对稳定，但是其他系部、辅导员及其他相关管理岗位的工作者都有各自的教学与管理工作，从事该课程教学需要格外付出较多的时间和精力。在课程规范化建设过程中，高校应进一步鼓励和支持"形势与政策"课程的教师队伍建设，一方面，积极引进相关学科知识背景的优秀青年博士加入"形势与政策"教研部，充实"形势与政策"专职教师队伍。另一方面，出台相应的激励和支持措施鼓励各部门从事思想政治教育管理的老师们在个人有意愿的情况下加入课程师资团队，充实"形势与政策"兼职教师队伍。实现以专职教师带动兼职教师提升"形势与政策"教学科研能力，以兼职教师促进专职教师拓宽思路与视野，逐步建成一支"专职为主、专兼结合、数量充足、素质精良、团队稳定"的高水平"形势与政策"课教师队伍。支持鼓励团队专兼职教师参加各种有利于教师成长锻炼的培训计划和学术交流项目，在开阔视野中提升教学教研科研能力。

二、夯实教学资源库建设

在课程教学资源的规范化建设方面，以教育部出台的"形势与政策"教育教学的系列政策文件为依据，以教育部社科司印发的《高校"形势与政策"课教学要点》为基础，加强教学资源的规范化。一是规范选用"形势与政策"课程教材教辅。以"形势与政策""金课"建设为目标，选用与教育部社科司印发的《高校"形势与政策"课教学要点》紧密契合的国家级、省级"十四五"

---

① 何兰萍.新时代推进高校"形势与政策"课改革创新的思考[J].思想理论教育导刊.2019(10):120-124.

规划教材。每学期为"形势与政策"教学团队配备教育部社会科学司、思想政治工作司委托中宣部《时事报告》杂志社编辑出版的《时事报告（大学生版）》、《形势与政策专题讲稿》。二是有效应用"形势与政策"课网络教学资源。在集体备课会常态化、规范化建设基础上，引导"形势与政策"专兼职教师队伍充分运用"全国高校思想政治理论课教师网络集体备课平台"、形势政策网等网站资源进行备课，不断规范与充实"形势与政策"课话语体系，使教学内容更能够被大学生所接受，使大学生能够提升"四个正确认识"。

三、创新理论教学模式

以提升大学生"四个正确认识"为本，提升"形势与政策"课理论教学效果，还需要充分运用现代信息技术，持续进行教学模式创新。在课堂教学方面，加强应用雨课堂、学习通等多种教学管理平台，拓展课堂教学互动渠道，增强课堂的活泼性，提升课堂的吸引力，用"智慧"的互动激发学生创新思维，不断提升"形势与政策"课的教学质量与教学效果。在网络试题库教学模式中，不断拓展"形势与政策"网络教学内容与形式。一方面，继续规范、自主设计"形势与政策"网络试题库，实现课堂专题教学与网络试题库教学的高度融合。另一方面，拓展网络教学的内容设计。将课堂教学专题的课件、视频资源纳入网络教学内容，并增加学生自主学习的相应成绩比例，鼓励大三、大四学生在熟悉学习"形势与政策"网络试题的基础上，自主开展该学期课堂教学专题的学习，强化线上教学的教学效果。

四、优化实践教学体系

随着"形势与政策"课的规范化和科学化建设越来越深入，实践教学作为课堂教学的延展深化也日益受到重视。通过实践，可以帮助当代学生更好地认识世界，了解国情、党情、社情、民情，使他们更好地理解党和国家的路线、方针、政策。①

不断探索"形势与政策"课理论教学与实践教学相互协同、教师讲授与学生研讨式学习相互融合、课堂教学与网络课程相互补充的多位一体的"形势与政策"课程体系，不断提升"形势与政策"课的针对性、实效性。在夯实"形势与政策"课专题教学、网络试题库教学基础上，不断拓展"形势与政策"课程实践教学内容与形式：

一是形成"大学生讲'形势与政策'公开课展示活动"的长效机制。高校宣传部、本科生院、学工部、团委、马克思主义学院等部门相互协作，形成常态化"形势与政策"课公开课展示活动的工作机制。宣传部负责大学生讲"形势与政策"课的组织、宣传工作。本科生院、团委负责宣传、鼓励、组织大学生参与大赛，组织各学院初赛。马克思主义学院、"形势与政策"教研部负责大学生选题、课件制作的指导工作。决赛由高校宣传部、本科生院、马克思主义学院共同举办。在激励机制方面，将大学生参与公开课展示活动成果计入"第二课堂"成绩单、院级比赛获奖由学院提供奖励措施，在评奖评优中予以考虑。校级比赛获奖三等奖及以上由学校提供奖励措施，比如将第二年"三下乡"项目、大学生创新创业项目支持相联系。在指导老师方面，指导老师由各学院党支部书记、辅导员、马克思主义学院各教研部教师、"形势与政策"教师队伍组成。教师所指导的学生获得院级、校级比赛奖项应以适当形式纳入教学工作量。

二是开展"四史"融入大学生践行"形势与政策"之千街万巷大调查活动。"四史"教育是高校"形势与政策"教育教学的重要内容。"形势与政策"课教师要充分调动大学生主动参与"四史"学习与实践的积极性。学校宣传部、校团委、本科生院相互协作，共同组织开展大学生进社区、进企业等社会调研，活动主题围绕"四史"与教育部高校"形势与政策"学期教学要点，大学生专业知识背景与特长展开。由学校"形势与政策"专兼职教师担任指导教师，纳入学校"三下乡"社会实践活动组织管理，获奖项目通过学校各类宣传渠道传播，拓展教学与实践效果。在激励机制方面，与大学生"第二课堂"成

---

① 丁恒星.提升大学生《形势与政策》课实效性的三个维度[J].学校党建与思想教育.2016(6).

绩单、大学生创新创业项目等相互结合，激发大学生参与的积极性与主动性。教师所指导的学生获得院级、校级比赛奖项应以适当形式计入教学工作量。

五、完善课程评价机制

在强化"形势与政策"实践教学评价的同时，也要不断优化"形势与政策"理论教学的评价机制。以"四个正确认识"为本，通过丰富学习成果的表现形式，增强课堂教育教学的活力与效果，如在撰写课程小论文的基础上，探索以学习小组形式制作主题微课、微电影，撰写小网文等纳入评价考核体系，并将作品所体现的政治性、理论性、价值性等作为检验课堂学习成效的重要依据，以多元化评价方式提升大学生"形势与政策"课学习的主动性、创新性，切实增强大学生"四个正确认识"学习效果。

第八章

思政课社会实践改革创新提升大学生"四个正确认识"之三重维度

中共中央宣传部、教育部《关于进一步加强和改进高等学校思想政治理论课的意见》（注：以下简称"05方案"）明确指出："社会实践是大学生思想政治教育的重要环节，对于促进大学生了解社会、了解国情、增长才干、奉献社会，锻炼毅力、培养品格，增强社会责任感具有不可替代的作用。"2021年3月，习近平总书记在看望参加政协会议的医药卫生界、教育界委员时强调，思政课不仅应该在课堂上讲，也应该在社会生活中来讲。思政课社会实践是高校思政课教学的重要形式，也是拓展理论教学"时空"、强化课堂教学效果的必要环节。新时代高校思政课社会实践改革创新对于提升大学生"四个正确认识"和思政课整体教学质量具有可能性、重要性和必要性。本章基于三重维度——理论维度、历史维度和实践维度，以合肥工业大学思政课社会实践为例，着力阐明思政课社会实践改革创新的重要意义、历史演进及其实践成效。

▶第一节
理论维度：思政课社会实践改革创新是提升大学生"四个正确认识"之必要路径

从理论维度而言，思政课社会实践改革创新是提升大学生"四个正确认识"之必要路径。思政课社会实践在改革创新的过程中，要注重引导大学生对伟大祖国、中国特色社会主义制度和中国共产党领导的心理认同和实践认同，注重引领大学生励志为实现中华民族伟大复兴而自觉奉献，以期充分发挥社会实践对人才培养的重大作用，彰显社会实践的本质功能和重要意义。

一、思政课社会实践之内涵和分类

（一）思政课社会实践的内涵

思政课社会实践与广义的社会实践一样，既是认识的来源和检验标准，又是认识的目的。从培养人才角度来说，大学生社会实践有其特定含义，其是指大学生向社会学习，拓宽知识视野，在社会实践过程中增长才干的活动。① 思政课社会实践作为思政课课堂教学的补充和延伸，是高校马克思主义学院和相关部门遵循高等教育培养目标和要求，遵循思政课人才培养方案和要求，紧密结合思政课教学内容和重点难点问题，以社会为课堂，以人民群众为教师，以大学生假期和课余生活为主要活动时间，以大学生能动地参与为主要途径，以引导大学生"受教育、长才干、做贡献"为教学目标，有计划地组织在校大学生参与社会政治、经济和文化活动的总称。思政课社会实践既是大学生认识世界、改造社会的行为过程，又是大学生进行思想道德修养、人格塑造、角色转换、专业学习和专业技能培训的实践活动，是实践性和教育性的有机统一。思政课社会实践是思政课教学的重要载体，也是大学生思想政治教育的重要方式，而大学生思想政治教育则是思政课社会实践的主要目标，并贯穿于其整个过程。社会实践所蕴含的丰富的思想政治教育功能，是我们开展思政课社会实践并不断推进其改革创新的价值所在。

（二）思政课社会实践的分类

以"受教育、长才干、做贡献"为目的的思政课社会实践，要聚焦思政课教学主要内容和重点难点问题，指导学生充分利用寒暑假、周末和课余时间，广泛开展与思政课相关的社会调查、参观考察、走访调研、生产劳动、社会服务、勤工助学、社会公益活动，以及文化、科技、卫生"三下乡"和科教、文体、法律、卫生"四进社区"等活动。具体而言，思政课社会实践主要有以下类型。

---

① 王宝治,赵敬台.论大学生社会实践的特定含义[J].河北师范大学学报(社会科学版),1996(S1):216-218.

1. 社会调查。社会调查是大学生开展假期思政课社会实践的主要形式，指大学生围绕当前经济社会发展的重点、难点和热点问题，结合思政课相关理论知识，深入农村、城市、社区及企事业单位等地进行调查研究，了解经济社会发展的基本情况。通过社会调查，学生可以运用所学的理论知识和科学方法提出问题、分析问题并着手解决问题，撰写具有实际内容及一定的理论水平和参考价值的调查报告。社会调查助力大学生正确认识相关社会问题和社会现象，加深对课堂知识的理解和对社会的了解，增强社会责任感。

2. 科技文化创新和学术类实践。科技文化创新是指大学生利用寒暑假和课余时间参加社科类大学生创新创业训练计划项目，深入开展科技创新实践训练，以期提升实践能力和自主学习能力，增强创新精神，开阔视野。学术类实践是指大学生结合地方经济、社会、文化发展的实际需求，以运用专业知识、解决实际问题为实践主旨，积极参与以发展职业能力、提高就业竞争力为导向的科研活动，也包括大学生参加教师正在开展的横向或纵向科研课题，力所能及地承担部分项目调研、科技开发和市场开拓工作，或自主选题开展与专业相关的项目调研、社会调查或创业实践工作。

3. 生产劳动和社会服务。这种社会实践类型是指大学生利用寒暑假和节假日，运用所学的知识和技能，主动参加社会相关部门组织的生产劳动；积极响应党组织和共青团组织的号召，参加志愿服务西部计划、贫困地区支教计划、社区志愿服务、社会公益活动等，以期确立正确的劳动观念，弘扬服务人民、奉献社会的社会主义道德风尚，增强社会责任感。

4. 勤工助学。勤工助学是指大学生在学校组织下利用课余时间，通过劳动取得合法报酬，用于改善学习和生活条件的实践活动。这种社会实践类型坚持"立足校园、服务社会"的宗旨，可以引导大学生培养艰苦奋斗、自立自强、诚实守信、遵纪守法的良好品格，培养服务精神和责任意识，增进大学生对社会和国情的了解，是资助家庭经济困难学生、提高学生综合素质的有效途径。

5. 参观考察实践教育基地。参观考察实践教育基地是思政课社会实践的一种重要形式。这类社会实践是指大学生利用寒暑假或学校安排的社会实践教学时间，参加马克思主义学院单独组织或马克思主义学院和学校相关部门联合组织的参观考察活动，如到革命纪念地、改革开放前沿阵地或经济社会发展成效显著的标志性地域进行参观，到各类博物馆、纪念馆、展览馆、烈士陵园等爱国主义教育基地进行考察。通过参观考察，学生可以更为深刻地了解中国革命、建设和改革的历史进程及其伟大成就，增强对党史、军史和国史的了解，增强对中国特色社会主义制度优越性的心理认同和实践认同，激发自己为实现中华民族伟大复兴而勠力奋斗的时代责任感和历史使命感。

6. 文化、科技、卫生"三下乡"和科教、文体、法律、卫生"四进社区"活动。这类社会实践是团中央开展的一项重要的新时代大学生社会实践形式，也是新时代新形势下高校思政课社会实践的重要形式。文化、科技、卫生"三下乡"是指大学生把文化知识带入农村，提高农民的整体素质；把科学技术带入农村，提高农民的生活水平；把卫生知识带入农村，提高农民群众的健康水平。"三下乡"实践激励大学生运用所学知识服务农村的同时，也助力大学生培养热爱劳动、服务社会的观念和意识，是大学生实现自我价值的有效形式。科教、文体、法律、卫生"四进社区"活动是指大学生把科教、文体、法律、卫生带进社区。这既是繁荣和活跃社区居民文化生活、提高广大社区居民素质的需要，又是大学生理论联系实际、接受社会锻炼、成人成才的必然要求。思政课教师要善于运用这种社会实践来拓展思政课社会实践的内容和形式，引导大学生在"三下乡"和"四进社区"活动中更为深刻地领悟思政课理论教学内容和重点难点问题，更为深刻地把握"四个正确认识"。

7. 挂职锻炼与岗位实习。大学生挂职锻炼，一般是由教育行政部门或共青团组织，通过一定程序选拔一部分优秀大学生到某个城市或地方机关单位去锻炼，时间一般为2—3周。大学生通过参与实际工作，与工作人员一起完成相关工作任务，不仅能提升口头表达能力和文字写作能力、培养专业技能和职业精神，还能学会待人接物、为人处世的道理，为自己的成长成才夯实基础。大学生岗位实习是大学生走向社会必不可少的重要一课。一次良好的实习经历不仅可以考验大学生的实践意识和实践能力，更能为其以后走上工作岗位打下坚实基础。岗位实习一方面要将大学生所学专业知识和专业岗位职业要求相结合，注重提升大学生理论联系实际的能力；另一方面要与思想政治教育相结合，引导大学生培养职业道德、团队精神和工作责任感等。

8. 社团类社会实践。学生社团是大学校园文化建设的重要载体和高校"第二课堂"的重要组成，社团类社会实践是高校思政课社会实践的有效形式。学生社团形式多样，包括重要理论思想的研究社团，重要学术问题和重大社会问题的研究社团，文学艺术、体育、音乐、美术等活动的实践社团，等等。马克思主义学院要积极组织学生创立与思政课相关的学生社团，如"马克思主义研究学会""习近平新时代中国特色社会主义思想研究社团""'四个正确认识'学生社团"等，引导学生以这些社团为载体，紧密结合思政课理论知识，积极开展各种社团类社会实践活动，培养学生的政治意识、道德情操和家国情怀，开拓学生的知识视野和社会视野。

二、思政课社会实践改革创新之必要性

大学阶段是人生发展的重要时期，是世界观、价值观、人生观形成的关键时期。高校思政课体现了社会主义大学的本质，是帮助大学生树立正确的世界观、价值观、人生观的重要途径。做什么样的人？怎样做人？怎样的人生追求才有价值？……一系列的人生课题，都需要大学生去观察、思索、选择并实践，都需要大学生认真予以回答。这既需要大学生通过思政课课堂教学，从理论上提升对国家、社会和自我的认知，对过去、现在与将来的认知，并在此基础上予以回答；也需要大学生通过丰富多彩的思政课社会实践，在实践中了解社会、了解国情、服务人民、奉献社会，并在此基础上予以回答。思政课社会实践改革创新能够拓展并深化思政课社会实践的内涵，创新思政课社会实践的形式，助力大学生在思政课社会实践中解决一系列人生课题，提升认识水平，实现全面发展。

（一）思政课社会实践改革创新是认识与实践相结合的需要

在辩证唯物主义认识论的视域下，人的认识是在实践基础上主体对客体的能动反映，实践的观点是辩证唯物主义认识论的首要的和基本的观点。辩证唯

物主义认识论关于实践标准的绝对性和相对性辩证统一的观点,也即真理发展的观点,是指任何思想、任何理论必须无例外地、不断地接受实践的检验。马克思强调实践是检验真理的唯一标准,指明由于历史的和阶级的局限性,人的认识不可能一次完成,而是需要由实践来检验。毛泽东同志也指出:"客观现实世界的变化运动永远没有完结,人们在实践中对于真理的认识也就永远没有完结。马克思列宁主义并没有结束真理,而是在实践中不断地开辟认识真理的道路。"① 总之,人的认识的发生、发展及其检验都离不开社会实践,人的全部认识活动都是在实践的基础上进行的。思政课在教学形式选择上,也需以辩证唯物主义认识论为哲学基础,把社会实践作为重要形式和必要环节,并不断推进社会实践改革创新,以期把学生的认识活动更好地融入思政课社会实践。思政课教师要通过社会实践引导学生检验自己思想的正确与否,检验自己观点的可行性,及时纠正学生的思想误区,澄清学生的价值辨识,引领学生走出实践迷茫,提升认识水平,践行正确的立场、观点和方法。

(二)思政课社会实践改革创新是实现大学生全面发展的需要

《关于进一步加强和改进大学生思想政治教育的意见》规定:高校要"坚持政治理论教育与社会实践相结合、坚持解决思想问题与解决实际问题相结合"。作为大学生思想政治教育的纲领性文件,《意见》强调社会实践在大学生思想政治教育工作和思政课教学中应发挥的重要作用。当前,我国正处于民族复兴的关键时期,需要大量全面发展的人才。这种人才不仅要有一定的理论水平,还要有参与社会实践、运用理论知识改造世界的能力。目前,大学生的学习过程主要是系统地学习间接知识的过程,不少学生对外面的世界,诸如社会环境、生产方式、国情舆情等知之不多。大学生活就只有短短几年时间,大学生需要在不断学习专业知识的同时,通过社会实践来巩固理论知识,促进知识体系的转化和拓展。

思政课社会实践改革创新能够拓展社会实践传统的内容体系和形式种类,助力大学生在社会实践中砥砺品质、提高能力、提升综合素质,是大学生成人成才、全面发展的重要途径。思政课教师要在改革创新中推进形式多样的社会

---

① 毛泽东选集(第一卷)[M].北京:人民出版社,1991:296.

实践之开展，引导大学生在社会实践中坚持"问题意识"与"解决问题的意识"相结合的视界融合法，"带着问题来、带着思考走"；指导大学生在社会实践中掌握马克思主义的立场、观点和方法，使学生在面对纷繁复杂的社会现象和风云变幻的国际形势时，不是急于下结论，不会被各种反马克思主义的意识形态和错误的社会思潮所迷惑，而是能够独立思考，学会用联系的、发展的观点看问题；指引大学生在社会实践中树立科学的世界观、价值观、人生观，深化对社会和人生的认知，培养团队合作精神和集体主义思想；引领大学生在理论与实践相结合的基础上培养创新精神，提升观察、分析和解决实际问题的能力；等等。着力实现大学生的知识、能力和素质的全面发展。

三、思政课社会实践改革创新与提升大学生"四个正确认识"之辩证关系

"05方案"实施以来，各高校兴起了思政课社会实践改革创新的局面。在这轮持续迄今的改革创新中，很多高校纷纷进行了各种有益的探索和尝试，取得了一定的成绩和经验，提高了思政课的教学实效性。

思政课社会实践改革创新与提升大学生"四个正确认识"是辩证统一的关系："四个正确认识"为新时代高校思政课社会实践改革创新指明了方向，提出了具体要求；而思政课社会实践改革创新能引领大学生提升"四个正确认识"，并有效提高思政课整体教学质量。

（一）"四个正确认识"为思政课社会实践改革创新指明方向

2016年，习近平总书记在全国高校思想政治工作会议上对新时代大学生提出了"四个正确认识"的要求，即正确认识世界和中国发展大势，正确认识中国特色和国际比较，正确认识时代责任和历史使命，正确认识远大抱负和脚踏实地。"四个正确认识"蕴含了我们党对于新时代高校思想政治教育工作的新要求，指明了新时代高校思想政治教育工作的创新发展方向，体现了具有中国特色的思想政治教育工作因事而化、因时而进、因势而新的发展趋势。新时代背景下，我们要围绕"四个正确认识"推动高校思想政治工作创新发展，不断把高校思想政治工作推向新的历史高度。思政课教学是高校思想政治工作的核

心内容。如何把理论形态的"四个正确认识"融入思政课教学过程？这不仅需要思政课教师聚焦"四个正确认识"认真开展课堂教学活动，而且需要高校马克思主义学院、思政课教师和相关职能部门协力同行，以提升大学生"四个正确认识"为根本目标和价值旨归，依据"四个正确认识"的目标任务、主要内容和教学要求，将"四个正确认识"教育与思政课社会实践有机融合，并不断推进思政课社会实践改革创新，组织动员学生积极参加社会实践，促使学生在社会实践中受教育、长才干、做贡献。

（二）思政课社会实践改革创新助力大学生提升"四个正确认识"

毛泽东同志指出："只有社会实践才能使人的认识开始发生，开始从客观外界得到感觉经验。"大学生"四个正确认识"不会凭空提升，而是需要通过系统的思政课理论教学和实践教学。思政课社会实践是高校开展大学生思想政治工作的重要载体，通过改革创新思政课社会实践的内容、形式和方法，可以让学生更为深刻地理解和把握"四个正确认识"内蕴的目标、任务和要求，助力学生提升"四个正确认识"。当前，我们要不断推进思政课社会实践改革创新，引导学生在社会实践中对各种理论、观点和方法去粗取精、去伪存真、由此及彼、由表及里，引领学生从历史和现实两个维度深刻把握人类历史发展规律和人类社会发展的历史必然性，深入了解中国革命、建设和改革的伟大实践及其成就，进而正确认识世界和中国发展大势，正确认识中国特色和国际比较，并在此基础上确立自己的时代责任和历史使命，着力将实现中国特色社会主义共同理想和"中国梦"的远大抱负付诸脚踏实地的实践自觉。

▶第二节
历史维度：思政课社会实践改革创新之历史演进

一、思政课社会实践改革创新之历史演进

自 20 世纪 80 年代，我国高校就开始有组织、有计划地开展思政课社会实

践。2005年，中共中央宣传部、教育部发布的《关于进一步加强和改进高等学校思想政治理论课的意见》要求："高等学校思想政治理论课所有课程都要加强实践环节。要建立和完善实践教学保障机制，探索实践育人的长效机制。"此后，各高校结合"05方案"，大力推进思政课社会实践教学改革，不断创新思政课社会实践的内容和形式，广泛开展内涵丰富、形式多样的思政课社会实践，成效显著。自20世纪80年代迄今，思政课社会实践改革创新经过多年的探索和发展，日趋系统化、规范化、制度化和常态化。

（一）思政课社会实践改革创新的系统化、规范化发展（2005—2011年）

2005—2011年，全国各高校积极开展形式多样的思政课社会实践活动，探索实践育人长效机制，推进思政课社会实践改革创新的系统化、规范化发展。

自"05方案"发布以来，为深化思政课教育教学效果，全国各高校纷纷开始探索形式多样的实践教学活动。思政课社会实践得到了快速发展，其内涵不断丰富，已经成为全国各高校加强大学生就业创业教育、提高大学生社会适应能力的重要环节。2005年，中宣部、中央文明办、教育部、共青团中央就进一步加强和改进大学生社会实践提出意见，指出："文化、科技、卫生'三下乡'和科教、文体、法律、卫生'四进社区'活动是新形势下大学生参加社会实践的有效载体，要广泛发动大学生利用寒暑假等时间开展'三下乡'和'四进社区'活动。本、专科生和研究生在校期间至少参加一次'三下乡'和'四进社区'活动，开展活动的时间不少于两周。"并规定了大学生社会实践的总体要求，为各高校开展思政课社会实践指明了正确方向和具体途径。自此，全国高校思政课程紧扣时代发展脉搏，先后开展了以"永远跟党走""服务和谐社会建设，提高思想政治素质""科学发展促和谐，服务农村作贡献""勇担强国使命，共建和谐家园"等主题鲜明的社会实践活动，引导大学生在服务新农村建设、支援抗震救灾、投身奥运志愿服务等各类实践中深入贯彻落实科学发展观，积极参与社会主义和谐社会建设，极大提高了学生的思想政治素质和观察分析社会现象的能力。这一阶段，我国高等教育在数量和质量上都达到一定的高度，各地方政府、各大中企业也意识到自身的社会责任，极力配合高校开展包括思政课社会实践在内的各项大学生社会实践教育。在全社会的大力支下,思政课社会实践改革创新日益系统化、规范化地得以推进。

(二)思政课社会实践改革创新的制度化、常态化发展(2012年迄今)

2012年迄今,全国各高校不断深化实践育人理念,把社会实践纳入学校教育教学总体规划和教学大纲,创新社会实践的内容和形式。在这种实践育人的形势下,高校思政课社会实践改革创新得以制度化、常态化地发展。

2012年1月,为全面落实《国家中长期教育改革和发展规划纲要(2010—2020年)》,教育部等部门联合下发了《关于进一步加强高校实践育人工作的若干意见》。《意见》要求,各高校要把组织社会实践活动与开展课堂教学摆在同等重要的位置,与专业学习、就业创业等结合起来,制定学生参加社会实践活动的年度计划。

思政课所有课程都要加强实践环节,积极组织思政课教师参加社会实践、挂职锻炼、学习考察等活动。2017年2月,中共中央、国务院印发的《关于加强和改进新形势下高校思想政治工作的意见》指出,"要强化社会实践育人,提高实践教学比重,组织师生参加社会实践活动,完善科教融合、校企联合等协同育人模式,加强实践教学基地建设",进一步强调了社会实践育人的重要性。团中央在每年的全国大中专学生暑期社会实践活动中,通过挖掘各地资源设立专题类项目,并倡导设立一批社会实践基地,为大学生提供社会实践的机会。近10多年来,全国各高校高度重视思政课社会实践,不仅把思政课社会实践纳入学校教育教学总体规划、教学大纲及思政课人才培养方案,而且规定学时学分,设立思政专款用于社会实践。各高校注重开展形式多样的思政课社会实践活动,在很大程度上改变了以往思政课局限于理论教学的局面,增强了思政课的吸引力、说服力和感染力。各高校还积极探索和建立思政课社会实践与思政课学习、专业学习、服务社会、勤工助学、择业就业、创新创业等相结合的管理体制,着力同社会各方建立联动机制,积极建设实践教学基地,全力为思政课社会实践提供必要的政策保障和经费支持,不断丰富思政课社会实践的内容和形式,由此极大地推动了思政课社会实践改革创新的常态化、制度化发展。

二、合肥工业大学思政课社会实践改革创新之历史与特色

"05方案"实施以来，合肥工业大学始终把思政课社会实践摆在重要位置，以中国特色社会主义理论体系尤其是习近平新时代中国特色社会主义思想为时代引领，以培育和践行社会主义核心价值观为主旋律，着力提炼契合教学要求和学生需求的社会实践主题，有效整合社会相关领域和部门的历史文化资源，积极探索思政课堂教学和社会实践相结合的育人模式，在此基础上逐步建构起"一体六翼四结合"的思政课实践教学模式，推动思政课社会实践不断走深走实，取得了良好的育人效果。

（一）合肥工业大学思政课社会实践改革创新之发展历程

1. 积极探索课堂教学和社会实践相结合的育人模式（2005—2011年）

2005—2011年，合肥工业大学根据"05方案"修订并实施《合肥工业大学大学生社会实践活动暂行条例》，广泛组织开展包括思政课社会实践在内的大学生社会实践活动，积极探索思政课堂教学和社会实践相结合的育人模式。学校自2006年开始推进思政课社会实践教学改革以来，思政课教学实效性明显提升，思政课的针对性、吸引力和感染力不断增强，统筹实践教育模式已成为学校人才培养体系的重要组成部分。

2005年开始，学校精心筹备大学生暑期社会实践活动，在全校大学生中开展社会实践方案设计竞赛，为暑期社会实践征集课题。这一阶段，学校思政课社会实践活动紧紧围绕社会主义新农村、社会主义荣辱观、科学发展观等理论和时事焦点问题展开，以走进城乡社区、学校、工矿企业、部队军营为主线，以国情社情考察、政策宣讲、支教支农、环保考察、法律援助、就业创业为主要内容，致力于服务国家和地方的经济、文化、科技和社会发展。学校每年动员和组织万余名大学生以多种形式参加"三下乡"志愿服务活动，组织资助"大学生和谐社会宣传服务团"、"大学生社会主义新农村建设服务团"、创新创业调研队等校级、院级重点实践团队，奔赴全国多个地市开展和谐社会建设宣讲、新农村建设服务、"留守儿童"教育关爱、抗洪救灾慰问等实践服务活动。

实践活动结束后，学校举办"大学生社会实践成果展"图片展、座谈会、报告会，对优秀集体和个人予以表彰，编辑《青年潮》等暑期社会实践专集。思政课实践教学需要提升学生覆盖面和受益面，这就要求增加社会实践团队的数量和参与师生的人数。2011年，全校参与社会实践人数占全校学生总人数的93%，约40%的实践项目结合了科研项目调研、专业实践等。

2. 逐步建构"一体六翼四结合"的实践教学模式（2012年迄今）

2012年，合肥工业大学重新制定《合肥工业大学大学生社会实践工作管理办法》，不断推进思政课堂教学和社会实践育人提质增效，逐步建构起"一体六翼四结合"的实践教学模式："一体"即秉持"理论与实践一体化"的教育理念；"六翼"即"读书创意大赛"、"大学生演情景剧"、"大学生诵读经典"、"大学生讲思政课"、"大学生微创作"和"大学生理论宣讲"六种形式；"四结合"即实现了课堂实践、校园实践、网络实践和社会实践的自觉统一。课堂实践以经典选读、调研考察、课堂演讲、小班讨论辩论等为主要形式；校内实践以"读书创意大赛"、"大学生演情景剧"、"大学生诵读经典"、"大学生讲思政课"、"大学生理论宣讲"等为主要形式；网络实践以"大学生微创作"等为主要形式；社会实践以大学生暑期"三下乡"为依托，将团队集中实践、任课教师带队实践与个人实践有机结合。"一体六翼四结合"的思政课实践教学模式，有效地提升了教学效果。其中，思政课社会实践是思政课课堂实践、校内实践和网络实践的升华，也是学校重点支持的教学活动。

2012年以来，合肥工业大学深入贯彻落实共青团中央、教育部有关文件精神，着力提升实践育人成效。马克思主义学院在学校党委的统一领导和大力支持下，充分利用校内外资源，多途径、多渠道地丰富并创新思政课社会实践的内容和形式，推动思政课社会实践改革创新不断向纵深发展。2016年，合肥工业大学完善了《合肥工业大学大学生社会实践工作管理办法》，明确了大学生社会实践的组织机构、内容形式、组织实施、总结与考核、政策保障等问题，并规定在校学生至少参加一次社会实践活动，时间不少于一周，结合年级和专业特点制定活动方案。2012年以来，学校思政课教学围绕建党95周年、改革开放40周年、精准扶贫、"十四五"发展等时政热点，开展以"实践激扬青春志，奋斗成就中国梦"、"践行'八字真经'，投身'四个全面'"、"青春心向党·建功新时代"、"永远跟党走·奋进新时代"等为主题的暑期社会实践活动。学校马克思主义学院与学校相关部门通力协作，每年组织2万余名青年学生深入农村基层、工矿企业和田间地头，广泛开展暑期社会实践活动，参与暑期团队实践的师生多达4000人。社会实践内容包括群众路线实践调研、基层宣讲、科技支农支医、教育帮扶、文化宣传、生态环保、基层挂职、企业调研等。学校每年获批多个国家级重点团队、省级重点团队、校级重点团队、专项计划团队，并对其重点组织资助。在社会实践活动中，大学生实时发布多篇地市级和省级以上媒体报道，通过自办简报，开设校级、院级微博账户以及学生个人微博账户，扩大宣传力度。2018年4月，教育部印发的《新时代高校思想政治理论课教学工作基本要求》首次对实践教学学分提出具体要求，要求高校从本科思想政治理论课现有学分中划出2个学分，作为思想政治理论课实践教学学分。合肥工业大学以能力培养为导向，制定了思政课实践教学实施细则，从本科4门思政课主干课程中划出2.5个学分开展实践教学，将实践课程列入教学计划和课表。通过上述做法，我们倾力实现思政课社会实践育人的最大化功效。

(二) 合肥工业大学思政课社会实践改革创新之鲜明特色

2005年迄今，合肥工业大学致力于推进思政课社会实践改革创新，着力打造内容丰富、形式多样、底色鲜亮的思政课社会实践活动，凸显出鲜明特色。

1. 举办方案设计竞赛，实践过程凸显学生主体性

在思政课社会实践筹备工作中，思政课教师和其他课程教师广泛动员全校大学生、研究生参与社会实践方案设计竞赛，征集暑期社会实践课题。各学院学生组织、学生社团、各团支部以时代主题和时事热点为依据，制定出创新性高、时代性强的社会实践方案。从前期方案策划到活动组织实施，再到后期成果固化的整个过程，学生的积极性、自主性得以凸显，学校每年可收到200余件作品。参赛过程展现了大学生的创新意识和责任担当、个人能力和团队协作能力，为后期确定社会实践主题、组织社会实践实施做了充分准备。学校在每年暑期"三下乡"前都组织学生进行思政课社会实践专题设计，包括实践基

地、企业合作项目、下乡体验、红色之旅、基层锻炼、假期调研、志愿者服务、社区帮扶、理论宣讲等。思政课社会实践方案设计和专题设计凸显了学生主体性,有效提升了学生的理论素养、家国情怀、社会责任感和综合能力。

2. 实行"双导师制",团队指导凸显专业化

合肥工业大学通过实行学生政工干部与思政课教师联合指导的社会实践"双导师制",着力实现"第二课堂"开展的社会实践活动与思政课第一课堂教学体系的有机统一,克服了过去人才培养过程中第一课堂与实践育人工作存在的互不衔接问题,将教书与育人进一步融为一体。自2016年起,马克思主义学院的思政课教师每年都全部投身到暑期社会实践的指导中,从初期的项目策划遴选到返校后的提炼成果,对学生进行前后近5个月的点对点全程指导,将马克思主义理论渗透到社会实践的各个方面。近年来,学校还在"三下乡"社会实践团队中实施"双导师制"(思政课教师和共青团干部),思政课教师进入"三下乡"社会实践团队,实现对大学生社会实践的全程指导。思政课教师进入社会实践团队主要进行业务指导,指导学生完成社会实践调研报告,制作社会实践微视频,用多种形式记录社会实践过程。学校思政课教师已经组织和指导百余支社会实践团队深入全国各地开展实践活动,有多位教师指导的国家或省级实践团队获得团中央颁发的社会实践奖,获评优秀调查报告等。通过多年的实践经验总结,学校逐步形成思政课专任教师主导、学工干部主抓、专业教师配合的思政课社会实践组织统筹机制。

3. 成果固化形式多样,考核评价体系凸显制度化

合肥工业大学高度重视暑期"三下乡"社会实践后期资料积累和各级评选表彰工作,组织了"十佳"实践基地、"十佳"实践团队、"十佳"宣传报道、"十佳"调查报告(论文)、"十佳"摄影(DV)作品、优秀下乡日记、优秀指导教师、优秀实践标兵等评选活动,并举行总结表彰大会,考核评价体系凸显制度化。学校还不断扩大活动参与面和覆盖面,多渠道开辟学生体验式教育途径,并遴选优秀的社会实践成果开展成果展示、成果演讲、成果汇编成册或成果出版等活动,实现多样化的成果固化。同时,校团委还实施"'第二课堂'成绩单"制度,积极推进思政课社会实践活动的课程化、学分制建设,加大激

励支持力度和考核评价体系建设，以充分调动广大学生参与思政课社会实践的积极性和主动性。

4. 建立定点基地，实践开展凸显常态化

合肥工业大学大力支持思政课社会实践教学基地建设，与有关企业、博物馆、纪念馆、展览馆、烈士陵园城乡社区等建立20多个合作关系，为开展思政课社会实践提供了基地保障。马克思主义学院在党委领导下，广泛联系爱国主义教育基地和国防教育基地、城市社区、农村乡镇、工矿企业、社会服务机构等，通过签订协议、命名挂牌等形式，建立了稳定的社会实践教学基地，定期组织学生以定点基地为依托开展丰富多彩的社会实践活动，逐步构建起思政课社会实践长效机制，使实践开展凸显常态化。

▶第三节
实践维度：思政课社会实践改革创新之主要形式和实践成效

近年来，各高校在思政课社会实践改革创新中，不断创新社会实践的内容和形式，使社会实践教学在提高思政课教学质量、提升大学生"四个正确认识"的过程中取得了显著的实践成效。

一、高校思政课社会实践改革创新之主要形式

"05方案"实施以来，全国各高校为实现社会实践与思政课教学内容相衔接，提升思政课育人效果，不断创新思政课社会实践形式，积极组织大学生深入开展形式多样、内涵丰富的社会实践活动，引导广大青年学生牢固树立理想信念，践行社会主义核心价值观，为社会主义现代化强国建设贡献智慧和力量。

（一）组织大学生深入基层开展理论宣讲

近年来，各高校积极组织大学生深入基层开展理论宣讲。安徽师范大学学生理论宣讲团成立20多年来，始终遵循"学好理论，研究理论，宣传理论，

服务社会"的宗旨,宣讲足迹遍布江淮大地,宣讲员利用幻灯片、视频、图片等多媒体深入浅出地宣传党的理论,各地老百姓喜闻乐见。2016年,清华大学结合纪念建党95周年,组织近300支团队2800余人奔赴全国各地宣讲党中央治国理政新理念新思想新战略,调研各地经济建设和社会治理中的举措和经验。各高校组织大学生扎根基层开展理论宣讲、宣讲服务和实践调研,深入群众宣传党的新理论、新思想、新方略,使大学生在理论宣讲中更为深刻地感悟到中国特色社会主义制度的优越性,更为深刻地领悟到自己的时代责任和历史使命。

(二) 指导大学生以多种形式弘扬中华文化

近年来,各高校不断创新思政课社会实践的内容和形式。其中,指导大学生以多种形式弘扬中华文化就是一种重要形式。北京理工大学、南京理工大学、西北工业大学、哈尔滨工业大学等7所高校曾联合开展"追寻红军足迹,重温长征精神"主题实践活动,激励青年学子不忘初心、继续前进。2011—2016年,福建师范大学马克思主义学院思想政治理论课教师带领学生开展了赴瑞金、长汀、宁化、建宁、泰宁、福安、寿宁、屏南、上杭、浙江江山等革命老区和泉州、东山等改革前沿的社会考察实践10多次,通过考察福建革命老区红色文化形成了关于推动海峡西岸改革建设的调研成果。2019年,"北建大创青春实践团"通过参观山西右玉县右玉精神展览馆、绿化丰碑、右卫老城北城墙风沙掩埋遗址等地领悟"右玉精神",深入右玉苍头河国家湿地公园、环县城生态景区实地考察右玉县生态文明建设现状,对右玉县美丽乡村建设情况进行调研,开展科普宣传。合肥工业大学"中国近现代史纲要"课程打造出了"微创作"实践教学品牌。课程组指导学生以课程内容为背景,分门别类地创作微小说、微故事、微剧本、微视频等,其中一个重要项目就是组织学生基于中华优秀传统文化撰写中国故事。通过弘扬中华文化,旨在增强学生对中国道路自信的文化认同。

(三) 拓宽路径,激励大学生助力精准脱贫

近年来,各高校不断拓宽路径,激励大学生深入贫困地区助力精准脱贫。2016年,大连理工大学招募师生600余人组建53支"绿芽公益行动"实践团

队,赴西藏、青海、云南、贵州等地贫困地区开展县域扶贫调研、扶贫开发系统设计、义务支教等帮扶行动。北京航空航天大学组织 21 支团队 200 余名师生前往山西中阳开展社会实践,助力当地经济社会发展。2018 年,江西财经大学赴山西省武乡县公共服务中心,参与电子商务村级服务站培训会,与农户们面对面交流,指导大家如何利用互联网平台发展壮大产业,助推农产品上行,探索电商扶贫新路径。湖南师范大学研究生院团委赴湘西调研暑期实践团由 11 名研究生组成,通过座谈会、问卷调查、实地考察、现场访谈等多种形式,深入了解湘西州科技扶贫、旅游扶贫和教育扶贫等方面的政策现状,团结协作、分析思考,最终形成调研报告,为湘西经济社会发展献良策、作贡献。

(四)发挥优势,引导大学生服务基层需求

近年来,引导大学生服务基层需求是高校思政课社会实践改革创新过程中一种日趋成熟的形式。近年来,北京大学、北京师范大学、华北电力大学、河海大学等高校结合办学优势和学科特色,组织大学生深入农村乡镇、城市社区、厂矿企业等开展专家培训、项目嫁接、科技服务。中国人民大学开展"千人百村"调研项目,主要围绕当前中国农村经济社会与文化发展的重大现实问题,每年组织 1000 余名师生深入全国范围内经科学抽样产生的行政村开展系统、规范的社会调研活动,了解农业生产、农民物质与文化生活、农村社会管理等方面的基本情况,建立中国农村发展与农户追踪调查数据库,支持师生开展科学研究,发布学术成果和智库成果,服务国家和地方可持续发展。大学生志愿服务西部计划项目是一项重要的实践育人工程,自 2003 年启动以来,每年选派数万名高校应届毕业生或在读研究生前往中西部基层开展为期 1—3 年的志愿服务工作,主要实施基础教育、农业科技、医疗卫生、基层青年工作、基层社会管理、服务新疆、服务西藏等专项服务。自 2003 年至今,华中科技大学 400 余名志愿者主动奔赴新疆、西藏、湖北等地,服务基层、建功立业。

二、合肥工业大学思政课社会实践之创新形式

近年来,合肥工业大学本着"按需设项,据项组团,双向受益"原则,依

托"第二课堂"组建了形式多样的社会实践团队，不断创新思政课社会实践形式，开展了政策宣讲、社会调查、志愿服务、科普宣传、支教支农、法律援助、文化传播、公益活动和创新创业等内涵丰富的社会实践活动。

（一）组织大学生开展理论政策宣讲

理论政策宣讲团队走进学校、社区、乡村，通过专题讲座、报告会等形式传播党的理论和政策，坚定做党的思想路线和方针政策的执行者、实践者、宣讲者。2017年，根据新疆维吾尔自治区教育厅内地新疆学生工作办公室《关于组织开展2017年暑期万名学生回乡发声亮剑宣讲活动的通知》文件要求，合肥工业大学组织开展新疆籍学生以宣传民族团结、民族互信和去极端化为基调，返乡宣讲内地学校的办学情况、学校领导、教职工的无私奉献精神和感人事迹，以及学生本人在校学习、生活情况、成长经历等，声讨"三股势力"的反动本质，标明学生坚定的政治立场。合肥工业大学"形势与政策"课程组织大学生利用寒暑假走入社区企业农村开展主题理论宣讲，近年来，以学习宣传习近平新时代中国特色社会主义思想为主题，以党的方针政策为内容，共宣讲近100场次。2020年，合肥工业大学马克思主义学院获安徽省理论宣讲先进集体。

（二）指导大学生开展社会考察调研

社会考察调研团队主要深入农村、城镇社区、部队、企事业单位等，聚焦社会热点问题，有计划、有重点地对社会现象进行系统的调查了解、专题考察、参观访问等，在此基础上进行分析、研究，提出解决问题的意见和建议，撰写调查报告等。2009年，合肥工业大学赴福建客家土楼调研小组奔赴福建永定，对世界文化遗产客家土楼保护情况、旅游业促进乡村经济发展以及土楼建筑特点等开展调研活动。2011年，合肥工业大学电气与自动化工程学院组织2支大学生暑期社会实践团队分赴江苏省江阴市华士镇华西村、陕西省宝鸡市杨凌大棚种植基地开展调研活动，使同学们对党关于加快社会主义新农村建设的重大战略决策和部署有了更加深刻的理解。当前，"毛泽东思想和中国特色社会主义理论体系概论"课程正在打造"走进企业寻找工业报国初心"的主题性企业实践品牌。

(三) 激励大学生开展科技文化服务

科技文化服务团队主要结合所学知识,发挥专业优势,开展科技服务与咨询、科技成果推广,深入农村、城镇社区、部队、企事业单位等开展文化艺术交流与宣传、科普讲座、咨询等。2012年,合肥工业大学化学工程学院"绿农暑期社会实践团队"前往中国农村包产到户发源地——肥西县小井庄,开展了为期两天的科学施肥调研及知识普及社会实践活动,并带回了当地农民在生产中遇到的若干实际问题,经分析研究得出合理化解决方案后将反馈到小井庄以促进当地农业发展。2019年,合肥工业大学暑期实践国家级重点团队——食品与生物工程学院赴我国稻渔主产区科技支农帮扶团赶赴滁州、巢湖等地,开展稻渔综合种养新模式的探索调研活动,就"稻虾米""稻虾"等产品展开讨论,并在加工技术方面提出了专业建议。

(四) 引导大学生开展文明志愿服务

文明志愿服务团队立足校园,承担力所能及的学生事务、公益劳动等工作;深入社区开展敬老助残帮困服务、特殊家庭教育服务、社区公益事业服务等活动;参加志愿服务西部计划、研究生支教计划、青年志愿者行动等活动;与乡村、企业、部队、科研院所、居民委员会等单位开展其他形式的文明共建活动;等等。合肥工业大学大学生书画协会自2007年起连续数年赴合肥市长丰县开展"关爱留守儿童"暑期义务支教活动,为桥冲小学及周边的留守儿童开设了书法、绘画、手工制作等兴趣课堂,辅导文化课,有针对性地开展学习方法指导和心理疏导,引导他们培养良好的学习习惯,塑造坚强乐观的性格。2021年,合肥工业大学材料科学与工程学院"情暖夕阳,爱在社区"暑期社会实践团队赴合肥市经开区芙蓉社区围绕"我为群众办实事""强身健体开新局""我看社区新变化"等内容开展了生活帮扶、文体赛事、走访调研等系列关爱社区空巢老人活动。

(五) 引领大学生开展创新创业实践

创新创业实践团队主要是根据学生的兴趣爱好和专业知识,依托国家鼓励大学生创新创业的政策,在教师的指导下或自行组织进行创新创业活动。据统计,合肥工业大学每年有1000余名本科生主持各类创新创业项目,参与学生

5000余人。2010—2012年度，合肥工业大学积极组织学生参与全国"百万青年创业计划"活动。2013年，学校积极组织学生参与"飞Young中国梦"活动，组织了"天翼与我同行"大学生城镇信息化暑期社会实践团队，赴全国多个省市开展信息化调研和科普活动，组织多件作品参加微梦想互联网创业大赛，并取得优异成绩。各学院建立创新创业实践能力标准，将各类教学实践活动与党团活动、"双创"实践活动有机结合，打造出具有一定影响力和辐射面的学院特色品牌赛事，如汽车与交通工程学院的全国大学生汽车方程式大赛、计算机与信息学院的robcup机器人大赛、管理学院的全国大学生电子商务"创新、创意及创业"挑战赛等。上述创新创业实践对于培养大学生创新精神、提升大学生综合素养发挥了重要作用。

合肥工业大学大学生创新创业实践取得了丰硕成果，在全国评选表彰工作中屡创佳绩。2008年，学校"赴四川抗震救灾服务队"获得"全国先进实践团队"称号。2013年，学校成为团中央学校部在全国选拔的6支团队之一，专门组队赴海南鹦哥岭自然保护区开展暑期社会实践活动，受到共青团中央书记处、海南省委等的高度评价。"研究生中国特色社会主义理论体系研究会"组织的"赴安徽定远'我的中国梦'理论宣讲服务团"获得2013全国大学生社会实践评选二等奖。2015年，"一带一路"政策宣讲服务团在"丝路新世界·青春中国梦"全国大学生"圆梦中国"暑期实践季专项活动中被评为"优秀团队"，"一带一路"推进中的生态文明建设——基于河西走廊地区的调查研究被评为"优秀调研报告"，纪录片"丝路新世界·青春中国梦"被评为"优秀纪录片"。2016年，在"丝路新世界·青春中国梦"全国大学生暑期社会实践专项行动中，合肥工业大学赴东南亚地区中国形象调研团队及合肥工业大学草原远征队荣获"全国优秀团队"，草原儿女团队荣获"全国优秀实践成效奖"，乡村关爱·助梦中国团队荣获"全国优秀通讯宣传作品奖"。2019年，马克思主义学院赴诸城和青岛"从中国制造到中国智造——从劳动形态变迁看中国工业腾飞"暑期社会实践团队荣获全国"优秀团队"称号，管理学院田文祥老师荣获全国"优秀个人"称号，《皖南农机化发展的调研报告——基于宣州区、绩溪县的社会实践与调研》荣获全国"百篇优秀调研报告"。

三、思政课社会实践改革创新提升大学生"四个正确认识"之实践成效

思政课社会实践改革创新拓展并深化了社会实践的内容和内涵，丰富了社会实践的形式和方法，对于提升大学生"四个正确认识"成效显著。以合肥工业大学为例，学校在思政课社会实践改革创新提升大学生"四个正确认识"的过程中，取得了良好的实践成效。

（一）引导大学生"正确认识世界和中国发展大势"

"四个正确认识"的逻辑起点就是引导大学生"正确认识世界和中国发展大势"。"大势"是指世界和中国发展的大方向、大潮流、大趋势。习近平总书记强调："如果我们对于世界发展大势认识不清，甚至茫然无知，就难以把握时代的脉搏，我们的事业就难以有新的开拓。"把握世界和中国发展大势，是思想政治教育工作的首要任务，也是思政课实践育人工作的核心要义。

在思政课社会实践改革创新过程中，教师要引导学生通过内涵丰富的社会实践了解世界发展形势和中国特色社会主义发展进程，指引学生在生动实践中把握人类历史发展规律和中国社会发展规律，感悟中国特色社会主义制度的优越性。如合肥工业大学"绿色中国·协同两岸"美丽中国的社会实践项目于2015年5月启动，由14名来自不同专业、不同学院、不同校区的朝气蓬勃的工大学子组成，其中部分同学在台湾义守大学、台湾科技大学和台湾云林科技大学交换研习，在有着丰富社会实践活动指导经验的李潇洁老师和绿色制造领域的黄山青年学者黄海鸿老师的指导下，团队顺利与义守大学、高雄市环保局、大爱感恩科技等组织和企业陆续进行接洽，开展台湾地区的调研工作，获得台湾地区政府、社会、企业、学校推动垃圾分类和资源回收的相关经验。参加这项活动的学生归来时都表示，大陆虽然在垃圾分类和资源回收方面起步晚，但进步非常大，甚至已经赶超了台湾地区，这正是社会主义制度优越性的重要呈现。清华大学启动"一带一路"海外社会实践，组织百余名研究生同学在寒暑假期间赴新加坡、文莱、德国、法国、以色列、俄罗斯等"一带一路"沿线国家，开展全球胜任力社会实践，针对不同国家的政治制度、创新环境、

经济文化等开展专题调研。通过思政课社会实践，大学生不仅能在国内正确认识中国发展大势，而且能够走出国门开展海外实践，感受和记录"一带一路"地域上的中资企业参与全球发展所展现的从"中国制造"到"中国创造"的崛起；深度接触各国的制度和文化，感受和记录不同国家的制度比较和发展情况，从而真真切切地感悟到中国智慧、中国力量，并正确认识世界发展大势。

（二）引导大学生"正确认识中国特色和国际比较"

"正确认识中国特色和国际比较"，是"四个正确认识"的关键环节。其要求大学生在客观认识中国特色、理性看待外部世界的基础上正确认识"国际与国内"关系，明确新时代中国的新目标、新任务和新征程，明确国际社会不同制度和文化的比较。

合肥工业大学在以思政课社会实践引导大学生"正确认识中国特色和国际比较"的过程中取得了显著成效。如2014年7月13日至18日，合肥工业大学宣城校区大学社区委员会开展以探索、记录和保护优秀传统乡村文化为主题的国家级专项计划——"礼敬优秀传统乡村文化"暑期社会实践活动。10名队员赴安徽省新农村建设示范地——水东宗村，通过走古道、住农家、干农活等方式体验了农村传统的衣、食、住、行，通过实地考察和走访当地居民了解到我们党提出的乡贤文化在新农村建设过程中所发挥的作用。同时，学生们还访谈了民间根雕艺人、皖南皮影戏第九代传承人及传统手工枣木梳制作人，探访了水东老街、竹材厂和蜜枣加工厂。在社会实践中，学生们不怕吃苦、勇于探索，努力认知社会、传播文明、服务农村，深刻体会到了皖南地区优秀传统乡村文化的巨大魅力，也为优秀传统乡村文化的传承与弘扬贡献了一分力量。这次社会实践活动使大学生更加坚定对中国特色社会主义的道路自信、理论自信、制度自信和文化自信。

（三）引导大学生"正确认识时代责任和历史使命"

"正确认识时代责任和历史使命"，是"四个正确认识"的核心要义。2012年11月，习近平总书记提出了振奋人心的"中国梦"，并强调当代青年学生的时代责任与历史使命就是实现中华民族伟大复兴的"中国梦"。激励大学生励志实现"中国梦"，需要指导大学生理清"个人与社会"的关系，将个人理想与国家理想相融合，做走在时代前列的奋进者和开拓者；需要引导大学生把知识体系转化为科学的思维方式和正确的价值标准，坚定马克思主义信仰和中国特色社会主义共同理想。

思政课教师要通过创新社会实践的内容和形式，引导大学生以中华民族伟大复兴的"中国梦"激发自己的青春梦想，激励学生把个人理想诉求融入国家和民族发展大业，指引学生深刻了解时代主题和新时代中国发展目标，确立自己的时代责任和历史使命。如合肥工业大学于2012年举办了暑期社会实践启动暨大学生西部计划出征仪式。西部计划接收单位代表对学校长期以来的帮助与支持表示感谢，并承诺将在工作、生活上给予志愿者关心支持，为他们的工作和生活提供保障。西部计划志愿服务学生代表表达了要将个人梦想与伟大"中国梦"相结合的诉求，立志深入基层、勇于实践，向社会学习、向人民群众学习、向实践学习，力求在实践中锻炼自己、奉献社会，努力成长为堪当国家建设重任的栋梁之材。在暑期"三下乡"社会实践中，实践指导教师代表和学生代表分别发言，都表示将全力投入暑期社会实践活动，深入社会基层，践行勇于探索、无私奉献的信念，争取圆满完成实践任务，为学校争光。2017年6月，在纪念建党96周年和学校第八次党代会召开前夕，土木与水利工程学院大学生志愿者在思政课社会实践中赴六安市马头镇崔店村小学启动"肩负青年使命、助力精准扶贫"主题实践活动。该学院团队师生志愿者在崔店小学开展田园课堂、法治教育、结对帮扶、社会调研、扶贫岗位体验、社会主义核心价值观宣讲等活动，旨在引导青年学生深化对国情党情社情的了解，坚定理想信念，砥砺意志品质，服务人民群众，增强时代责任感和历史使命感。

（四）引导大学生"正确认识远大抱负和脚踏实地"

"正确认识远大抱负和脚踏实地"，是"四个正确认识"的价值旨归。从远大抱负到脚踏实地，是从理性认识到实践的伟大飞跃，其激励学生志存高远，并把远大抱负落实到脚踏实地的实践自觉之中，在社会实践中书写别样人生。对于新时代青年学生，远大抱负就是立足于世情和国情，正确认识自身能力，确立为国家和民族的发展而奋斗的人生信条。教师要引导学生在思政课社会实践中理解远大抱负的必要性、艰苦性和可行性，正确处理好"理想与实践"的关系。

2016年8月,合肥工业大学汽车与交通工程学院大学生创业调研社会实践团队开展了为期1周的社会实践活动。在实践活动中,团队每位成员都积极献计献策,展现出非常高的团队协作能力,以极高热情投入每日行程。学生们在校园走访调研和拜访校友的活动中,不顾炎炎烈日,谦逊且耐心地在合肥各大高校和企业中进行问卷调查与采访,虽然很累,但团队成员没有任何怨言,都为自己充实的调查结果感到高兴。在各大商场进行走访调研期间,有时学生们会遭遇被采访者误解的情况,但每位成员都始终保持良好的心态和诚恳的态度,尽自己最大的努力来完成这次实践活动。这次社会实践在学院领导与学生们的共同努力下,圆满完成了出发前制定的各项任务,并受到成功创业的学长们的一致好评。每位成员在此次实践活动中都收益良多,都立志要在将来的人生道路中继续发扬不怕苦不怕累的精神,要把远大抱负立足于脚踏实地,通过实际行动为社会奉献力量。

2016年,"丝路新世界·青春中国梦"全国大学生暑期社会实践专项行动总结表彰结果公布:合肥工业大学荣获全国优秀组织单位称号,合肥工业大学赴东南亚地区中国形象调研团队及合肥工业大学草原远征队荣获全国优秀团队称号,合肥工业大学草原儿女团队荣获全国优秀实践成效奖,合肥工大乡村关爱·助梦中国团队荣获全国优秀通讯宣传作品奖,生物与医学工程学院孙宇航同学荣获全国优秀个人称号。这是合肥工业大学2016年实践育人工作荣获共青团中央全国优秀单位后,再次传来的捷报。该活动是共青团中央策划主办的暑期社会实践专项计划之一,全国300多所高校组织了9000余名大学生投身"一带一路"沿线各省市自治区和相关国家开展此次专项实践。经过广泛宣传和精心组织,学校共有7个团队入选该计划,圆满完成了项目任务,在参与学生数量和实践预期成效上较往年有大幅提升。此次社会实践引导青年学生积极服务"一带一路",积极投身"一带一路"建设,力争成为"一带一路"建设生力军;进一步坚定了青年学生的理想信念,增强了青年学生的民族自信心和自豪感;极大提升了青年学生主动参与国家战略实施的行动自觉,由此助力大学生"正确认识远大抱负和脚踏实地",取得了良好育人成效。

2017年6月,合肥工业大学机械工程学院第3期"格物砺质"社会实践体验营开营。在开营仪式上,学院党委副书记郑召丽为社会实践体验营授旗,鼓励大学生积极投身社会实践。她号召体验营营员在暑期"三下乡"实践中培养家国情怀,增强社会责任感;向人民学习,按需设计、将实践生根发芽;发挥自身才干,学有所思、做有所成。体验营学生代表郑重表态,表示对此次社会实践充满信心,决心在体验活动中克服困难、实践真知,将自己的知识才干通过实践活动奉献给社会。第3期社会实践体验营最终圆满完成了各项任务,引导参与体验的大学生更加深刻地把握"远大抱负和脚踏实地"的辩证关系,激励他们在未来的人生之路上将远大抱负转化为脚踏实地的实践自觉。

后　记

　　经过几年的编撰和打磨，在教学团队成员的共同努力下，《新时代高校思政课教学体系创新的理论与实践》终于要付梓印刷，正式和读者见面了。作为教学团队的负责人，我自然是非常高兴、满怀喜悦和感恩。

　　本书开始拟名为《高校思政理论课教学体系创新引导大学生"四个正确认识"的理论与实践》。本书作为教育部高校示范马克思主义学院和优秀教学科研团队建设项目重点选题"思想政治理论课教学体系创新引导大学生做到'四个正确认识'研究"（编号：2017JDSZK017）的阶段性研究成果，得到了教育部的项目资助。后考虑到名称过长，改为了目前的书名。

　　本书内容于2021年作为结项成果之一，上报给教育部相关部门。因为各种各样的原因拖到现在才出版。书中有些调研数据截止到2021年。目前看来有些数据不够新，但也反映了那一个时间段的思政理论课的一定状况。考虑到可以作为思政理论课历史发展的一些表现和见证，本教学团队没有对数据做更新处理，在此做一个说明。

　　特别感谢本教学团队成员们辛苦的付出。黄志斌教授、潘莉教授、魏荣教授在课题研究中给予了顶层设计的指导。我作为课题主持人，在本书的撰写提纲、内容的修改、统稿方面做了大量的统筹计划、协调组织工作。陈群老师在课题进行过程中，进行了问卷设计和大量的调研工作，并参与了调研的数据统计和调研报告的撰写。牛小侠教授、余京华教授，虽然不是课题申报初始成员，但是两位教授参与了中后期的研究工作，并作出了积极贡献。

　　2021年，以本书内容为重要支撑材料，本团队申报的"基于提升大学生'四个正确认识'的思政课教学体系创新的研究与实践"（编号：2021JXCGJ471—1）获安徽省教学成果奖一等奖，由此为我们的课题研究画上了一个圆满的句号。

　　本书由合肥工业大学马克思主义学院项目团队集体编撰完成。各章撰写分工如下：第一章由余京华（"马克思主义基本原理"教研部）、唐莉（"形势与政策"教研部）编写，第二章由陈群、唐莉（"形势与政策"教研部）编写，

第三章由张继龙("马克思主义基本原理"教研部)编写,第四章由何美("毛泽东思想和中国特色社会主义理论体系概论"教研部)编写,第五章由房彬("中国近现代史纲要"教研部)编写,第六章由陈华("思想道德与法治"教研部)编写,第七章由马贵侠("形势与政策"教研部)编写,第八章由余琛(马克思主义学院团委)编写。

本书的出版得到了安徽省大中小学一体化思政理论课教材建设重点研究基地的资助。感谢安徽省教育厅思政处王后林处长在课题研究中给予的指导和帮助。感谢安徽教育出版社给予本书出版、编校等方面的大力支持。本书在撰写过程中吸收了国内专家、学者的研究成果,借鉴了相关学科的教材、论著等资料,在此一并感谢。鉴于编撰者的水平有限,书中的不完善之处在所难免,请读者批评指正。

课题组负责人

2023 年 12 月于翡翠湖畔